디지털 미디어 바로 알기

최 영 · 김병철

한국외국어대학교 출판부

머리말

컴퓨터와 인터넷의 등장은 디지털 혁명 혹은 정보통신 혁명으로 불리는 제3의 혁명에 이어 유비쿼터스라는 또 다른 변혁의 물결을 불러오고 있다. 디지털 기술의 발전과 함께 신문, 방송 등 기존 매스 미디어의 모든 영역에 걸쳐 디지털 기술이 적용됨으로써 취재와 보도의 전 과정은 물론 취재원 및 수용자와의 관계에 있어서도 급격한 변화의 과정을 겪고 있다. 오늘날 미디어 산업 현장은 이러한 유비쿼터스 매체 환경에 부응하는 디지털 인력을 필요로 하고 있고 기존 미디어 종사자 역시 디지털과 친숙해져야만 하는 시대를 살고 있다.

이 교재는 유비쿼터스 사회의 매체 환경을 새롭게 조망하는 한편 디지털 미디어에 대한 전반적인 이해와 기술 및 제작 시스템에 대한 지식 습득을 바탕으로 디지털 미디어에 대한 안목을 넓히도록 하였다. 본 교재는 특히 온라인 강의를 염두에 두고 인터넷으로 강의를 듣는 학생들의 편의를 위해 가급적 알기 쉽게 풀어쓰기 위해 노력하였다.

이 책은 총3부 13장으로 구성돼 있다. 제1부에서는 디지털 미디어의 개념 및 특성, 디지털 미디어 테크놀로지 등에 대한 설명을 통해 디지털 미디어가 무엇인지를 알기 쉽게 풀어썼다. 제2부 디지털 미디어의 세계에서는 각각의 디지털 미디어 사례를 살펴보았다. 마지막 제3부 디지털 미디어 산업과 미래에서는 디지털 콘텐츠 및 디지털 미디어의 미래를 전망해보았다. 구체적으로

제1장은 유비쿼터스 혁명과 미디어 환경의 변화에 대해 소개하였다. 특히 정치, 경제, 사회, 문화 등 전반에 걸쳐 영향을 미치고 있는 변화의 동인이라고 할 수 있는 디지털의 의미와 함께 디지털 미디어의 개념, 종류, 특성 등에 대해 자세히 언급하였다. 제2장과 3장은 압축 기술, 저장 기술, 전송 기술 등 디지털 미디어의 근간이 되는 기술과 함께 홈 네트워크, 유비쿼터스 컴퓨터, 가상현실 등 디지털 미디어의 구체적인 모습을 그려보았다. 제2부의 제4장은 웹캐스팅이라고도 불리는 인터넷 방송의 개념과 현황, 특성 등 인터넷 방송을 이해하는데 필요한 내용을 기술하였다. 제5장은 디지털 TV의 기술적 특성과 경제 및 산업적 의미에 대해 살펴본 뒤 소비자 측면에서의 디지털 TV의 의의 및 쟁점에 대해 짚어보았다. 제6장은 라디오 방송의 디지털화를 의미하는 디지털라디오방송(DAB)에서 시작된 디지털멀티미디어방송(DMB)의 도입 배경과 의의, 서비스의 실체 등을 위성 DMB와 지상파 DMB로 나누어 살펴보았다. 제7장은 이동 중에도 인터넷 서비스를 즐길 수 있는 무선 인터넷의 기반 기술 및 특성과 함께 IMT-2000, 와이브로(WiBro), 모바일 미디어 등에 대해 알기 쉽게 풀어썼다. 제8장은 초고속 인터넷망을 통해 케이블 TV와 유사한 형태의 방송 서비스를 하는 IPTV의 개념 및 특징, 도입 배경, 국내외 추진 현황 및 서비스의 형태 등에 대해 살펴봄으로써 IPTV가 갖는 의미를 규명해보고자 하였다. 아울러 전화와 인터넷, 방송 서비스가 동시에 이루어지는 환경을 의미하는 트리플플레이서비스(TPS)에 대해서도 언급하였다. 제9장은 케이블 TV의 디지털화를 의미하는 디지털미디어센터(DMC)의 등장 배경과 종합유선방송사업자(SO)와의 관계, DMC에서 제공하는 구체적인 서비스의 내용 등에 대해 살펴봄으로써 DMC가 국내 방송 환경에서 차지하고 있는 위치와 의미에 대해 알아보았다. 제10장은 인터넷 신문의 성장 배경 및 개념, 특성, 의의 등에 대해 정리한 뒤 인터넷 신문의 중요한 특성 가운데 하나인 상호작용성에 대해 자세히 설명함으로써 인터넷 신문의 등장 및 커뮤니케이션 패러다임의 변화에 대해 살펴보았다. 제11장은 블로그의 기원에서부터 개념 정의, 기술적 특성, 개인 미디어로서의 의의 및 가능성 등을 고찰한 뒤 블로그가 언론의 한 형식으로 인정받을 수 있을지의 여부

에 대해 타진해보았다. 마지막 제3부의 제12장은 디지털 콘텐츠의 개념, 특성, 디지털 콘텐츠가 갖는 의미에 대해 기술하였다. 특히 디지털 콘텐츠 산업과 비즈니스 유형에 대한 개관을 통해 디지털 콘텐츠 산업의 중요성 및 향후 발전 가능성에 대해 진단해보았다. 제13장은 디지털 미디어에 대한 미래 전망과 더불어 디지털 미디어 환경 하에서 야기되는 다양한 이슈 및 미래 정보사회에 대한 논의를 통해 디지털 미디어가 우리에게 의미하는 바가 무엇인지를 종합적으로 고찰해봄으로써 디지털 미디어와 미래 유비쿼터스 사회에 대한 이해의 폭을 넓히도록 하였다.

끝으로 교정으로 고생한 대학원생 채민혜 양과 본 교재의 출판을 위해 수고해준 한국외국어대학교 출판부 여러분께 깊은 감사의 마음을 전하고 싶다.

2006년 1월

최 영, 김병철

차 례

제3부 디지털 미디어 산업과 미래

제1부

디지털 미디어에 대한 이해

제1장 디지털 미디어란?

1. 유비쿼터스 혁명과 디지털 미디어

18세기 기계와 증기 기관의 발명이 영국을 중심으로 전 세계에 산업 혁명을 몰고 왔듯이 오늘날 컴퓨터와 인터넷의 등장은 디지털 혁명 혹은 정보통신 혁명으로 불리는 제3의 혁명에 이어 유비쿼터스(Ubiquitous)라는 또 다른 변혁의 물결을 불러오고 있다. 컴퓨터와 정보통신 기술의 발달로 정보 사회가 급진전되면서 우리 주변의 모든 환경과 사물이 지능화, 정보화, 네트워크화 돼가고 있는 유비쿼터스 사회로의 진입은 우리 삶의 많은 부분을 빠르게 그리고 광범위하게 변화시키고 있다. 각종 정보 단말기들이 도처에 널려있어 우리 주변의 모든 정보가 네트워크를 통해 빠른 속도로 오가는 유비쿼터스 시대의 도래는 IPTV, DMB, 와이브로(WiBro) 등 각종 디지털 미디어의 등장과 함께 신문, 방송 등 기존 매스 미디어의 모든 영역에 걸쳐 급격한 변화를 불러오면서 우리가 통상적으로 생각해왔던 미디어의 개념을 송두리째 뒤흔들고 있다.

새로이 등장하고 있는 각종 디지털 미디어는 영상이나 음성, 문자 등 이질적인 형태의 정보를 0과 1로 표현되는 비트(bit), 즉 디지털 신호라고 하는 단일한 신호처리 방식에 따라 통합적으로 처리함으로써 신문과 방송, 통신이 하나로 융합되는 디지털 컨버전스(Digital Convergence)를 가속화시키고 있다. 뿐만 아니라 이동 중에도 각 개인의 필요에 따라 장소와 시간, 기기에 구애받지 않고 언제 어디서나 다양한 매체를 통해 뉴스와 정보를 주고받을 수 있는 유비쿼터스 환경은 일반 수용자들의 미디어 이용 패턴은 물론 일상적인 삶에도 커다란 변혁을 초래하고 있다. 블로그(Blog)의 예에서 볼 수 있듯이 이제는 누구나 인터넷상에 자신의 사이트를 개설해 뉴스와 정보를 주고받을 수 있고 기자와 수용자의 구분도 불분명해지고 있다. 클릭 한번으로 지구촌의 소식이 빛의 속도로 국경을 넘나들고 있고 하루에도 수많은 사이트들이 등장하고 사라지고 있다. 신문의 경우 기사를 취재하고 전달하는 모든 과정에서 디지털과 친숙해져야만 하듯이 21세기 미래 정보 사회는 이처럼 최첨단 정보 기술(Information Technology)을 활용한 유비쿼터스 미디어 환경에 부응하는 새로운 미디어 전문가들을 필요로 하고 있다.

1) 디지털 이란?

니콜라스 네그로폰테(Nicholas Negroponte)는 1995년에 출간한 <디지털이다(Being Digital)>라는 저서를 통해 '아톰으로부터 비트로의 변화는 돌이킬 수 없으며 막을 수 없다(the change from atoms to bits is irrevocable and unstoppable)'라며 디지털 시대의 도래를 단언하였다. 네그로폰테가 언급한 디지털 시대란 우리 주변의 모든 정보가 디지털 신호로 바뀌어 흘러 다니는 시대를 말한다. 그렇다면 디지털은 무엇이며 비트는 무엇을 말하는 것일까. 디지털(digital)의 디지트(digit)는 손가락이라는 의미로 숫자를 셀 수 있다는 뜻에서 나온 표현인데 디지털이란 간단히 말해서 낮은 전압의 전기 충격(pulse)의 유무를 이용해 그것들의 조합에 따라 각종 정보를 표현하는 것이다. 다시 말해, 디지털이란 정보의 변환과 저장, 전송, 복원 등 일련의 과정이 디지털 신호 체계인 비트 즉 0과 1의 두 가지 요소의 조합으로 이뤄진 데이터만으로 가능하다는 의미다. 디지털 신호는 켜진 상태이거나 꺼진 상태, 즉 전기 스위치가 연결됐거나 끊겨있는 오직 두 가지 상태만 가질 수 있다. 스위치가 연결돼 전기 신호가 흐르는 경우를 1로, 스위치가 끊겨 전기 신호가 흐르지 않는 경우를 0으로 설정함으로써 0과 1이라는 두 가지 요소의 조합을 통해 모든 정보를 표현하게 된다. 이때 0이나 1은 숫자상의 0또는 1이 아니라 펄스가 있거나 없는 것 즉 펄스의 유(1) 무(0)를 뜻한다. 즉 0과 1의 2진수로 표현되는 정보를 우리는 비트라고 부른다. 이처럼 디지털 신호를 이루는 가장 기본적인 단위인 비트는 2진법 자릿수를 의미하는 바이너리 디지트(binary digit)의 약자로 1비트는 0또는 1이라는 정보를 담을 수 있다. 이러한 비트가 8개 모여서 하나의 바이트(byte)로 표현된다(최영 · 김병철(2005), p.56).

디지털 기술은 소리나 문자, 영상 등 모든 정보를 일련의 숫자로 변환시켜 목적지까지 전송한 다음 원래의 형태로 다시 복원하게 된다. 이러한 디지털 신호는 활자로 인쇄되거나 TV 화면 혹은 컴퓨터 모니터를 통해 영상으로 복원되기 전까지는 물리적인 형태를 갖지 못한다. 결국 0과 1로 표현되는 일련의 비트 신호는 우리에게 아무런 의미를 갖지 못하며 활자로 인쇄되거나 컴퓨터 혹은 휴대 전화 화면을 통해 영상으로 재구성될 때 우리가 실제로 경험하는 물리적인 세계 즉 물질의 기본 단위인 원자(atom)의 세계로 들어가게 된다.

2) 컴퓨터와 인터넷의 등장

우리가 21세기 정보통신 혁명과 디지털 미디어 시대의 도래를 얘기할 때 빼놓을 수 없는 것이 컴퓨터와 인터넷이다. 세계 최초의 컴퓨터는 1946년 미국 펜실베이니아 대학 연구팀에 의해 1만 7,468개의 진공관으로 이루어진 30톤 규모의 거대한 계산기 형태로 개발된 에니악(ENIAC)이지만 오늘날 전세계 네티즌들에 의해 광범위하게 사용되고 있는 개인용 컴퓨터(PC)의 공식적인 역사는 미국의 IBM사가 IBM PC를 발표한 1981년부터라고 할 수 있다. 그 이전까지만 해도 컴퓨터는 주로 정부 기관이나 대기업, 연구소 등에 의해 소유되었으며 소수의 과학자나 전문가들만이 한정된 특수 분야에서 사용하는 고가의 첨단 기계였다. 따라서 개인이 컴퓨터를 독점적으로 소유하거나 사용한다는 것은 생각도 할 수 없었다.

물론 최초의 PC는 1975년 8비트의 인텔 마이크로프로세서를 사용해 조립할 수 있는 형태로 시판된 미츠(MITS)사의 알테어(ALTAIR) 8800이었지만 오늘날과 같은 개인용 컴퓨터의 대중화를 가져온 것은 IBM PC였다. 1970년대 후반인 1977년 4월 애플 컴퓨터사가 출시한 개인용 컴퓨터인 AppleII 시리즈가 큰 호응을 얻게 되자 IBM도 개인용 컴퓨터 시장에 뛰어들어 1981년 8월 16비트 마이크로프로세서가 장착된 컴퓨터를 시장에 내놓았는데 이때 붙인 상품명이 바로 IBM PC 였다. 1970년대 후반에 생산된 컴퓨터는 주로 8비트 PC였으나 1980년대 초반 16비트 컴퓨터가 개발된 이후 16비트 PC가 주종을 이루게 되었는데 그중 가장 인기 있는 모델이 바로 이 IBM PC였다. 이후 IBM PC 호환사업이 급속하게 성장하면서 IBM PC가 PC 산업계에서 사실상의 표준이 되었다(이명무(2004), p.25). IBM PC가 등장하면서 1980년대 이후 데스크톱 컴퓨터와 같은 개인용 컴퓨터가 일반인들에게 널리 확산됐는데 이러한 개인용 컴퓨터의 광범위한 보급은 컴퓨터를 종래의 복잡한 계산 기능을 넘어서서 커뮤니케이션이라는 새로운 기능을 확산시키는 계기가 되었다(최영 · 김병철(2005), p.51), 특히 1969년 알파넷(ARPANET)이라는 이름으로 처음 시작된 인터넷이 1980년대 이후 세계 각국의 학술 연구망을 상호 연계한 세계적 규모의 국제 학술 통신망으로 발전하기 시작하면서 컴퓨터의 기능은 종래의 계산 기능에서 커뮤니케이션 기능으로 급속히 변화하게 되었다.

인터넷은 1969년 미 국방부가 알파넷이라는 이름으로 적의 군사 공격이나 기타 다른 재해로 인해 네트워크의 일부가 파괴될 경우에도 제 기능을 발휘할 수 있도록 상호 정보 교환 및 기술 교류를 촉진하기 위해 군사 작전용으로 구축한 컴퓨터 네트워크에서 비롯되었다. 일반인들이 인터넷을 접하게 된 것은 군사용으로만 사용되던 알파넷이 1983년 군사 부문과 민간 부문으로 나뉘면서부터다. 당시 미 국방부는 서로 다른 컴퓨터 시스템들 간의 원활한 커뮤니케이션을 위해 모든 알파넷 호스트 컴퓨터들이 공통의 통신 규약인 TCP/IP(Transmission Control Protocol/Internet Protocol)를 사용하도록 의무

화했는데 이로써 TCP/IP가 인터넷의 기반이 되는 표준 프로토콜로 자리 잡게 되었다.

인터넷의 등장과 더불어 한 가지 주목할 만한 것은 인터넷에서 가장 널리 사용되는 서비스 중 하나인 월드와이드웹(World Wide Web)이라는 멀티미디어 서비스다. 오늘날의 인터넷 열풍을 몰고 온 월드와이드웹은 1989년 스위스 유럽입자물리학연구소(CERN)의 영국인 물리학자인 팀 버너스 리(Tim Berners-Lee)의 제안에 따라 컴퓨터 사용자들로 하여금 링크라고 불리는 밑줄이 쳐진 단어를 클릭하는 것만으로 손쉽게 인터넷 탐색이 가능하도록 HTML(Hypertext Markup Language)이라는 컴퓨터 언어를 개발하면서 1990년 처음 등장하였다(Carlson(2003), p.49). 처음에 연구원들 간에 효율적인 정보 공유를 목적으로 시작된 월드와이드웹은 이후 지속적인 발전을 거듭하면서 월드와이드웹이 곧 인터넷의 전부인 것처럼 생각될 정도로 많은 사람들의 사랑을 받게 되었다. 월드와이드웹은 다른 인터넷 서비스인 텔넷(Telnet), 고퍼(Gopher), 아키(Archie), FTP(File Transfer Protocol) 등이 일반인들에게는 어려운 유닉스(UNIX) 명령어를 기반으로 하는 것과는 달리 윈도우의 그래픽 사용자 인터페이스(GUI)를 최대한 살려 사진과 그래픽, 음성, 동영상 등을 하이퍼텍스트(hypertext)라는 편리한 방법으로 검색할 수 있게 해줌으로써 전문 지식이 없는 일반 이용자들도 쉽게 사용할 수 있는 환경을 제공해 인터넷 서비스 분야에서 독점적 위치를 차지하게 되었다(이명무(2004), p.218).

월드와이드웹은 줄여서 WWW, W3 또는 웹(Web) 등으로 부르기도 하는데 웹의 가장 두드러진 특성은 인터넷상의 정보들을 하이퍼텍스트라는 기술을 통해 서로 연결함으로써 사용자가 마우스 포인터를 하이퍼텍스트 링크에 갖다대면 이것과 관련 있는 사이트나 페이지로 바로 전환됨으로써 손쉽게 관련 정보를 찾을 수 있도록 해주는 것이다. 하이퍼텍스트 문서들은 HTML이라는 언어를 통해 표현되며 이러한 문서들은 웹에서 이용되는 하이퍼텍스트 전송을 위한 프로토콜인 HTTP(Hypertext Transfer Protocol)라는 통신 프로토콜을 사용해 전송된다. 하이퍼텍스트는 문서와 링크로 구성되어 있으며

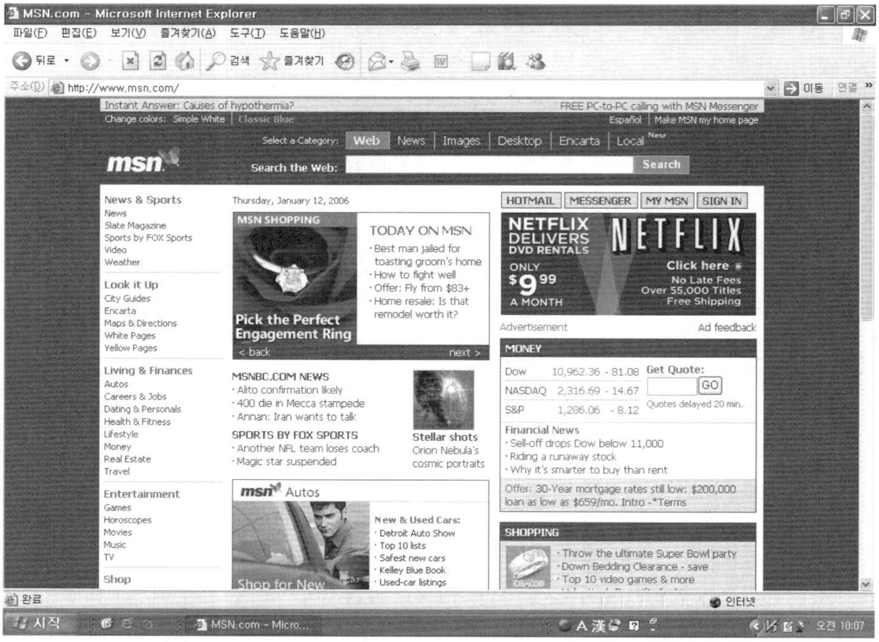

출처: http://www.msn.com

(그림 1) 마이크로소프트(MS)의 인터넷 익스플로러(Internet Explorer)

하이퍼미디어(hypermedia)는 이러한 하이퍼텍스트와는 달리 문자로 이루어진 문서뿐만 아니라 음성, 동영상, 그림 등 다양한 형식의 정보를 포함하고 있는 멀티미디어로 구성돼 있다는 점에서 차이가 있다. 인터넷 웹 사이트에 저장돼있는 하이퍼텍스트나 하이퍼미디어 자료에 대한 서핑은 앞서 언급한 여러 프로토콜의 내용을 해석하고 이를 표시하는 기능을 가지고 있는 웹 브라우저(web browser)를 통해 이루어지진다. 웹 브라우저는 1993년 미국의 NCSA(National Center for Supercomputing Applications)가 GUI 기반의 웹 브라우저인 모자이크(Mosaic)를 개발한 이후 넷스케이프사의 넷스케이프 커뮤니케이터(Netscape Communicator), 마이크로소프트사의 인터넷 익스플로러(Internet Explorer)처럼 사용이 편리하고 쉬운 소프트웨어가 속속 개발되면서 소수 전문가들의 전유물로만 여겨졌던 인터넷이 누구라도 쉽게 접근할 수 있는 것으로 변화하면서 오늘날의 인터넷 열풍을 가져오게 되었다.

2. 디지털 미디어의 개념

컴퓨터 및 정보통신 기술의 급속한 발달과 함께 기존 매스 미디어를 대체하며 새롭게 등장한 미디어, 즉 새로운 하드웨어와 새로운 소프트웨어로 구성된 미디어를 가리켜 1980년대까지는 주로 뉴미디어(New Media)라고 불렀다. 뉴미디어는 1980년대 초반에 나온 개념으로 기존의 미디어와는 다른 새로운 형식으로 정보를 전달하는 말 그대로 새로운 미디어를 일컫는 개념으로 쓰였다.

그러나 1990년대 이후 뉴미디어라는 용어 대신 멀티미디어(Multimedia)라는 용어를 주로 사용하게 됐는데, 멀티미디어는 문자나 소리, 영상 등 서로 다른 이질적인 형태의 정보를 하나의 시스템 혹은 하나의 미디어를 통해 통합적으로 처리하고 전송하는 미디어를 가리키는 말로 사용되어 왔다. 즉 멀티미디어란 말 그대로 여러 개의 미디어가 한 곳에 어울려 있는 것을 뜻하는 것으로 두 개 이상의 미디어가 하나의 시스템 하에서 동시에 사용되는 환경이라고 할 수 있다. 여기서 말하는 미디어는 정보 전달 수단으로서의 문자, 소리, 영상 등을 뜻한다. 통상 멀티미디어의 정의를 문자, 음성 그리고 영상이 융합된 환경이라고 하는 것은 이 같은 이유에서다.

디지털 미디어(Digital Media)의 개념은 이러한 뉴미디어나 멀티미디어의 개념과 유사할 수도 있으나 디지털 신호라는 단일한 신호 처리 방식에 따라 문자, 소리, 영상 등 서로 다른 이질적인 형태의 정보를 통합적으로 처리하고 전송하는 미디어를 의미한다는 점에서 개념을 정의하는 시각이 조금 다르다. 디지털 미디어는 특히 디지털 망 혹은 디지털 네트워크를 통해 서로 연결된 미디어 이용자들이 디지털 신호로 처리된 다양한 양식의 정보를 24시간 언제 어디서나 자유롭게 주고받을 수 있는 상호작용 커뮤니케이션을 중요한 특징으로 하고 있다는 점에서 뉴미디어 혹은 멀티미디어 개념과 대비된다. 그러나 혹자는 모든 정보가 아날로그가 아닌 디지털 형태로 처리되고 전달되는 환경이라고 할 수 있는 디지털 미디어를 뉴미디어와 동일선상에 놓기도 한다.

때때로 온라인 미디어(Online Media)와 디지털 미디어가 비슷한 의미를 갖고 있는 것처럼 혼용되기도 하는데 온라인 미디어와 디지털 미디어 간에는 얼마간의 의미의 중복이 있기는 하지만 이들 용어가 완전히 동일한 것은 아니다. 온라인이라는 용어는 주로 디지털 정보의 온라인 접속과 검색, 배포를 설명할 때 사용된다. 우리가 집에서 인터넷에 접속할 때 우리는 온라인 상태에 있다고 말한다. 또 어떤 한 신문이 인쇄된 종이 신문을 보완하기 위해 웹 사이트를 개설했을 때 이는 종이 신문의 온라인 판으로 간주된다. 이러한 온라인이라는 용어의 개념을 적용해보면 온라인 미디어란 온라인상에서 디지털 정보의 접속과 검색, 배포가 가능하도록 PC 통신이나 인터넷 등과 같은 온라인 수단을 통해 정보를 제공하는 미디어라고 할 수 있다. 다시 말해 디지털 미디어가 미디어의 기술적 기반이 되고 있는 디지털 압축과 저장, 전송 등 디지털 기술의 전반적 특성에 초점을 맞추고 있다면, 온라인 미디어는 이러한 기술적 측면과 더불어 사용자 입장에서 볼 때 온라인상에서의 자유로운 정보 제공과 이용, 즉 온라인상에서의 상호연결성 혹은 상호작용성이라는 특성과 이에 기반하고 있는 새로운 미디어 이용 방식을 강조하는 개념이라고 할 수 있겠다.

다른 한편으로 인터넷 미디어를 디지털 미디어와 동일한 것으로 생각할 수도 있겠지만 인터넷 미디어는 디지털 미디어의 한 부분에 지나지 않는다. 디지털 미디어는 인터넷 신문이나 인터넷 방송과 같은 인터넷 미디어뿐만 아니라 디지털 TV, 개인 휴대용 단말기(PDA), 웹 폰(Web-enabled Phone), 휴대용 컴퓨터인 태블릿(Tablet), 디지털멀티미디어방송(DMB) 등 위성을 이용한 미디어를 비롯해 아직 시장에 출시되지 않은 다양한 유형의 디지털 기기를 포괄하고 있다는 점에서 인터넷 미디어 혹은 온라인 미디어는 디지털 미디어의 한 부분이라고 할 수 있다. 그런데 디지털 미디어의 영역을 지나치게 넓게 규정할 경우 우리가 통상적으로 생각하고 있는 언론 혹은 미디어와의 구분이 애매모호할 수 있다. 따라서 저널리즘의 원칙을 적용해 협의의 개념으로 디지털 미디어를 정의해 보면 디지털 미디어는 '정치, 경제, 사회, 문화, 시사 등에 관한 보도, 논평 및 여론 등을 전파하기 위한 목적으로 문자나 소리, 영상 등 다양한 형태의 정보를 디지털이라는 단일한 신호 처리 방식에 따라 처리하고 전송하는 미디어'라고 정의할 수 있겠다.

3. 디지털 미디어의 분류

기존의 매스 미디어는 통상 인쇄 매체와 전파 매체로 분류해왔다. 기존 미디어 환경에서는 매체간의 영역이 비교적 확실하게 구분되었는데 이는 기술적으로 각각의 매체에 대한 접근 방법이 다르고 또 법적으로도 이를 명확하게 분리시켜 놓았기 때문이었다. 그러나 디지털 기술의 발전과 함께 신문, 방송, 통신의 융합 현상이 확산되면서 상호간의 경계를 넘나드는 새로운 경계 영역 서비스가 속출하면서 기술적으로 분리되었던 기존의 영역 구분이 이제는 그 의미가 퇴색하게 되었다. 전술한 것처럼 디지털 미디어는 정보의 디지털화를 통해 영상이나 음성, 문자 등 서로 다른 이질적인 형태의 정보를 하나의 미디어 시스템 내에서 통합적으로 처리하고 전송하기 때문에 신문과 방송, 통신이 하나로 통합되는 미디어 융합이라는 대변혁을 초래하고 있다. 요컨대 기술적 혹은 공학적 측면에서 지금까지 각각의 미디어를 통해서만 전달이 가능하던 문자, 소리 및 영상이 하나의 미디어 시스템 내에서 통합적으로 처리되는 멀티미디어 현상을 초래하고 있는 것이다. 따라서 어떤 것이 신문이고 어떤 것이 방송인지 개념 구분이 애매모호한데다 그 형태가 워낙 다양하기 때문에 디지털 미디어를 단순한 기존의 분류 틀로 명확하게 구분짓는 것은 쉽지 않다.

일반적으로 뉴미디어는 정보의 전달 방식 혹은 정보 전달 수단에 따라 유선계, 무선계, 위성계, 패키지계로 분류할 수 있다. 또 전달되는 정보의 형태 혹은 유형에 따라 문자계, 음성계, 영상계 등으로 분류되기도 한다. 사실 모든 형태의 정보를 디지털 신호라는 단일한 신호 처리 방식에 의해 통합적으로 처리하는 정보의 디지털화는 기존의 미디어 분류 기준이나 영역 구분을 무의미하게 만들고 있고 궁극적으로 하드웨어와 소프트웨어의 융합에 의한 유비쿼터스 미디어(Ubiquitous Media)를 지향하고 있지만 편의상 디지털 미디어 역시 이러한 분류 틀을 토대로 정보 전달 수단에 따라 유선계, 무선계, 위성계, 패키지계로 분류해 볼 수 있다. 또 전달되는 정보의 형태에 따라 문자계, 음성계, 영상계 등으로 구분해 볼 수 있다.

1) 정보 전달 수단에 따른 분류

뉴미디어 혹은 디지털 미디어는 정보 전달 수단에 따라 유선계와 무선계, 위성계, 패키지계로 구분할 수 있다. 유선계 미디어는 전화망이나 동축 케이블 혹은 광케이블 망을 통해 전송되는 미디어로서 케이블 TV, DMC, IPTV 등을 들 수 있다. 무선계 미디어는 전파를 이용해 전송하는 미디어로 디지털 멀티미디어방송(DMB), 다채널마이크로웨이브방송(MMDS) 등과 같은 텔레비전 계열 미디어, 디지털라디오방송(DAB)과 같은 라디오 계열 미디어 등을 들 수 있다.

〈표 1〉 정보 전달 수단에 따른 디지털 미디어 분류

유형	종류
유선계	케이블 TV, DMC, IPTV
무선계	DMB, 다채널마이크로웨이브방송(MMDS), 디지털라디오방송(DAB)
위성계	직접위성방송(DBS), 위성공시청TV(SMATV)
패키지계	플로피디스크, CD-ROM, DVD, 디지털오디오테이프(DAT)

위성계 미디어는 통신위성이나 방송위성과 같은 인공위성을 이용하는 미디어로 직접위성방송(DBS), 위성공시청TV(SMATV) 등을 들 수 있다. 패키지계는 독립된 패키지 형태의 미디어로 플로피디스크나 CD-ROM, 디지털비디오디스크(DVD), 디지털오디오테이프(DAT) 등을 들 수 있다.

2) 정보 형태에 따른 분류

디지털 미디어는 전달되는 정보의 형태 혹은 유형에 따라 문자계, 음성계,

〈표 2〉 정보 형태에 따른 디지털 미디어 분류

유형	종류
문자계	인터넷 신문
음성계	오디오 CD, 디지털오디오테이프(DAT), 디지털라디오방송(DAB)
영상계	디지털 TV, DVD, DMB, 다채널마이크로웨이브방송(MMDS), 직접위성방송(DBS)

영상계 등으로 분류해 볼 수 있다. 문자계 미디어는 주로 문자 정보를 전달하는데 이용되는 미디어로 인터넷 신문을 비롯한 전자 신문 등을 들 수 있다. 음성계 미디어는 오디오 CD나 디지털오디오테이프(DAT)와 같은 패키지계 미디어, 기존의 아날로그 방식의 라디오 방송이 새롭게 개선된 디지털라디오방송(DAB) 등을 들 수 있다. 영상계 미디어는 기존의 아날로그 방식의 비디오테이프나 비디오디스크의 기능을 대체하는 디지털비디오디스크(DVD)와 같은 패키지계 미디어, 디지털멀티미디어방송(DMB), 다채널마이크로웨이브방송(MMDS), 위성을 이용한 직접위성방송(DBS), HDTV를 비롯한 디지털 TV 등을 들 수 있다.

4. 디지털 미디어의 특성

디지털 미디어는 정보 처리의 디지털화 및 멀티미디어화, 정보 전송의 네트워크화 및 탈대중화, 정보 이용의 상호작용화 및 비동시화 등의 측면에서 우리가 통상적으로 생각해왔던 기존 매스 미디어와는 다른 특성을 갖고 있다.

1) 정보 처리의 디지털화 및 멀티미디어화

(1) 디지털화

디지털 미디어는 모든 형태의 정보가 디지털 신호로 통합 처리되는 디지털 정보라는 특성을 갖고 있다. 컴퓨터 칩, 즉 반도체 집적 회로 속에는 수백만 개 혹은 수천만 개의 극소형 전기 스위치가 들어있고 이들 스위치가 연결된 상태를 1로, 끊어진 상태를 0으로 설정함으로써 문자나 소리, 영상 등 모든 정보가 단지 온・오프 상태의 전자적 펄스 신호, 즉 0과 1 두 가지 숫자로만 이뤄진 비트로 변환되고 전송된다. 예컨대 인터넷 신문이 제공하고 있는 디지털 뉴스는 0과 1이란 두 가지 숫자로 이뤄진 디지털 신호의 집합이라고 할 수 있다. 인터넷 방송 역시 제작, 편집, 전송, 수신 등 방송의 모든 단계가 0과 1의 디지털 신호로 처리된다.

(2) 멀티미디어화

디지털 미디어는 정보의 디지털화를 통해 지금까지 각기 별개의 미디어를 통해서만 전달이 가능하던 문자나 소리, 영상 등 서로 다른 이질적인 형태의 정보를 하나의 미디어 시스템 내에서 통합적으로 처리하는 멀티미디어화 현상을 보여주고 있다. 예컨대 기존의 아날로그 형태의 종이 신문은 텍스트 위주의 기사 제공 형태를 가졌으나 디지털 미디어는 텍스트 외에 그래픽 특히 동화상과 음성 등 다양한 형식의 정보를 통합적으로 전달하는 멀티미디어화된 콘텐츠를 제공하게 된다. 디지털 미디어는 이렇게 다양한 형태의 정보를 디지털 신호라는 단일한 신호 처리 방식에 따라 통합적으로 처리함으로써 기존의 미디어 분류 기준이나 경계를 무의미하게 만들고 있다. 우리가 통상적으로 생각해왔던 방송과 신문, 통신의 개념 구분을 애매모호하게 만들고 있는 이러한 미디어 융합 현상은 인간의 오감에 대응하여 구분되었던 커뮤니케이션 양식의 융합을 의미하며 이는 미디어 이용자의 커뮤니케이션 양식 자체의 변화를 초래할 수 있다.

2) 정보 전달의 네트워크화 및 탈대중화

(1) 네트워크화

디지털 미디어는 디지털화된 정보의 상호 교류를 위해 유선 혹은 무선의 네트워크를 이용한다는 점에서 정보 전송의 네트워크화라는 또 다른 특징을 보여주고 있다. 즉 디지털 미디어는 네트워크를 통해 전 세계를 비트와 네트

〈표 3〉 네트워크 커뮤니케이션의 특성

	매스 커뮤니케이션		텔레 커뮤니케이션	네트워크 커뮤니케이션
커뮤니케이션 특성	broadcast	narrowcast	one-to-one	broadcatch
대표적 매체	TV, 라디오	케이블 TV	전화, 팩시밀리	인터넷 신문, VOD
이용자 성격	불특정 다수	특정 계층	개인	개인 (특정그룹 포함)
이용자 특성	수동적	수동적	능동적	능동적
방향성	일방향	일방향	쌍방향	쌍방향
커뮤니케이션 형태	1 대 다수	1 대 다수	1 대 1	1 대 1 1 대 다수 다수 대 1 다수 대 다수
커뮤니케이션 내용(프로그램)의 사전 제작	O	O	X	O
콘텐츠 스케줄	O	O	X	X

출처: 최 영(1998). 〈뉴미디어시대의 네트워크 커뮤니케이션〉, p.50

로 결합함으로써 시공간을 초월해 이용자들이 서로 유기적인 관계를 갖도록 상호연결성을 증가시키게 되고 이는 범지구적인 전자적 공동체 즉 가상의 네트워크 사회를 형성하게 된다. 디지털 미디어를 통해 이루어지고 있는 디지털 미디어 커뮤니케이션의 가장 중요한 특징 가운데 하나인 이러한 네트워크 커뮤니케이션은 네트워크라는 물리적인 망을 일컫는 하드웨어적인 요소, 그 하드웨어를 통해 유통되는 정보라는 소프트웨어적 요소, 그리고 네트워크들 간의 커뮤니케이션을 가능하게 하는 공통의 프로토콜 및 언어에 의해 유지 발전된다. 이러한 네트워크 커뮤니케이션은 정보의 전송 형태에 있어서 기존의 매스 커뮤니케이션과 많은 차이를 보이고 있는데 네트워크 커뮤니케이션을 가능하게 했던 텔레커뮤니케이션과도 또 다른 차별성을 보여주고 있다.

여기서 브로드캐스팅(Broadcasting)은 불특정 다수의 수용자를 대상으로 정보나 메시지를 보내는 가장 전형적인 형태의 매스 미디어 송출 방법으로 TV나 라디오가 대표적이라고 할 수 있다. 내로우캐스팅(Narrowcasting)은 특정 지역 혹은 계층을 대상으로 차별화된 서비스를 제공하는 것으로 케이블 TV가 대표적인 예라고 할 수 있다. 이러한 브로드캐스팅과 내로우캐스팅의 공통점은 기존 매스 미디어의 특성이라고 할 수 있는 일방향 커뮤니케이션을 지향하고 있다는 점이다. 텔레커뮤니케이션의 특성을 보여주는 원 투 원(one-to-one)은 1 대 1의 커뮤니케이션을 의미하는 것으로 전화나 팩스가 대표적인 예라고 할 수 있다. 반면 네트워크 커뮤니케이션 현상을 설명하는 개념인 브로드캐칭(Broadcatching)은 수용자가 미디어의 정보를 선별적으로 받아들이는 디지털 미디어 환경의 정보 이용자를 중심으로 제안된 개념으로 인터넷 신문이나 주문형 비디오(VOD)가 그 예라고 할 수 있는데 브로드캐칭의 캐칭은 받는 주체가 능동적으로 정보를 취합한다는 의미가 내포돼 있다. 즉 네트워크 커뮤니케이션은 정보 이용자가 능동적으로 정보를 요구하는 쌍방향 커뮤니케이션으로써 1 대 1, 1 대 다수, 다수 대 1, 다수 대 다수의 커뮤니케이션을 포괄하는 커뮤니케이션 형태를 보여주고 있다. 디지털 미디어를 통해 이루어지고 있는 디지털 미디어 커뮤니케이션은 이처럼 쌍방향적이고 능동적이면서 1 대 1, 1 대 다수, 다수 대 1, 다수 대 다수의 커뮤니케이션이 모두 가능한 네트워크 커뮤니케이션으로 가장 잘 이해될 수 있다.

(2) 탈대중화

디지털 미디어는 기존 매스 미디어와는 달리 동일한 메시지를 여러 사람에게 전달하는 것이 아니라 특정의 소수 이용자들에게 차별화된 혹은 개별화된 메시지를 제공한다는 특징을 갖고 있다. 디지털 미디어의 수용자는 불특정 다수의 수용자 다시 말해 대중이 아니라 소수의 이용자 집단에 가깝다. 즉 디지털 미디어는 정보의 양이나 채널의 수를 크게 늘려 수용자의 선택성을 확대시킴으로써 개별화된 메시지를 소수의 특정 이용자 집단에게 전달하는 탈대중화의 가능성을 내포하고 있다. 디지털 시대의 미디어는 이처럼 아날로그 시대의 미디어와는 달리 개인화된 미디어로서의 속성을 갖고 있기 때문에 디지털 미디어는 특정의 수용자를 겨냥한 세분화된 서비스 제공을 추구하게 된다. 그러나 다매체 다채널 시대의 수용자는 자신의 관심사에 따라 미디어에 편향적으로 노출될 가능성이 높아 이른바 분중화 현상을 가속화시킴으로써 각각의 개인들이 사회 전체에 대한 그림을 왜곡해서 인지하거나 전체적인 그림을 상실하게 될 우려도 있다.

3) 정보 이용의 상호작용화 및 비동시화

(1) 상호작용화

디지털 미디어의 최대 장점 가운데 하나는 기존 매스 미디어와는 달리 미디어와 미디어 이용자 또는 미디어 이용자 상호간에 쌍방향 혹은 상호작용 커뮤니케이션이 가능하다는 점이다. 즉 디지털 미디어를 통해 이루어지고 있는 커뮤니케이션은 기존 매스 미디어의 일방향적인 커뮤니케이션과는 달리 사용자에 의해 메시지와 정보가 선택되고 피드백되는 상호작용 커뮤니케이션을 중요한 특징으로 한다. 기존의 아날로그 신문 혹은 TV는 생산자가 수용자들에게 일방적으로 메시지를 전달하는 1 대 다(one-to-many)의 일방향 커뮤니케이션이었다. 그러나 디지털 미디어는 이용자가 자신의 욕구나 필요에 따라 선별적으로 정보나 메시지를 선택할 수 있는 선택성이 주어지게 되며 피드백을 통해 직접 자신의 의견이나 견해를 개진할 수 있을 뿐만 아니라 뉴스 생산 과정에도 참여할 수 있는 상호작용 미디어의 실현이 가능하다. 가령 대부분의 인터넷 신문의 경우 수용자가 취재 기자와 이메일을 교환하거나 기사에 대한 의견 달기, 게시판, 토론방, 채팅룸 등 다양한 채널을 통해 자신의 의견이나 정보를 전달함으로써 미디어에 대한 무한한 참여의 자유를 누릴 수 있다. 또 일부 인터넷 신문의 경우에는 시민 기자 제도와 같은 수용자 중심의 뉴스 생산 구조를 통해 수용자가 직접 뉴스 생산 과정에 참여토록 하고 있기도 하다.

디지털 미디어의 이러한 상호작용적 특성은 기존의 수동적인 수용자 개념을 능동적이고 적극적인 이용자 개념으로 변화시키고 있다. 즉 디지털 미디어 수용자는 기존의 매스 미디어 수용자처럼 단순히 주어진 정보를 일방향적으로 받아들이는 수동적 존재가 아니라 미디어를 이용해 상호작용적으로 정보를 생산하고 교환하고 소비하는 생산자이자 소비자가 된다. 요컨대 디지털 미디어는 정보 이용의 쌍방향성 혹은 상호작용성을 기반으로 이용자 중심의 커뮤니케이션 구조를 통해 기존의 수동적인 수용자 개념을 적극적이고 능동적인 이용자 개념으로 변모시키고 있다.

(2) 비동시화

전통적인 의미의 기존 매스 미디어를 통해 이루어지고 있는 커뮤니케이션의 두드러진 특징 가운데 하나는 동일한 메시지가 대규모 수용자에게 동시에 전달된다는 것이다. 그러나 디지털 미디어는 매스 미디어와는 달리 수용자가 시간과 공간을 초월해 자신이 원하는 시간과 장소에서 각자 필요로 하는 정보와 메시지를 주고받는 비동시적 커뮤니케이션이 가능하다.

디지털 미디어는 송신자로부터 수신자에게로 정보나 메시지가 전달되는 동일한 시간에만 커뮤니케이션이 이루어질 필요가 없다. 송신자와 수신자가 24시간 언제 어디서나 자신이 편리한 시간에 비동시적으로 메시지를 전달하거나 수용하는 것이 가능하다. 송신자가 수신자를 의식하지 않고 편리한 시간에 어느 때라도 메시지나 정보를 전송할 수 있도록 해주는 이러한 비동시적 커뮤니케이션은 대량의 정보를 효과적으로 저장하고 활용할 수 있도록 해주는 디지털 저장 기술 때문에 가능하다. 가령 방송 사업자가 데이터를 저장해뒀다가 시청자의 주문에 따라 개별적으로 시청이 가능하도록 해주는 VOD(Video On Demand)나 시청자가 직접 보고 싶은 프로그램을 원하는 시간에 볼 수 있도록 예약 녹화가 가능한 PVR(Personal Video Recorder) 등은 이러한 비동시적 커뮤니케이션의 특성을 잘 보여주고 있다고 하겠다.

5. 디지털과 기존 매스 미디어의 변화

정보통신 혁명 혹은 디지털 혁명의 급속한 전개와 더불어 기존 매스 미디어도 거의 모든 영역에 걸쳐 디지털 기술이 적용됨으로써 미디어 환경이 급변하게 되었다. 신문과 방송 등 기존 매스 미디어의 경우 취재와 보도, 배포 등의 모든 과정에 디지털 기술을 수용함으로써 취재 정보 입수는 물론 정보원 및 수용자 접촉에 있어서도 급속한 변화를 겪게 되었다. 특히 신문의 경우 편집 및 제작 방식의 한계로 인해 상대적으로 속보성에 있어 불리한데다 정보량에 있어서도 뒤떨어질 수밖에 없기 때문에 디지털 시대의 새로운 미디어 환경에 맞게 취재와 보도, 편집 등 신문 제작의 전 과정에 걸쳐 디지털 기술을 도입하는 등 다각적인 변화를 통해 자생의 길을 모색하고 있다. 국내 언론계의 경우 1983년 <서울신문>을 시작으로 1980년대부터 대다수 언론들이 CTS(Computerized Typesetting System)를 도입했고 1990년대에 들어 컴퓨터와 네트워크 기술의 발달로 원고 작성에서부터 사진 촬영과 전송, 편집에 이르기까지 모든 과정을 전산화 혹은 디지털화하였다. 이러한 디지털 기술의 발달로 인해 겪게 되는 기존 매스 미디어의 환경 변화는 크게 취재 방식의 변화, 제작 방식의 변화, 배포 방식의 변화 등으로 나누어 살펴볼 수 있다.

1) 취재 방식의 변화

(1) 컴퓨터를 이용한 기사 작성 및 송고

신문 업계의 경우 디지털 시대의 새로운 사회 환경 및 미디어 환경 변화에 맞게 디지털 기술을 도입, 취재와 보도의 모든 과정을 컴퓨터를 이용한 디지털 시스템으로 전환하였다. 가령 취재 기자가 기사를 송고할 경우 예전에는 현장에서 직접 전화로 기사를 부르기도 하고 종이 원고지에 기사를 써서 팩스로 보내거나 아니면 편집국으로 뛰어 들어와 숨 가쁘게 작성해야 하였다. 그러나 지금은 취재 현장에서 휴대용 컴퓨터로 작성한 기사를 인터넷을 통해 곧바로 본사로 송고함으로써 취재에서부터 보도에 이르기 까지 모든 과정에서 소요되는 시간을 최대한 단축하고 있다. 사진 기자 역시 지금은 디지털 카메라를 활용해 현장에서 찍은 사진을 직접 본사의 화상 데이터베이스(DB)로 전송함으로써 인화 시간 때문에 신문 제작이 지연되거나 막판에 사진이 누락되는 일은 과거의 추억이 되었다.

(2) 인터넷을 활용한 정보 검색 및 취재

과거에는 해당 출입처 사람을 직접 만나거나 사건 사고의 현장을 찾아가 기사 거리를 찾는 현장 취재 혹은 전화를 이용한 전화 취재가 통상적인 취재 방식이었다. 그러나 인터넷의 등장과 더불어 인터넷 웹 사이트를 비롯, 온라인상에서 활동하는 수많은 네티즌들과 그들의 커뮤니티가 중요한 취재 대상이 되면서 인터넷을 이용한 취재가 새로운 취재 방식으로 부상하였다. 뿐만 아니라 인터넷 사이트나 온라인 커뮤니티는 종종 중요 사건에 관한 정보를 사전에 입수해 특종을 낚는 정보의 원천이 되고 있다. 인터뷰 역시 과거에는 대면 인터뷰나 전화 인터뷰가 대부분이었으나 지금은 신속성과 저비용 등의 효율성으로 인해 이메일 인터뷰나 이메일 대담 혹은 화상 대담과 같은 새로운 방식이 활용되고 있다. 또 보도 자료 전달 방식도 과거에는 주로 인편이나 팩스를 활용했으나 요즘은 이메일을 통해 해당 출입처의 보도 자료나 기사 제보를 받는 경우가 많으며 특히 사진의 경우 전송이 신속하고 용이해 이메일을 이용한 사진 자료의 활용이 늘고 있다. 아울러 자신이 쓰고자 하는 특정 기사와 관련된 기존 자료를 찾으려면 종전에는 조사부에 직접 가서 주제별로 스크랩된 기사를 찾아 복사하는 수고를 해야 했으나 요즘은 인터넷 웹 사이트에 구축된 DB를 통해 온라인으로 자사 기사는 물론 타 신문사 기자들의 기사까지 손쉽게 검색할 수 있게 되어 보다 신속하고 깊이 있는 기사를 작성할 수 있게 되었다. 사진 자료의 경우도 화상 DB의 활용으로 종전처럼 관련 사진을 찾기 위해 조사부에 찾아가 주제별로 분류된 인화 사진을 일일이 뒤져봐야 하는 수고를 덜게 되었다. 이처럼 취재 기자나 사진 기자가 전송한 기사와 사진은 본사의 데이터 뱅크에 DB화되어 추후 기사 선별과 지면 편집을 위한 자료로 활용되기도 하고 다른 경로를 통해 외부에 유료로 제공되기도 하는 등 신문 산업이 DB 산업화되고 있다.

(3) 컴퓨터 활용 취재 보도(CAR) 기법의 도입

컴퓨터와 인터넷이 대중화되면서 기자들도 엑셀이나 액세스와 같은 전문 컴퓨터 소프트웨어를 활용해 방대한 양의 전산 자료를 분석해 기사화하는 컴퓨터 활용 취재 보도(CAR) 기법의 도입이 늘고 있다. CAR는 단순히 컴퓨터로 기사를 쓰는 것이 아니라 컴퓨터를 활용해 온라인상의 데이터를 찾고 분석해 기사를 만들고 보도하는 것을 말한다. 즉 CAR는 컴퓨터를 활용해 무의미한 것처럼 보이는 통계나 데이터에서 의미있는 기사를 찾아내 보도하는 것을 말한다. CAR의 가장 기본적인 도구는 마이크로소프트의 엑셀이나 액세스와 같은 스프레드시트와 데이터베이스 프로그램, 그리고 온라인 정보 검색이라고 할 수 있다. <워싱턴포스트>의 조 크레이븐(Jo Craven) 기자는 워싱턴 DC 당국과 미 연방수사국(FBI)으로부터 입수한 방대한 양의 자료를 분석해 워싱턴 DC 경찰이 1990년 이래 미국 전역의 대도시 중 가장 총기 발사율이 높고 민간인 사망 사고율도 높다는 사실을 보도해 퓰리처상을 수상했는데 이는 CAR의 전형적인 한 예라고 할 수 있다. 유엔이나 세계무역기구(WTO) 등 국제 기구나 각국 정부 기관의 인터넷 웹 사이트에는 디지털화된 데이터베이스가 많고 우리나라의 경우도 웹 사이트에 올려진 디지털 데이터가 늘고 있기 때문에 엑셀이나 액세스와 같은 컴퓨터 프로그램을 활용해 이러한 디지털 데이터를 다운받아 분석함으로써 특종을 만들어낼 수 있는 가능성은 무궁무진하다고 할 수 있다.

2) 제작 방식의 변화

디지털 기술의 도입으로 취재 및 기사 작성 방식의 변화뿐만 아니라 기사의 출고를 위한 데스크의 기사 검토 및 편집 작업 역시 컴퓨터를 이용한 디지털 시스템으로 바뀌었다. 과거에는 데스크, 즉 부장이나 차장이 기사를 검토할 때 직접 펜을 들고서 잘못된 내용에 대해 일일이 원고지 위에 빨간 글씨로 적어서 고친 다음 편집부로 넘겼으나 지금은 데스크가 직접 자판을 두들기며 기사를 수정하고 있다. 기사 내용 중 고칠 것이 너무 많아서 화가 머리끝까지 치민 데스크가 원고지를 집어 던지던 진풍경은 이제 과거의 추억이 되었다.

편집부의 각 지면별 기사 배치 등 편집 작업 역시 컴퓨터 편집 제작기를 활용해 모두 온라인상에서 이루어지고 있다. 일선 취재 기자들이 송고한 기사는 물론이고 사진 기자들이 찍어온 사진이나 미술팀이 제작한 그래픽 혹은 삽화도 컴퓨터를 이용해 온라인으로 주고받고 있다. 종종 아날로그 상태의 인화된 사진을 사용하기도 하지만 대부분의 사진 처리가 디지털 카메라와 화상 DB를 이용해 온라인상에서 이루어지고 있다. 신문에 실리는 만화의 경우 직접 손으로 그리는 경우도 있지만 그래프나 도표, 삽화 등 기사에 사용되는 대부분의 화상 자료는 쿼익스프레스나 포토샵과 같은 소프트웨어를 사용해 제작되고 있다. 과거에는 또 대지 작업이라고 해서 신문을 인쇄하기 위한 판을 만들기 직전에 출력된 인화지를 일일이 손으로 잘라 붙이면서 한 페이지씩 편집을 하는 수작업을 해야 하였다. 사진도 신문의 한 면과 동일한 크기의 인화지 위에 직접 오려서 붙이곤 했는데 대지 작업을 하다가 기사 제목에 오탈자가 있을 경우 틀린 글자를 칼로 도려낸 다음 정확한 글자를 따 붙인 뒤 필름을 뜨는 작업을 하기도 했는데 이제 이러한 일들도 과거의 추억 속으로 사라졌다.

교열부의 교정 작업 역시 지금은 컴퓨터를 활용해 모두 온라인상에서 이루어지고 있다. 과거에는 납 활자로 기사를 갱지에 인쇄한 가인쇄 상태의 대장을 직접 읽으면서 틀린 부분을 바로잡곤 했는데 오탈자를 교정하는 과정이 무척 번거롭기 때문에 마감 시간 직전에 오탈자가 발견되면 제작자의 핀잔이 이만 저만이 아니었다. 특히 종이 신문의 경우 오탈자는 매우 치명적이어서 신문이 나온 뒤 사람 이름이나 회사명 등 고유 명사가 잘못된 경우 정정 보도를 하는 일이 많다. 따라서 오탈자에 매우 신경을 쓰게 되는데 지금은 디지털 시스템의 도입으로 간단하게 키보드 조작으로 비트의 조합을 바꿔줌으로써 언제든지 손쉽게 오탈자를 교정할 수 있게 되었다.

3) 배포 방식의 변화

정보 통신 기술의 발달로 위성 방송, 인터넷 방송, 유비쿼터스 방송 등 시시각각 새로운 정보를 전달해주는 각종 뉴미디어가 속속 등장하면서 기존의 전통적인 신문 배포 방식인 택배 제도나 우편 발송 제도가 정브 전달의 신속성을 저해하는 장애 요인으로 인식되고 있다. 따라서 각 신문사마다 이를 극복하기 위해 다각적인 배급 체계를 개발하는데 상당한 노력을 기울이고 있는데 디지털 시스템의 도입으로 컴퓨터에 의해 완성된 지면을 통신 위성이나 광통신망을 통해 각 지역 거점으로 전송한 뒤 해당 지역에서 직접 신문을 인쇄, 배포하는 전국 동시 인쇄 시스템을 구축하는 신문사들이 늘고 있다(김영석(2000), p456). 가령 <뉴욕타임스>나 <월스트리트저널>과 같은 미국 주요 신문들의 경우 미국 내 어느 지역이라도 신문이 발행된 당일에 배달될 수 있도록 전국 각지에서 동시에 인쇄하는 시스템을 구축해 놓고 있다. 국내 주요 일간지들도 지방 독자들을 위해 전국 동시 인쇄 방식을 도입하고 있으며 특히 해외 교민들이 많이 거주하는 미국이나 일본, 유럽 등지의 지사에 위성을 통해 신문을 송출한 뒤 그곳에서 자체적으로 신문을 제작해 배포하는 디지털 시스템을 활용하고 있다.

[참고문헌]

1. 김영석(2000). <디지털미디어와 사회>, 나남.
2. 이명무(2004). <컴퓨터의 이해>, 한국외국어대학교 출판부.
3. 최 영(1998). <뉴미디어 시대의 네트워크 커뮤니케이션>, 커무니케이션북스.
4. 최 영 · 김병철(2005). <텔레커뮤니케이션 바로알기>, 한국외국어대학교 출판부.
5. Carlson, D.(2003). "The History of Onlin Journalism", in *Digital Journalism: Emerging Media and the Changing Horzons of Journalism* ed. Kevin Kawamoto, MD: Rowman & Littlefield Publishers, Inc.

제2장 디지털 미디어 테크놀로지 1

디지털 미디어는 다양한 디지털 기반 기술에 의해 발전되어간다. 특히 방대한 양의 디지털 콘텐츠를 유통시키는 디지털 미디어 환경에서는 다양한 압축, 저장, 전송 기술이 중요한 기반 기술로 활용된다.

1. 압축 기술

디지털 미디어의 세계를 구현하기 위해서는 압축 기술, 저장 기술, 전송 기술 등 다양한 주변 기술들이 확보되어야 한다. 특히 영상이나 음향을 디지털 정보로 전환할 경우 정보량이 매우 크기 때문에 압축을 하지 않으면 저장공간을 많이 차지하고 전송 속도도 오래 걸려 비효율적이다. 따라서 대용량의 디지털 정보를 처리하기 위해서는 다양한 압축 기술이 필요한데 특히 동영상 디지털 정보의 경우 정보 처리 용량이 엄청나기 때문에 압축 기술을 이용해 효율적으로 정보를 저장하고 전송해야 한다. 가령 디지털 영화 한편의 경우 약 2억 바이트의 메모리를 요구하며 TV 영상을 디지털화하는 경우에는 한 프레임 당 1 메가바이트(MB)의 메모리가 필요하기 때문에 초당 25-30 메가바이트의 메모리를 필요로 한다. 이처럼 동영상 정보는 다른 데이터에 비해 많은 메모리를 필요로 하기 때문에 동영상 정보의 효율인 전송을 위해서는 압축 기술을 이용해 원래의 화질을 유지하면서도 정보량은 줄여 전송률을 높여주는 것이 필요하다.

1) 압축의 종류

압축에는 손실 압축(Lossy Compression)과 비손실 압축(Lossless Compression)이 있는데 손실 압축은 정보 전달에 중요한 순서대로 데이터를 공간상에 정렬시킨 후에 중요도가 낮고 양을 많이 차지하는 부분을 잘라냄으로써 영상 정보를 효율적으로 압축하게 된다. 다시 말해 영상의 구성에 큰 영향을 미치는 중요도가 높은 영상 신호만을 골라내서 부호화하면 압축률(Compression Ratio)이 매우 높으면서도 육안으로는 거의 알아차릴 수 없는 효율적인 압축이 가능하다. 손실 기법으로 압축 복원한 데이터는 원래의 정보에 손실이 있게 되지만 소비자들이 인지하지 못하는 수준에서 정보의 변형이 이루어지기 때문에 실제 복원 영상의 경우 소비자가 이용하는 데는 불편함이 없다. 일반적으로 압축률이 높을수록 대역폭 사용이 줄어들게 되지만 이미지의 품질은 떨어지게 된다.

비손실 압축은 원래의 영상이 아무런 손실 없이 동일하게 복원될 수 있도록 부호화하는 방식을 발한다. 비손실 압축은 압축 데이터의 복원시 원래의 정보가 그대로 유지되지만 손실 압축에 비해 압축률이 떨어진다. 비손실 압축은 의료 영상과 같이 원래의 데이터에 대해 손상을 주어서는 안되는 정확성이 요구되는 데이터에 주로 쓰인다.

2) 압축 방식

디지털 정보의 압축은 다양한 종류의 압축 기술 개발과 함께 이에 대한 국제 표준화 작업이 추진되어 왔는데 대표적인 압축 기술 표준은 다음과 같다.

영상 압축 기술은 크게 정지 영상과 동영상 압축 기술로 나눌 수 있는데 사진과 같은 정지 영상 혹은 이미지 압축 방식으로는 JPEG, GIF 방식이 많이 사용된다. JPEG은 UN 산하 기관인 국제표준화기구(ISO)와 국제전기위원

〈표 4〉 압축 방식

표준 방식	응용 분야
JPEG	정지 영상, 디지털 카메라
H.261	TV 전화
MPEG-1	동영상(VCR 품질), 비디오 CD
MPEG-2	동영상(HDTV 품질), DVD, 디지털 TV
MPEG-4	IMT-2000, 영상 회의, VOD, 인터넷 방송
MPEG-7	멀티미디어 정보의 내용 기반 검색
MPEG-21	각종 멀티미디어 자원의 효율적 이용 및 관리

회(IEC)가 컬러 정지 영상과 관련된 기술적 표준을 제정하기 위해 구성한 공동위원회(Joint Technical Committee 1) 산하 소위원회(Sub-Committee 29) 워킹 그룹(Working Group 10)의 별칭인데 국제전신전화자문위원회(CCITT·현재의 ITU-T)와 합동으로 작업을 진행했기 때문에 합동 사진 전문가 그룹(Joint Photographic Experts Group)이라는 이름이 붙여졌다. JPEG은 이러한 국제 단체의 이름이자 JPEG이 표준화한 컬러 정지 영상을 압축하기 위한 국제 표준 규격 혹은 기술 자체를 말한다. 1992년에 국제 표준으로 확정된 JPEG 압축 방식은 화질의 손실을 허용하는 손실 압축 방식과 화질의 손실이 없는 비손실 압축 방식으로 나눌 수 있는데 비손실 압축의 경우 2:1, 손실 압축의 경우 최대 50:1까지 정보량을 압축할 수 있다. 우리가 흔히 말하는 JPEG은 손실 압축 방식을 이용한 JPEG이다. H.261은 UN 전문 기구인 국제전기통신연합(ITU)에 설치된 전문가 회의에서 심의되어 1990년에 승인된 동영상 압축을 위한 표준으로 종합정보통신망(ISDN)을 이용한 영상 전화나 영상 회의를 위한 동영상 압축 방식이다. JPEG과 H.261 표준은 훗날 MPEG-1과 MPEG-2의 모태가 되었다.

MPEG은 ISO와 IEC가 동영상과 관련한 기술적 표준을 확립하기 위해 구성한 공동위원회(Joint Technical Committee 1) 산하 소위원회(Sub-Committee 29)의 워킹 그룹(Working Group 11) 별칭인 동영상 전문가 그룹(Moving Picture Experts Group)이라는 국제 단체(공식명칭: ISO/IEC JTC1/SC29/WG11)의 이름이자 이곳에서 제정한 국제 표준 규격 혹은 기술을 뜻한다.

1988년부터 활동을 시작한 MPEG은 시간에 따라 연속적으로 변화하는 동영상과 음향의 압축에 관한 일련의 기술적인 국제 표준을 개발해왔다. 이 가운데 1992년에 표준화된 MPEG-1은 가정에서 널리 사용되는 VCR 혹은 VHS 비디오 테이프 수준의 동영상과 음향을 최대 1.5Mbps로 압축 저장할 수 있는 표준 규격으로 영상의 품질보다는 압축률에 더 중점을 두고 있어 150:1에서 450:1의 고비율로 압축이 가능해 압축률은 뛰어나지만 화질이 떨어진다는 단점이 있다. MPEG-1은 초창기에는 동영상을 보기 위해 별도의 MPEG 재생용 보드를 필요로 했으나 펜티엄 프로세서가 등장한 이후 CPU 기능만으로도 처리가 가능하게 되었다. 기본적으로 H.261은 통신 매체를 대상으로 하지만 MPEG-1은 디지털 저장 매체를 위한 것으로 비디오 CD나 CD-I 등에서 영상과 음향을 디지털 방식으로 압축하는데 활용되어 왔다.

1994년에 국제 표준으로 승인된 MPEG-2는 기본적인 구조는 MPEG-1과 거의 같지만 해상도와 전송 속도 측면에서 MPEG-1보다 한 차원 높은 압축 기술로 HDTV 수준의 디지털 동영상을 지원하며 정보를 읽는 속도가 MPEG-1에 비해 훨씬 빠르다. MPEG-2는 MPEG-1에 비해 화질이 훨씬 뛰어나기 때문에 DVD나 디지털 케이블 방송, 디지털 위성 방송, HDTV 등 높은 화질과 음질을 필요로 하는 분야에서 활용되어 왔다. MPEG-3는 MPEG-2를 완성한 후 후속 작업으로 고해상도의 화질을 얻기 위해 HDTV 용으로 고안됐으나 MPEG-2로 흡수 통합되었다.

1999년에 표준화된 MPEG-4는 인터넷망 및 이동 통신망에서의 쌍방향 멀티미디어 통신을 겨냥해 개발된 멀티미디어 동영상 압축 기술이다. MPEG-4는 자연 영상이나 자연음은 물론 컴퓨터에 의해 생성된 합성 영상과 합성음 등 다양한 형태의 오디오, 비디오를 유연하게 효율적으로 전송하는 것을 목표로 하고 있다. MPEG-1과 MPEG-2는 영상을 프레임 즉 화면 단위로 부호화하는 반면 MPEG-4는 프레임 단위로 부호화하는 것이 아니라 영상의 내용에 근거해 해당 영상의 배경과 객체를 분리해 영상 내에 존재하는 객체 단위로 부호화해 전송한 다음 한 화면으로 다시 합성하는 압축 방식을 쓰고 있다. 즉 기존의 압축 방식은 영상에 담긴 내용과는 무관하게 화소를 직접 처리해서 압축하는 방식인데 비해 MPEG-4는 내용에 대한 이해와 분석을 토대로 한 부호화 방식이라는 점에서 차이가 있다. MPEG-4는 주문형 비디오(VOD), IMT-2000 멀티미디어 통신, 영상 전화, 영상 회의, 인터넷 방송 등의 분야에서 활용되고 있다.

MPEG-7은 엄청난 속도로 증가하고 있는 멀티미디어 정보 가운데 필요로 하는 내용의 정보를 검색하는데 있어 기존의 키워드 검색 대신 내용을 기반으로 한 내용 기반 검색을 위한 새로운 표현 방식에 관한 국제 표준화 작업의 일환으로 추진되었다.

MPEG에서 만든 여러 가지 표준 압축 방식 중 오디오와 관련된 압축 방식이 MP3다. MP3는 MPEG-1 Audio Layer 3 즉 MPEG-1의 오디오 압축 기술 중 세 번째 계층의 기술을 말한다. MP3는 MPEG-1의 오디오 1계층, 2계층, 3계층 규격 가운데 3계층이 MPEG에서 떨어져 나와 독립적으로 MP3라는 확장자를 갖는 오디오 파일 혹은 기술로 발전한 것이다. MP3의 압축은 원음

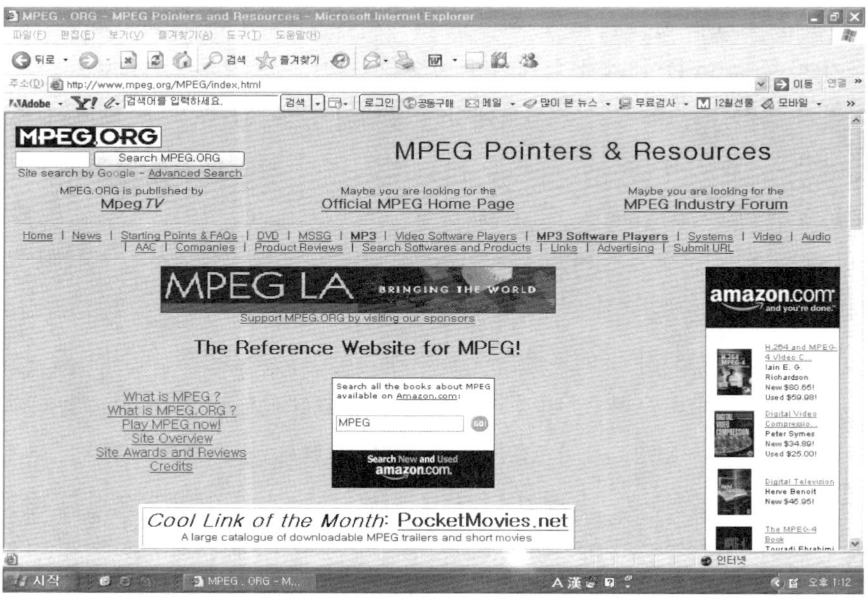

출처: http://www.mpeg.org/MPEG/index.html

(그림 2) MPEG 사이트 초기 화면

의 소리에서 사람이 알아듣지 못하는 소리 대역을 잘라내는 손실 압축으로 원래의 CD 음질은 그대로 유지하면서 정보량은 대폭 줄일 수 있어 압축률이 매우 높은데다 음질은 원음과 거의 같아 디지털 오디오 파일로 널리 활용되어 왔다.

3) 압축의 단계

디지털 압축은 다음과 같이 지각적 코드화(perceptual coding), 사전 처리(preprocessing), 프레임내 압축(intraframe compression), 프레임간 압축(interframe compression) 등의 단계를 따라 이루어진다(김영석(2000), p.88-90).

(1) 지각적 코드화

지각적 코드화(perceptual coding)는 인간의 인식 체계에 기초를 둔 단계로 원래의 정보에 손실이 오지만 소비자들이 인지하지 못할 수준에서 정보를 변형하게 된다. 가령 사람은 움직이는 대상보다는 정지한 대상을 더 주목하기 때문에 움직이는 이미지의 일부를 버리더라도 이미지가 손상되지 않은 것처럼 보여 소비자가 이용하는 데는 불편함이 없다.

(2) 사전 처리

사전 처리(preprocessing)는 잡음(noise)을 최소한으로 줄이는 것을 말하는데 이러한 사전 처리를 통해 원래 정보의 15%를 줄일 수 있다.

(3) 프레임내 압축

프레임내 압축(intraframe compression)은 특정 화소가 인접하는 화소를 유추함으로써 실제 화소의 용량을 줄이는 것을 말한다. 화소들 간의 명암이 비슷할 경우 인접 화소를 유추하기가 쉽고 따라서 압축을 하기가 쉽다.

(4) 프레임간 압축

프레임간 압축(interframe compression)은 한 프레임에서 다음 프레임으로 넘어가는 과정에서 중복되는 화소들을 생략하여 압축하는 것을 말한다.

2. 저장 기술

디지털 미디어는 대용량의 디지털 정보를 보관하기 위한 저장 기술이 필요하다. 이러한 저장, 압축, 전송 기술은 서로 밀접한 관계를 유지하면서 발전하게 된다. 초대용량화, 초고속화, 초소형화 추세를 보이고 있는 정보 저장 매체는 자기 테이프와 디스크, 광디스크, 플래시 메모리, 네트워크 스토리지 등 4가지 영역으로 나누어 살펴볼 수 있다.

1) 자기 테이프와 디스크

(1) 자기 테이프

얇은 필름에 마그네틱 성분이 묻어있는 자기 테이프는 녹음, 녹화 등 정보를 기록하기 위한 컴퓨터의 외부 기억 장치로 자기 디스크가 나오기 전에 가장 널리 사용되었던 보조 기억 장치다.

(2) 자기 디스크

자기 헤드를 사용하는 플로피 디스크나 하드 디스크는 네덜란드의 필립스와 일본의 소니가 공동으로 CD(Compact Disk) 플레이어 기술을 개발해 1982년 첫 선을 보인 오디오 CD라고 하는 최초의 디지털 디스크 기술이 등장하기까지 컴퓨터의 기억 장치로 널리 활용되었다.

2) 광 디스크

(1) CD-ROM

금속 표면에 작은 구멍을 뚫어 정보를 기록하고 레이저 광선을 이용하여 정보를 판독하는 CD-ROM(Read Only Memory)은 자기 헤드를 사용하는 플로피 디스크나 하드 디스크와 구별되는 매체로써 광 매체라고 한다. 4.75인치(120mm) 크기의 기존 오디오 CD의 외적인 형태는 그대로 유지하고 기록 방식만을 변형해 문자와 소리, 영상 등 각종 데이터를 저장하고 배포할 수 있는 수단으로 1985년에 첫 선을 보인 CD-ROM은 플로피 디스크가 1.2-1.44MB 정도만을 저장할 수 있는데 비해 650MB의 대용량 저장 능력을 제공함으로써 방대한 양의 데이터를 제작, 배포하는 데 큰 도움을 주었다. 특히 CD-ROM은 값도 저렴하고 휴대하기가 편리해 하드 디스크와 같은 자기 저장 매체를 대체하는 새로운 저장 매체로 각광 받으면서 멀티미디어 발전에 크게 기여하였다.

CD-ROM은 저장된 데이터를 읽어 들이는 주변 기기인 CD-ROM 드라이브의 기술적인 발전과 함께 빠른 속도로 대중화되었는데 CD-ROM 드라이브는 기존의 오디오 CD 뿐만 아니라 비디오 CD, CD-I(CD-Interactive), CD-R (CD-Recordable), CD-RW(CD-Rewritable) 등 다양한 CD가 작동되도록 개발돼왔다. MPEG-1 규격을 이용한 비디오 CD는 동영상을 최대 74분까지 기록할 수 있다. CD-I는 마우스 등을 사용해서 대화적인 조작을 할 수 있는 대화형 CD를 말한다. CD-R은 기록된 데이터를 읽을 수만 있는 CD-ROM과는 달리 CD에 1회에 한해 데이터를 기록할 수 있다. CD-RW는 데이터를 한 번만 기록할 수 있는 CD-R과는 달리 데이터가 사라지면 다시 복사가 가능해 기록용 레이저를 이용해 200회 이상 데이터의 기록 및 재생이 가능하다.

(2) DVD

멀티미디어 정보를 저장하고 보존하는데 있어 CD-ROM은 매우 유용하게 이용됐지만 동영상의 비디오를 담기에는 역부족이어서 1995년 CD보다 훨씬 큰 용량을 가진 DVD(Digital Video Disk)가 새롭게 선보였다. DVD는 기존 CD에 비해 디스크 표면에 기록돼 있는 피트(pit)가 훨씬 가늘고 길이도 짧기 때문에 더 많은 데이터를 저장할 수 있다. DVD는 한 면에 최대 2층의 데이터를 기록할 수 있는데 단층 기록 방식의 경우 한 면당 4.7GB, 복층 기록 방식의 경우 한 면당 8.5GB의 정보를 저장할 수 있다. 일반적인 영화를 기준으로 했을 때 비디오 CD는 70분 정도를 저장할 수 있지만 DVD 한 면은 CD

7장 또는 플로피 디스크 3,200장 정도의 용량을 갖고 있어 한 면에 135분까지 동영상을 저장할 수 있다. 또 MPEG-2 방식에 따라 영상을 부호화해 저장하는 DVD는 MPEG-1 방식을 사용하는 비디오 CD나 레이저 디스크(LD) 보다 화질이 훨씬 뛰어나 차세대 저장 매체로 주목을 끌어왔다. 이러한 DVD에는 DVD-ROM(Read Only Memory), DVD-WO(Write Once), DVD-RW (Rewritable), DVD-RAM(Random Access Memory), DVD-비디오, DVD-오디오 등이 있다. DVD-ROM은 데이터를 읽기만 하고 기록은 할 수 없는 DVD를 말한다. DVD-WO는 CD-R처럼 1회에 한해 데이터를 쓸 수 있다.

3) 플래시 메모리

(1) 메모리 카드

플래시 메모리는 전기가 끊기면 저장한 데이터가 사라지는 D램과 달리 데이터가 사라지지 않는 메모리 반도체다. 플래시 메모리는 속도가 빠르지만 용량을 늘리는 데 한계가 있는 노어(NOR) 형과 대용량으로 제작하기 쉬운 낸드(NAND) 형이 있다. 대표적인 플래시 메모리의 한 형태인 메모리 카드는 대용량의 정보를 저장할 수 있고 휴대가 용이해 휴대 전화, 디지털 카메라, MP3플레이어, 게임기 등에 많이 이용되고 있다. 16GB 낸드 플래시 메모리로 만든 32GB 짜리 메모리 카드에는 단행본 4만권 혹은 MP3 음악 파일 8000곡을 저장할 수 있다.

(2) USB(Universal Serial Bus)

직렬 포트의 일종인 USB는 오디오 플레이어, 조이스틱, 키보드, 전화, 스캐너, 프린터 등과 같은 주변 기기와 컴퓨터 간의 플러그 앤드 플레이(Plug & Play) 인터페이스를 제공함으로써 편리하게 활용되고 있다. 드라이버가 필요 없는 USB는 메모리 용량별로 선택의 폭이 다양하고 각종 데이터의 이동 저장 기능이 뛰어나 노트북 및 컴퓨터 간의 데이터 파일 이동시에 편리하게 활용되고 있다. PC와 매킨토시의 USB 포트에 꽂으면 바로 작동이 되는

USB는 어떠한 데이터라도 PC 환경에서 매킨토시로 혹은 그 반대로 전송이 가능하다.

4) 네트워크 스토리지

e-비즈니스의 등장으로 기업 데이터의 양이 폭발적으로 증가하면서 기업의 온라인 저장 용량이 매년 어마어마한 속도로 늘고 있어 이를 관리하기 위한 저장 장치가 필요하다. 기존 저장 방식인 DAS(Direct Attached Storage)는 하나의 서버에 저장 장치가 직접 연결되어 있는 단순한 형태로써 저장할 데이터와 계속 만들어지는 데이터가 함께 LAN선에 흐르기 때문에 갈수록 네트워크 속도가 떨어지는 단점이 있다. 따라서 미래 저장 방식으로 SAN (Storage Area Network), NAS(Network Attached Storage) 등이 활용되고 있다.

(1) SAN(Storage Area Network)

스토리지 파일 시스템을 구성하여 네트워크를 통하지 않고 서버에 바로 연결하는 스토리지 시스템으로 여러 대의 서버와 스토리지를 바로 연결함으로써 하나의 스토리지를 공유한다. SAN 환경에서는 단순히 각 서버들이 필요한 디스크 양 만큼 물리적으로 나누어 사용하는 개념이며, 파일 시스템을 공유하는 것이 아니다.

(2) NAS(Network Attached Storage)

서로 다른 기종 간 파일 공유 기능을 자체 소프트웨어에서 지원하는 특별 목적의 파일 서버로 NFS, CIFS, HTTP 등의 표준화된 프로토콜을 지원한다.

NAS는 스토리지 시스템을 네트워크에 연결해서 공유하는 방식으로 네트워크 기반 전용 스토리지다. NAS는 네트워크 케이블에 연결만 하면 자동으로 구성이 되기 때문에 쉽고 빠르게 사용자가 자기 시스템에 저장 공간을 확장할 수 있다는 장점을 갖고 있다. 웹 기반의 관리 프로그램은 관리자가 네트워크 내에서 또는 인터넷 상에서 NAS를 관리할 수 있게 한다.

3. 전송 기술

1) 네트워크

네트워크란 정보를 공유하기 위해 전화선 및 기타 방법에 의해 서로 연결되어 있는 컴퓨터 시스템을 뜻한다. 커뮤니케이션 분야에서 네트워크를 얘기할 때 가장 중요한 것 가운데 하나는 정보를 유통, 처리할 수 있는 컴퓨터가 연결되어 있다는 점이다. 네트워크 커뮤니케이션은 컴퓨터를 매개로 한 이러한 여러 형태의 커뮤니케이션 현상을 지칭한다. 커뮤니케이션과 컴퓨터의 발달로 가능해진 네트워크 커뮤니케이션은 정보 생산자인 매스 미디어와 이를 피동적으로 받아들이는 수용자와의 관계를 설명하는 매스 커뮤니케이션으로부터의 탈피를 뜻한다. 네트워크 커뮤니케이션은 기존 매스 미디어의 최대 문제점으로 제기되는 피동성을 극복하는 능동적인 개인 혹은 조직의 구성원 사이에서의 네트워크를 통한 커뮤니케이션을 의미한다. 이러한 네트워크 커뮤니케이션은 뉴미디어 혹은 디지털 미디어의 특성을 잘 대변하는 개념이기도 하다.

네트워크는 세 가지 요소로 구성되는데 첫째, 정보를 전기적 신호로 변환하여 전송이 가능하게 하는 단말 시스템이다. 대표적인 예로 컴퓨터를 들 수 있다. 둘째, 교환 시스템으로 통신 서비스, 망 관리 등의 역할을 하며 스위칭 시스템이라고도 한다. 셋째, 전송 시스템으로 단말기에서 변환된 전기적 신호를 상대 시스템에 전송하는 기능을 하는데 유선 전송과 무선 전송으로 나눌 수 있다.

2) 스위칭 시스템

스위칭 시스템은 네트워크를 통한 데이터(정보) 전달의 원리를 의미하며 네트워크 구성원 상호간의 가장 효과적인 커뮤니케이션을 가능하게 한다. 텔레커뮤니케이션 분야에서 주로 쓰였던 스위칭 시스템이 뉴미디어 분야에 적극 도입되고 있다는 것은 네트워크상에서의 정보 전달 방법의 획기적인 변화를 의미하며 이는 곧 커뮤니케이션 현상의 대변혁을 뜻한다.

(1) 스위칭 시스템의 변천

스위칭 시스템의 초기 단계는 전화 교환수가 각각의 이용자를 서로 연결시켜 주는 수동적 스위칭 시스템에서 시작해 전기 기계적 스위칭 시스템을 거쳐 지금은 컴퓨터가 그 기능을 맡고 있다.

(2) 스위칭 시스템의 종류

스위칭 시스템의 종류로는 회선 교환(Circuit Switching)과 패킷 교환(Packet Switching)이 있다. 회선 교환은 전화 교환기처럼 타임 슬롯(Time Slot), 메모리 등의 통신망 자원이 각 사용자에게 일정 시간 동안 고정적으로 할당돼 사용자가 이용할 수 있는 대역폭이 일정량으로 고정된다. 따라서 실시간 이용이 가능하고 정보의 교환 및 전송이 하드웨어에 의해 이루어지므로 고속화가 용이하다. 대표적인 회선 교환의 예로는 전화선을 통해 상대방과 1대 1로 대화를 나누는 것을 들 수 있다. 패킷 교환은 정보를 일정한 패킷으로 나누어 송신하는 방법으로 메모리와 같은 통신망 자원이 상황에 따라 사용자에게 할당되므로 사용자의 요구에 유연하게 대처할 수 있다. 따라서 다단계의 여러 종류 데이터, 즉 슈퍼 컴퓨터에서부터 PC 등 각종 컴퓨터에서 처리된 정보들을 처리할 수 있다. 그러나 패킷 교환은 패킷을 중계하는 과정에서 각 패킷의 주소를 읽어 해당 지역으로 전송하는 과정을 소프트웨어가 수행함으로써 시간이 많이 걸리고 고속화에 한계가 있어 실시간 사용이 어렵다는 단점을 갖고 있다.

디지털 미디어에서 스위칭 시스템의 이용은 기존의 텔레커뮤니케이션에서 보여주었던 1 대 1의 커뮤니케이션보다 다양한 형태의 커뮤니케이션 방식을 제공한다. 스위칭 시스템은 1 대 1만이 아닌 1 대 다수, 다수 대 1 혹은 다수 대 다수의 커뮤니케이션까지 포괄하는 다차원적인 커뮤니케이션을 가능하게 한다. 다음 그림에서 보여주듯이 스위칭 시스템 하에서는 정보의 이

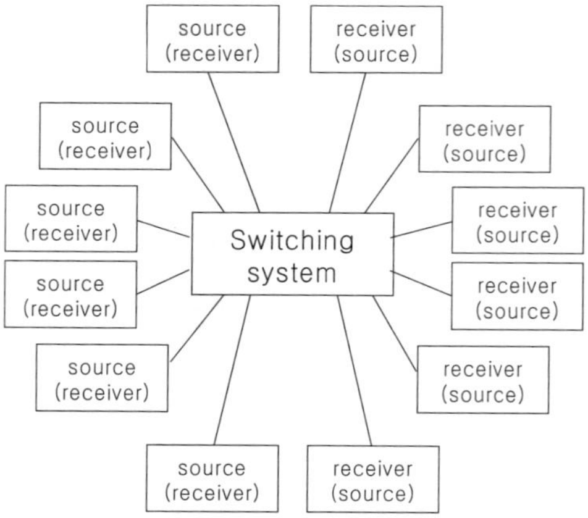

출처: Williams, F.(1991), The New Telecommunications, New York: Free Press, p.7.

(그림 3) 스위칭 시스템

용자와 제공자의 구별은 없고 커뮤니케이션 주체를 다양한 형태로 연결해 줄 수 있게 한다.

광대역 종합정보통신망(Broadband Integrated Services Network · B-ISDN) 상에서 문자, 음성, 동영상 등 여러 종류의 정보를 동시에 막힘없이 전송할 수 있게 하는 스위칭 시스템인 비동기 전송 모드(Asynchronous Transfer Mode : ATM)는 회선 교환과 패킷 교환 두 가지 방식의 장점을 취한 것으로 특히 패킷 교환의 특징이 많이 내재돼 있다. ATM은 네트워크상의 모든 정보를 일정량의 바이트로 구성된 셀(cell)이라고 불리는 작은 패키지로 분할해 각 셀마다 보내는 주소를 입힌 다음 고속으로 전송해 종착역에서 각 셀의 주소에 따라 셀들을 재결합한 후 하나의 완성된 정보로 복원해 수신자가 받을 수 있게 한다. ATM은 정보를 패킷으로 나눈 점에서는 패킷 교환 방식을, 각각의 패킷을 작은 셀로 나누어 하드웨어에 의한 중계가 가능한 것은 회선 교환의 장점을 취한 것이다.

3) 클라이언트 · 서버(Client · Server) 시스템

네트워크의 중요한 기능 중에 하나는 서로 다른 컴퓨터가 가지고 있는 자원, 즉 정보를 공유하는 것이다. 정보를 공유하기 위해서는 두 개의 컴퓨터 시스템이 필요하다. 하나는 특정한 정보를 제공하는 서버(Server) 컴퓨터고 다른 하나는 그러한 정보를 요청하여 제공받는 클라이언트(Client) 컴퓨터다. 즉 클라이언트・서버 시스템은 네트워크 커뮤니케이션 하에서 클라이언트의 요청에 따라 적절한 서버를 연결하여 클라이언트가 요구한 사항을 해결해 줄 수 있도록 하는 기능이다. 클라이언트는 정보를 요구하는 이용자와 관련된 커뮤니케이션 기술을 뜻하는 것으로 대체적으로 데스크 톱 컴퓨터나 PDA, VOD의 셋톱박스(STB)와 같이 서버보다 규모가 작은 네트워크 기기들로 이루어져 있다. 서버는 정보를 제공하는 컴퓨터로 일반 PC에서부터 대형 컴퓨터에 이르기까지 여러 종류의 컴퓨터가 이에 속한다. 요컨대 클라이언트・서버 시스템은 능동적 정보 수용자와 그러한 요구를 해결해 줄 수 있는 컴퓨터 시스템을 뜻하는 것으로 클라이언트・서버 시스템이 우리에게 뜻하는 바는 디지털 미디어 시대의 커뮤니케이션 현상을 설명할 수 있는 근간이 되는 쌍방향 커뮤니케이션 혹은 네트워크 커뮤니케이션 시스템의 중요한 요소로 인식되고 있다는데 있다. 대표적인 클라이언트・서버 시스템으로 월드와이드웹(World Wide Web: WWW) 서비스를 들 수 있다.

4) 프로토콜

(1) 프로토콜

네트워크의 중요한 특성 가운데 하나로 오픈 시스템을 들 수 있다. 네트워크는 항상 다른 네트워크와의 연결을 통해 효율성 및 규모가 증대되는 것을 기본으로 한다. 이는 네트워크가 다른 네트워크와의 연결을 통해서만 존재의 의미를 찾을 수 있다는 것이다. 그런데 각각의 네트워크는 고유의 통신 규약을 이용하기 때문에 네트워크와 네트워크가 결합될 때 정보의 원활한 유통을 위해서는 반드시 공통의 커뮤니케이션 규약이 뒤따라야 한다. 프로토콜(Protocol)이란 바로 네트워크와 네트워크 간의 커뮤니케이션을 위해 미리 정해 놓은 규약이라고 할 수 있다. 인터넷은 전 세계에 걸쳐 있는 모든 나라의 서로 다른 네트워크들이 서로 연결되어 구축돼 있다고 할 수 있는데 이는 인터넷이 TCP/IP(Transmission Control Protocol/Internet Protocol)라는 공통의 커뮤니케이션 규약을 사용하기 때문에 가능한 것이다. 즉 각각의 네트워크는 서로 다른 통신 규약을 이용하더라도 다른 네트워크와 연결이 될 때는 서로가 이해할 수 있는 공통의 규약을 사용하기 때문에 서로 다른 네트워크 간의 커뮤니케이션에 있어 문제가 발생하지 않는다.

네트워크간의 호환을 위한 대표적인 기술로 게이트웨이(Gateway)를 들 수 있다. 게이트웨이란 두 개 이상의 네트워크를 연결시키는 작용을 하는 것으로 하나의 네트워크에서 나온 정보(패킷)가 다른 네트워크로 갈 수 있게 하는 기능을 지닌다. 즉 네트워크 간의 속도, 오차율, 혹은 최대 패킷의 크기 등을 조절하여 각 네트워크의 차이점들을 소화함으로써 네트워크들 간의 원활한 커뮤니케이션이 이루어지도록 한다.

(2) OSI

OSI(Open System Interconnection)는 UN 산하 기관인 국제표준화기구(International Standard Organization: ISO)에서 발표한 프로토콜로 모든 프로토콜의 표준이 되고 있다.

OSI 프로토콜은 네트워크를 7개의 계층(Layer)으로 나누고, 각 계층마다 기능을 정의하고 있다. 따라서 네트워크가 서로 다르더라도 각각의 계층에

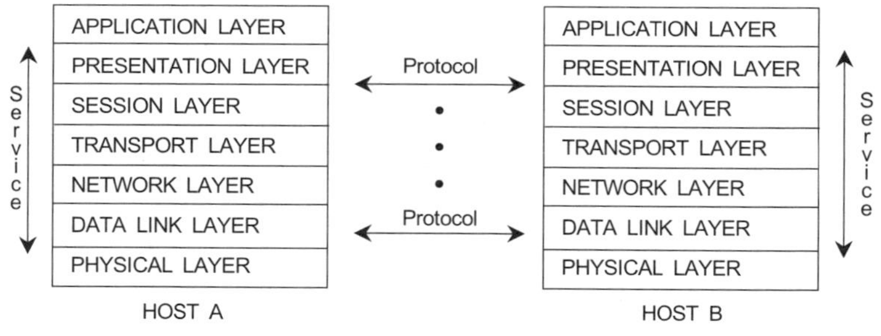

출처: http://my netian.com/~yduvis/network/lan/SICC/NET2.html

(그림 4) OSI 개념도

맞게 프로토콜을 설계하면 어떠한 네트워크들이라도 서로 연결이 가능하다.

OSI는 가장 완벽한 국제 표준 프로토콜이지만 대부분의 네트워크 설계자들은 OSI의 완벽한 프로토콜을 채택하지 않고 자신의 모델을 만드는 데 기준으로 삼고 있다. OSI의 각 계층 구조는 각각 고유한 기능을 갖지만 크게 두 가지 범주로 나눌 수 있다. 하위의 4계층은 두 시스템 간에 데이터 전송을 위해 필요한 엔드 투 엔드(end-to-end) 서비스를 지원한다. 이 계층에 위치한 프로토콜들은 두 시스템, 즉 컴퓨터가 서로 연결되고 네트워크 통신이 가능하도록 지원한다. 상위 3계층은 정보 교환을 위해 필요한 애플리케이션 서비스를 지원한다.

〈표 5〉 OSI의 계층 구조

계층 (Layer)	역할
Application	사용자가 실행하는 응용 프로그램. 7 계층 중 최상위 계층. 파일 전송이나 전자 우편 등 사용자들이 직접 이용할 응용서비스를 제공. 보내려는 정보를 읽고 처리하는 기능.
Presentation	애플리케이션 계층에서 사용할 데이터의 형태를 만듦. 전달하려는 정보를 어떻게 표현할 것인가를 결정. 한글 코드로 할 것인지 혹은 영어 코드로 할 것인지? 암호화를 할 것인지 혹은 압축할 것인지?
Session	프로그램의 연결 설정, 관리, 해제 등의 기능. 응용 계층에서 응용 프로세서가 응용 서비스 기능을 수행할 수 있도록 관리·제어하는 기능.
Transport	데이터의 전송. 상대편의 컴퓨터에 어떻게 효율적으로 정보를 전달하는지를 관리. 데이터의 오류를 수정하고 흐름을 제어.
Network	개별 데이터 패킷의 형식. 데이터의 주소, 전송 경로 등 기본적인 통신 계층을 결정. 정보는 많은 경로를 통해 전달되는데 이때 어떤 경로를 통해서 어떤 스위칭 시스템을 이용해서 정보가 전달되는 지를 관리.
Data Link	물리적 네트워크를 통해 데이터가 전달되는 것을 관리. 전송 장비(예를 들면, 스위칭 시스템이나 접선 장비)들 간에 에러가 없이 정보가 전달되는 지를 관리.
Physical	케이블 등 물리적인 전송 장비. 어떤 전송 매체를 쓰고 어떤 속도로 정보를 보낼 지 결정. 전송 장비(하드웨어)에 대한 물리적, 기계적 특성을 설명.

(3) TCP/IP

TCP/IP(Transmission Control Protocol/Internet Protocol)는 인터넷의 기본 프로토콜이다. OSI의 7개 계층 중에서 트랜스포트와 네트워크에 해당하는 기능을 제공하여 네트워크간의 신뢰성 있는 데이터 전송을 보장하기 위해 개발되었다. TCP는 OSI의 트랜스포트에 해당하는 부분으로 네트워크에 해당 프로그램이나 데이터를 전송한다. IP는 OSI의 네트워크 계층을 위한 프로토콜로 데이터의 손실 유무, 잘게 나누어진 데이터의 재구성 등의 역할을 한다.

〈표 6〉 TCP/IP 구조

계층(Layer)	역할
Application	사용자가 실행하는 프로그램
Transport	해당 프로그램이나 데이터 전송
Network	주소와 데이터 전송 경로 등 기본적인 통신 계층
Link	네트워크 하드웨어

(4) OSI와 TCP/IP의 비교

다음 표에서 보여주듯이 OSI의 애플리케이션, 프리젠테이션, 세션 계층은 TCP/IP에서 애플리케이션으로, 트랜스포트는 TCP로, 네트워크는 IP로, 데이터 링크와 피지컬 계층은 링크/서브네트워크 등으로 나누어지는 것을 알 수 있다.

〈표 7〉 OSI와 TCP/IP의 비교

OSI	TCP/IP
Application	Application
Presentation	
Session	
Transport	TCP
Network	IP
Data Link	Link/Subnetwork
Physical	

5) 네트워크의 형태

네트워크는 사용 용도, 크기, 기능에 따라 여러 종류로 구분할 수 있는데 일반적인 네트워크의 기본 형태로 LAN(Local Area Network), MAN(Metropolitan Area Network), WAN(Wide Area Network) 등이 있다.

(1) LAN(Local Area Network)

근거리 통신망이라고 불리는 LAN은 네트워크의 근간이 되는 통신망이다. LAN은 여러 대의 PC가 중앙 통제 컴퓨터라고 할 수 있는 서버에 연결되어 있어 서버에 있는 각종 자료를 여러 이용자가 동시에 검색하고 사용할 수 있고, 또 프린터 등의 주변 기기를 공동으로 사용할 수 있게 한다. 보통 1km 미만의 근거리에서 커뮤니케이션이 이루어진다. 사무 자동화, 공장 자동화 등의 분야에서 구심점의 역할을 하며 80년대부터 실용화되기 시작한 LAN은 기업, 학교, 병원 등을 비롯하여 여러 규모의 조직체에서 이용되고 있다. 하나의 LAN은 또 다른 LAN과의 연결은 물론 WAN과의 연결을 통해 그 효용성을 더욱 높이게 된다.

(2) MAN(Metropolitan Area Network)

LAN과 LAN이 모여서 MAN을 형성하게 되는데 MAN은 도시의 케이블 네트워크를 효율적으로 구축하기 위해 개발된 도시 통신망이다. 즉 MAN은 LAN과 WAN의 중간 형태로 주로 대도시의 통신 네트워크를 일컫는 개념이다. MAN은 케이블 TV 시스템의 발전과 더불어 대도시에서 가장 중요한 커뮤니케이션 네트워크 개념으로 부상하고 있다. 케이블 TV 망 구축에 응용되는 MAN은 LAN과 WAN의 장점을 취합해서 만든 것으로 광섬유를 이용해 텍스트보다는 멀티미디어 계통의 정보 전달에 주로 이용된다.

(3) WAN(Wide Area Network)

MAN과 MAN이 모여서 원거리 통신망인 WAN을 이루게 되는데 WAN은 수백km까지의 원거리 통신 네트워크를 일컫는 개념으로 대개의 경우 모뎀이나 전화 스위칭 시스템을 이용하여 원거리 커뮤니케이션이 이루어지도록 한다. LAN이 동일 구내 혹은 동일 건물 내의 네트워크로 기업이나 학교 등 하나의 조직체를 대상으로 한다면 WAN은 기업 등 각각의 조직체를 포함한 불특정 다수의 대중을 대상으로 한다. 따라서 제도적인 측면에서 LAN은 사적인 성격으로 인해 제약을 받지 않는 반면에 WAN은 이용과 접속에 관한 각종 규제와 제약이 따르게 된다. 또한 WAN의 경우 광역성이라는 점에서 LAN보다 전송 품질이 떨어지는 경향이 있다.

LAN에서 시작된 네트워크는 또 다른 LAN 혹은 WAN과의 결합을 통해 지역 혹은 나라별로 모이게 되고 이것이 거대한 범세계 네트워크(Global Network)를 이루게 되는데 인터넷이 그 좋은 예라고 할 수 있다. 이러한 LAN과 WAN의 광범위한 보급은 소규모의 사무실 혹은 가정에서 SOHO (Small Office Home Office) 환경을 가능케 한다. SOHO는 소형 라우터, 스위치, LAN 카드 등 LAN 장비와 WAN을 지원하는 간단한 원격지 접속 장비만으로 구성이 가능한데 컴퓨터와 텔레커뮤니케이션 기술의 발달로 급성장하고 있다. 이와 같은 네트워크 기술의 발전은 미래의 중요한 생활 환경의 하나인 재택 근무의 활성화를 가능하게 한다.

6) 네트워크의 종류

(1) 유선 네트워크

✪ xDSL(x Digital Subscriber Line)

디지털 가입자망이라고 일컫는 xDSL은 전화선을 이용한 고속 데이터 전송기술을 총칭하는 개념이다. 음성 전송을 위해 구축된 기존의 전화선을 이용해 적은 비용으로 각종 멀티미디어 정보를 고속 전송할 수 있게 하는 기술이다. 비대칭 디지털 가입자망이라고 불리는 ADSL(Asymmetric Digital Subscriber Line)은 가장 대표적인 xDSL 기술의 하나다. ADSL은 이미 설치된 전화선을 이용함으로써 네트워크 구축에 있어 최대의 경제성을 살리고 있는데 상향 속도와 하향 속도를 조절해 효과적으로 네트워크 자원을 이용하고 있다. 예를 들면 일반 가정에서 특정 서버에 정보를 보내는 양과 정보를 받는 양에 있어 현격한 차이가 있다는 것에 착안해 일반 가정에서 서버로 향하는 커뮤니케이션을 위해서는 낮은 속도로 정보를 전송하고 반대로 서버에서 일반 가정으로 향하는 커뮤니케이션의 경우에는 빠른 속도, 즉 대용량의 정보가 전송될 수 있도록 하고 있다.

〈표 8〉 xDSL의 종류

방식	속성	속도	거리	사용자	전화지원	장단점
ADSL	-비동기식 -전화와 인터넷 동시 처리	1.5-6Mbps (Down) 64K-640Kbps (Up)	5.5km	일반가정/ SOHO	O	-전화/데이터 동시가능
UADSL	-비동기식 -스플리터 없는 단순한 구조	1Mbps (Down) 384Kbps (Up)	5.5km	일반가정/ SOHO	O	-저가로 대량 보급 가능 -가정내 설치용이 -낮은 속도가 단점
VDSL	-비동기식 -운영 거리 1Km 미만이나 초고속 전송 가능	25-52Mbps (Down) 1.5-3Mbps (Up)	100 -900m	일반가정/ SOHO	O	-초고속 -인프라 설치비가 높음
HDSL	-동기식 -두 개의 전화선 이용	1.54Mbps 혹은 2Mbps 양방향	4.6km	일반가정/ SOHO	-	-T1 전용선 대비 경제성 높음 -저속 하향 및 전화 지원 불가
SDSL	-동기식 -HDSL과 비슷하나 하나의 전화선 이용	784Kbps 양방향	6.9km	일반가정/ SOHO	-	-T1 전용선 대비 경제성 높음 -저속 하향 및 전화 지원 불가

✪ 케이블 네트워크

케이블 TV 프로그램의 송출을 위해 구축된 네트워크를 이용하는 방법이다. 기존의 전화선보다 용량이 큰 케이블 네트워크를 통해 압축된 멀티미디어 정보를 주고받을 수 있도록 하고 있으며 특히 쌍방향 기능을 이용해 다양한 정보를 주고받을 수 있다. 특히 디지털화된 케이블 네트워크를 통합한 광대역 통합망(Broadband convergence Network: BcN)이 새로운 네트워크 환경으로 떠오르고 있다. BcN은 통신, 방송, 인터넷 등이 융합된 차세대 통합 네트워크로 통신망이나 단말기에 구애받지 않고 언제 어디서나 편리하게 최첨단의 광대역 멀티미디어 서비스를 이용할 수 있는 유비쿼터스 환경의 핵심 기반이 되고 있다.

✪ ISDN(Integrated Services Digital Network)

ISN(Integrated Services Network)은 2개의 음성 채널과 1개의 데이터 채널을 동시에 하나의 전화선에서 처리하는 유선 네트워크를 말한다. ISDN은 여러 종류의 커뮤니케이션 서비스를 전송 및 제어할 수 있는 하나의 독립된 네트워크로서 ISN에서 발전된 시스템이다. ISN은 가령 전화선과 같은 기존의 아날로그 통신망에서 서로 다른 종류의 정보 서비스를 동시에 제공할 수 있는 기술이다. 구체적으로 ISN은 두 가닥으로 이루어진 전화선을 통해 2개의 음성 채널과 1개의 데이터 채널을 동시에 가동할 수 있게 하는 기술인데 이러한 ISN은 디지털 기술의 발달과 함께 ISDN으로 발전하게 되었다.

ISN 기술에서 발전된 ISDN의 특징은 서로 다른 종류의 정보를 하나의 채널을 통해 전달할 수 있는 것으로 기존의 정보 전달 개념을 뒤집어 놓은 기술이라고 할 수 있다. 종래의 정보 전달은 한 채널에 한 종류의 정보만을 보내는 것이었으나 ISDN 환경 하에서는 전화, 데이터, 팩시밀리, 컴퓨터, TV 영상 등 여러 종류의 정보를 하나의 통신망에서 제공하게 된다. ISDN은 이처럼 서로 다른 종류의 정보들을 하나의 정보 단말기를 통해 주고받을 수가 있어 정보화 시대의 가장 중요한 정보 전송 기술로 여겨지고 있다. ISDN 환경에서는 전화, 데이터, 팩시밀리, 영상 등 모든 통신 서비스를 하나의 통신망에서 제공하기 때문에 각각의 서비스별로 만들어진 기존의 통신망이 하나로 통합되어 경제적으로도 규모의 효과를 살릴 수 있고 수요가 불확실한 서비스에도 유연하게 대처할 수 있다. 또 이용자가 서비스별로 각기 다른 통신망에 가입할 필요 없이 하나의 통신망에만 가입하면 여러 가지 서비스를 함께 받을 수 있는 이점이 있다.

ISDN은 협대역 ISDN(Narrowband ISDN : N-ISDN)과 광대역 ISDN(Broadband ISDN : B-ISDN)으로 나눌 수 있는데 협대역 ISDN은 64Kbps가 중심이고 최고 전송 속도가 2Mbps여서 그 이상의 고속 전송을 필요로 하는 영상 신호나 초고속 데이터를 전송하기 위해서는 전용선이 필요하다. 광대역 ISDN은 기존의 협대혁 ISDN보다 대역폭(Bandwidth)이 넓어 그만큼 많은 정보를 빨리 전송할 수 있는데 광섬유로 이루어지는 광대역 ISDN은 21세기 정보 시대의 멀티미디어 정보 전송을 위한 최고의 기술로 인정받고 있다.

광대역 ISDN 환경에서 문자, 음성, 동영상 등 여러 종류의 정보를 동시에 막힘없이 전송할 수 있게 해주는 스위칭 시스템인 비동기 전송모드(Asynchronous Transfer Mode: ATM) 또한 초고속 정보통신망에서 매우 중요한 역할을 한다. ATM은 하드웨어에 의한 패킷 교환 방식이라고 정의할 수 있다. 전술한 것처럼 스위칭 시스템, 즉 교환 방법에는 회선 교환과 패킷 교환이 있는데 회선 교환은 전화 교환기처럼 타임 슬롯, 메모리 등의 통신망 자원이 각 사용자에게 일정 시간 동안 고정적으로 할당되어 사용자가 이용할 수 있는 대역폭이 일정량으로 고정된다. 따라서 실시간 이용이 가능하고 정보의 교환 및 전송이 하드웨어에 의해 이루어지므로 고속화가 용이하다. 패킷 교환은 통신망의 자원이 상황에 따라 사용자에게 할당되므로 사용자의 요구에 유연하게 대처할 수 있는 반면에 패킷을 중계하는 과정에서 각각의 패킷의 주소를 읽어 해당 지역으로 전송하는 과정을 소프트웨어가 수행함으로써 시간이 많이 걸리고 고속화에 한계가 있어 실시간 사용이 어려운 단점을 지니고 있다. ATM은 이러한 두 가지 방식의 장점을 취합한 것이다. ATM은 네트워크상의 정보를 53 바이트(48 바이트는 정보용으로, 5 바이트는 보낼 주소가 수록된 헤더(Header)로 할당)로 구성된 셀(Cell)이라 불리는 작은 패키지로 분할하여 각 셀마다 보내는 주소를 입힌 다음 고속으로 전송해서 종착역에서 각 셀의 주소에 따라 셀들을 재결합한 뒤 하나의 완성된 정보로 복원해 수신자가 받을 수 있게 한다. ATM은 매초마다 20억 비트의 정보를 처리할 수 있는데 정보를 패킷으로 나눈 점에서는 패킷 교환 방식을, 각각의 패킷을 작은 셀로 나누어 하드웨어에 의해 중계가 가능하도록 한 것은 회선 교환 방식의 장점을 취한 것이다.

(2) 무선 네트워크

정보 사회의 완성은 유선 네트워크를 기반으로 하는 정보고속도로의 구축을 통해서 이루어질 수 있지만 유선 네트워크만으로는 인간의 자연스럽고 원활한 커뮤니케이션 활동에 많은 제약이 따른다. 즉 실내 혹은 고정된 상태에서의 커뮤니케이션은 유선 네트워크를 통해서도 원활히 이루어질 수 있지만 이동 중이거나 지리적으로 유선 네트워크의 구축이 불가능한 오지나 바다 등지에서의 커뮤니케이션은 무선 네트워크에 의지할 수밖에 없다. 따라서 인간의 원활한 커뮤니케이션을 위해서는 유선 네트워크의 사각 지대를 담당할 무선 네트워크의 구축이 필요한 것이다. 가장 야심적인 무선 네트워크 구축 계획은 위성통신 사업이다. 지상의 정보고속도로 개통과 함께 이에 걸맞는 우주 정보고속도로를 구축하겠다는 발상인 것이다. 이러한 무선 네트워크 구축 계획은 지상의 유선 네트워크와 상호보완적으로 때로는 경쟁적인 관계를 유지하면서 값싸고 편리한 커뮤니케이션 채널을 제공할 것으로 예상된다.

대표적인 무선 네트워크로는 IMT 2000, 와이브로(WiBro), 무선가입자망, 위성 네트워크, 무선을 이용하여 LAN을 구축한 무선 LAN 등이 있다.

1) IMT-2000(International Mobile Telecommunication)

기존 휴대 전화가 음성 위주의 정보를 보내는 데 비해 IMT-2000은 음성 정보는 물론 동영상이 포함된 멀티미디어 정보를 주고받을 수 있어 멀티미디어 시대의 무선 커뮤니케이션 네트워크로 각광받고 있다. 또 국경의 제약을 벗어나 전 세계에서 무선 송·수신이 가능하기 때문에 국내에서만 사용할 수 있었던 기존 휴대 전화에 비해 그 사용 가치가 훨씬 높다고 할 수 있다. 이러한 IMT-2000은 초고속 유선 통신 네트워크와 함께 정보 사회의 주요 네트워크로 사용되고 있다.

2) 와이브로(WiBro)

와이브로(Wireless-Broadband: WiBro)는 휴대 전화 뿐만 아니라 PDA, 노트북, MP3플레이어 등 다양한 형태의 휴대형 단말기를 이용해 언제 어디서나 이동 중에도 초고속 인터넷을 자유롭게 이용할 수 있는 휴대 인터넷 서비스를 말한다. 와이브로는 기존 이동 전화 및 무선 LAN의 한계를 극복하고 이동 중에도 무선 초고속 인터넷 서비스를 제공받고자 하는 이용자들의 욕구를 충족시켜주기 위해 개발되었다. 특히 와이브로는 그동안 통신 기술을 수입해 응용하는 단계에만 머물러왔던 우리나라가 처음으로 독자적인 통신 기술을 개발해 선보인 서비스라는 점에서 의미가 있다.

3) WLL(Wireless Local Loop)

무선 가입자망이라고 불리는 WLL은 전화선 없이 무선으로 기지국 중심 반경 약 2-6km 이내에서 네트워크를 형성해 커뮤니케이션이 가능하도록 해주는데 설치비가 저렴하면서도 통화 품질은 기존의 유선 전화 수준을 유지할 수 있다. WLL은 낮은 자본 투자, 시스템 설치의 신속성, 낮은 유지 보수비용 등의 장점으로 인구 밀도가 희박한 산간 오지 지역 혹은 아시아나 라틴 아메리카의 개발도상국에서 많이 도입하였다. 현재는 이러한 특수한 환경이 아니더라도 대도시에서 유선 커뮤니케이션 네트워크의 보완책으로 WLL 시스템의 도입이 늘고 있다.

4) 위성 네트워크

위성을 이용해 멀티미디어 정보를 주고받는 위성 네트워크는 크게 정지

궤도와 저·중궤도 위성 서비스로 구분할 수 있다. 위성통신 사업 중에서 특히 주목을 받고 있는 것이 저궤도(Low Earth Orbit: LEO) 및 중궤도(Medium Earth Orbit: MEO) 위성통신 사업인데 이는 지상 수백km에서 1만km까지의 궤도에 떠 있는 위성들을 통해 전 세계를 단일 무선 네트워크로 연결하겠다는 계획이다. 기존의 정지 궤도 위성이 지상 36,000km상에서 지구와 같이 회전하며 커뮤니케이션 서비스를 제공하는 데 비해 저·중궤도 위성은 이보다 훨씬 낮은 궤도에 머물면서 서비스를 제공한다. 그런데 정지 궤도상에서는 3개의 위성으로 전 세계에 커뮤니케이션 서비스를 제공할 수 있는 반면 저·중궤도에서는 이보다 훨씬 많은 수의 위성이 필요하기 때문에 적게는 10여 개에서 많게는 800개가 넘는 위성을 쏘아 올려 그야말로 우주 공간의 정보고속도로를 구축하고자 하는 것이다. 대표적인 저궤도 위성 사업으로는 이리듐(Iridium), 글로벌 스타(Global Star), 텔리데식(Teledesic) 등을 들 수 있으며 중궤도 위성 사업으로는 오딧세이(Odyssey)가 있다. 현재 이리듐 사업은 위성들이 발사되어 이미 서비스가 이루어지고 있는데 다음 도표에서 보여주듯이 오딧세이는 중궤도 위성 사업(고도 10,350km)으로 저궤도 위성 사업에 비해 위성 수가 현저히 작음을 알 수 있다. 투자 면에서도 저궤도 시스템에 비해 약 3분의 1수준으로 서비스가 가능하며 낮은 유지 보수 비용과 긴 위성 수명(일반적으로 MEO는 10년, LEO는 5년)을 장점으로 하고 있다. 반면에 위성의 무게는 LEO의 5-6배인 1,200kg에 달한다.

〈표 9〉 LEO/MEO 구축 사업 현황

사업명	대표 출자 기업	위성 고도 (km)	위성 수	투자액 (달러)	제공 서비스
이리듐 (Iridium)	모토롤라	780	66	34억	음성, 데이터
글로벌 스타 (Global Star)	퀄컴/로렐	1,414	48	16억	음성, 데이터
오딧세이 (Odyssey)	TRW	10,350	12	25억	음성, 데이터
텔리데식 (Teledesic)	마이크로소프트/맥코우	700	840	90억	음성, 데이터, 비디오

가장 주목을 받는 위성 사업 가운데 하나는 800여개의 위성을 우주 공간에 펼쳐 놓고 무선 우주 정보고속도로를 구축하려는 빌 게이츠의 텔리데식인데 이는 52Mbps의 초고속 커뮤니케이션 네트워크를 통해 음성 및 데이터, 비디오 등의 멀티미디어 서비스를 제공하려는 계획이다. 여타 저궤도 사업은 음성 중심의 저속 통신 네트워크인데 예를 들면 이리듐의 경우는 음성 채널을 중심으로 하고 있으며 2,400bps의 제한된 데이터 전송도 가능하도록 하고 있다. 이리듐의 사업 목적은 멀티미디어 서비스보다는 지구촌 어디에 있어도 소형 단말기를 통해 단일 통신 서비스가 가능하도록 하는데 있다.

이러한 위성 사업들이 갖는 의미는 단순한 무선 네트워크 구축에서 끝나지 않는다. 위성은 그 기술적 특성상 광범위한 영역을 커버할 수 있으며 로컬 접속 포인트를 제공한다. 따라서 전술한 여러 형태의 통신위성들은 인터넷의 백본(Backbone)으로서의 역할이 가능하며 유선 네트워크와의 연결을 통해 여러 가지 형태의 네트워크 구축이 가능하다. 가장 단순한 형태로는 통신위성을 이용하여 원격지의 인터넷 서비스 제공업자와 인터넷 백본망을 연결하는 점대점 SCPC(Single Channel Per Carrier)를 들 수 있으며 VSAT (Very Small Aperture Terminal) 단말기와 인터넷 게이트웨이를 혼용하는 VSAT 허브 구조 등도 연구되고 있다. 이와 같이 지상의 인터넷 혹은 정보고속도로와 같은 유선 네트워크와의 연결을 통해 무선 네트워크는 그 가치를 더욱 발휘할 것으로 예상된다.

5) 무선 LAN

무선 네트워크는 통신 위성을 이용한 대규모의 무선 네트워크 사업 이외에도 가장 대표적인 형태의 네트워크인 LAN을 무선을 이용해 구축한 무선 LAN이 있다. 물론 무선 LAN은 유선 LAN을 백본으로 삼아 구축되지만 무선 LAN을 설치하기가 어려운 창고나 공장 혹은 미관이 중요시되는 미술관이나 박물관 등지에서도 자주 이용된다. 지상의 정보고속도로가 우주의 저궤도 통신위성과 상호 보완하면서 거대한 네트워크를 구축하듯이 작은 규모의 조직 내에서도 이와 같이 상황에 맞게 유선과 무선 LAN을 결합해 자연스럽고도 효율적인 커뮤니케이션을 유도할 수 있다.

[참고문헌]

1. 김영석(2000). <디지털미디어와 사회>, 나남.
2. 이영음 · 최　영(2002). <정보통신 네트워크>, 한국방송통신대학교 출판부.
3. Williams, F.(1991). *The New Telecommunications*, New York: Free Press.
4. Kleinrock, L.(1994). “Technology issues in the design of the NERN”, in Kahin, B. ed *Building Information Infrastructure*, Mass: McGraw-Hill, Inc.

제3장 디지털 미디어 테크놀로지 II

디지털 미디어는 제2장에서 언급한 압축, 저장, 전송 기술 등 기반 기술을 바탕으로 디지털 미디어 환경을 완성시켜 나간다. 특히 압축, 저장, 전송 기술 등의 발전으로 홈 네트워크, 유비쿼터스 컴퓨터, 가상 현실 등 디지털 미디어 관련 환경 및 기술들도 진화 발전하게 되고 이러한 환경을 바탕으로 디지털 미디어가 그 속에서 꽃을 피우게 된다.

1. 홈 네트워크

1) 홈 네트워크의 개념

홈 네트워크는 가정 내의 모든 기기를 하나의 통신망으로 묶어서 정보를 공유하고 제어하는 시스템으로 디지털 홈을 구성하는 핵심 요소이자 유비쿼터스 사회의 출발점이라고 할 수 있다. 즉 홈 네트워크는 가정 내의 모든 정보 가전 기기들을 네트워크로 연결해 특정 기기에 구애받지 않고 누구나, 언제, 어디서나 다양한 디지털 서비스를 받을 수 있도록 하는 디지털 홈 환경을 말한다.

홈 네트워크 체제가 구축되면 가정 내의 모든 일이 디지털화됨으로써 개

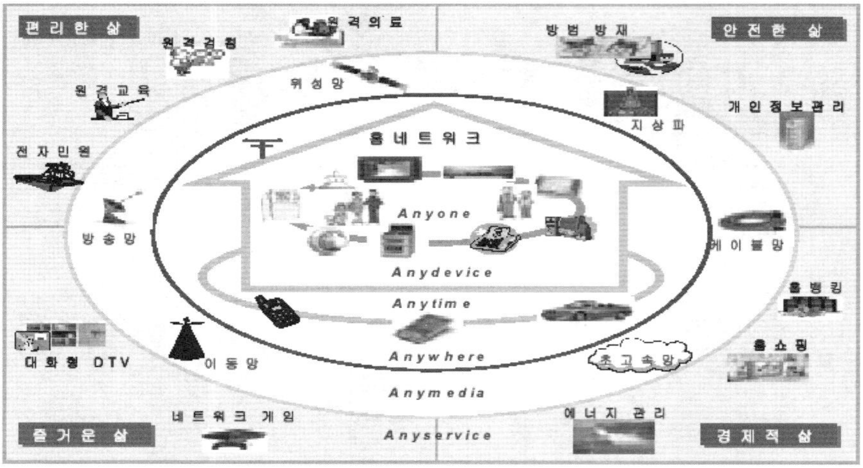

출처: 한국전자통신연구원(2005), "U 시대를 향한 홈네트워크", p.4

(그림 5) 홈 네트워크 개념도

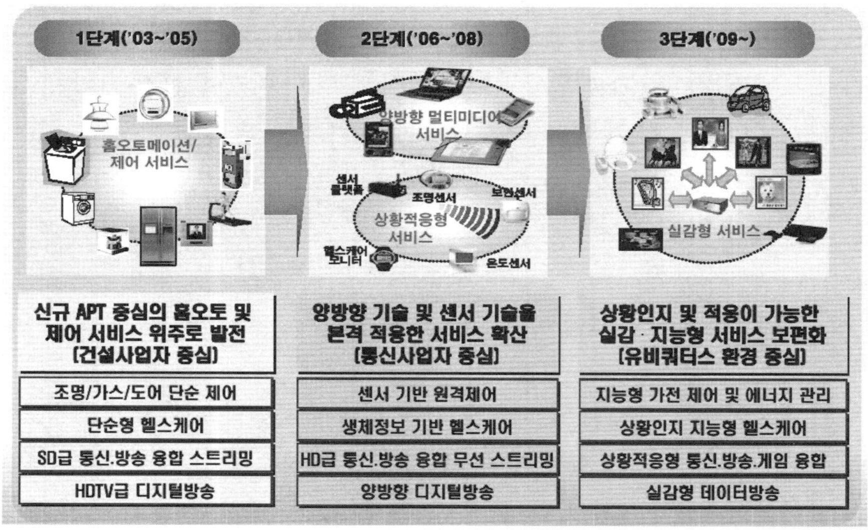

출처: 정보통신부(2005), "홈 네트워크 산업 활성화를 위한 정통부 정책 방향", p.5.

(그림 6) 홈 디지털 서비스 발전 전망

인의 풍요로운 디지털 라이프 스타일이 실현되어 가정이 쾌적하고 편리한 정보 생활 공간으로 변모하게 된다. 가령 휴대 전화나 PDA와 같은 무선 단말기를 이용해 집 밖에서도 가스 불을 끄거나 퇴근하면서 미리 집안의 온도를 조절해 놓는 등 언제 어디서나 집안의 상황을 통제할 수 있다. 또 지능화된 인터넷 냉장고가 알아서 식료품 재고를 체크한 뒤 외부의 쇼핑 사이트와 연결해 온라인 주문을 하기도 하고 TV로 건강 검진이나 맞춤형 원격 교육을 받는 등 각종 정보를 주고받을 수 있다. 이처럼 홈 네트워크는 TV, 냉장고, 에어컨 등 가전 제품을 인터넷을 통해 연결하고 휴대 전화를 통해 작동이 가능하도록 함으로써 가정 내 모든 정보 가전 기기들을 하나의 네트워크로 통합해 다양한 홈 디지털 서비스를 제공하게 된다.

〈표 10〉 홈 디지털 서비스 유형

구분	개요	유형
홈 엔터테인먼트 서비스	영화, MP3, HDTV 등 외부에서 전송된 고품질 멀티미디어 데이터를 가정 내 유무선 홈 네트워크에 연결되어 있는 오디오/비디오 기기로 볼 수 있게 하거나 가정 내 콘텐츠를 외부에서 볼 수 있게 해주는 서비스	HDTV급 방송 유무선 스트리밍 VOD 게임
홈 데이터 서비스	정보 가전 기기 간의 연동, 컴퓨터 간의 연동, 컴퓨터와 주변기기의 연결을 통해 데이터 교환, 공유 및 인터넷을 통한 원격 교육, 전자 정부 등의 부가 서비스	전자 메일, 인터넷 검색, 파일 공유, 홈쇼핑, 전자 정부
홈 오토메이션 서비스	가정 내 가전 기기, 센서, 조명 등을 PDA, 휴대 전화로 집 안이나 집 밖에서 기기와 집 안의 상태를 감시하고 제어할 수 있는 서비스	원격 제어, 홈시큐리티, 방범 방재, 에너지 관리

출처: 한국전자통신연구원(2005), "U 시대를 향한 홈 네트워크", p.8

2) 홈 네트워크 기술

우리나라를 비롯해 미국, 일본, 유럽 등 기술 선진국들은 미래 IT 산업을 주도할 홈 네트워크 분야에서의 경쟁력 확보를 통해 2010년 이후의 세계 경제 패권을 장악하기 위해 홈 서버, 홈 네트워킹 및 지능형 미들웨어 기술 개발 등에 집중 투자하고 있는데 홈 서버의 경우 홈 네트워크에 연결되는 모든 기기와 서비스를 관장하는 방송, 통신, 게임 융합형 홈 서버를 거쳐 모바일 홈 서버, 감성 홈 서버 등으로 발전해 가고 있다. 홈 네트워킹 기술 역시 이더넷(Ethernet), IEEE1394, 전력선 통신(Power Line Communication: PLC) 등과 같은 기존의 유선 방식에서 HDTV급 전송이 가능한 초광대역통신(Ultra Wide Band: UWB) 혹은 지그비(ZigBee)와 같은 무선 방식을 선호하는 방향으로 나아가고 있으며 궁극적으로 유비쿼터스 사회의 기반이 되는 유비쿼터스 홈 네트워크로 발전해 가고 있다.

홈 네트워크의 핵심 기술은 홈 플랫폼 기술, 유무선 홈 네트워킹 기술, 정보 가전 기술, 지능형 미들웨어 기술 등으로 구분할 수 있다. 이 가운데 홈 플랫폼 기술은 xDSL, 케이블 모뎀, 광섬유, 위성 등 외부 액세스 망과 홈 PNA(Home Phoneline Networking Alliance), IEEE 1394, 블루투스(Bluetooth) 등 내부 홈 네트워크를 연결하고 가정 내 다양한 서비스를 관장해 고품질의 융합형 서비스를 가능하게 하는 홈 게이트웨이 및 홈 서버 기술, 홈 네트워크 보안 기술 등으로 구성된다.

홈 네트워킹 기술은 홈 PNA, IEEE1394, 이더넷, PLC 등의 유선 홈 네트

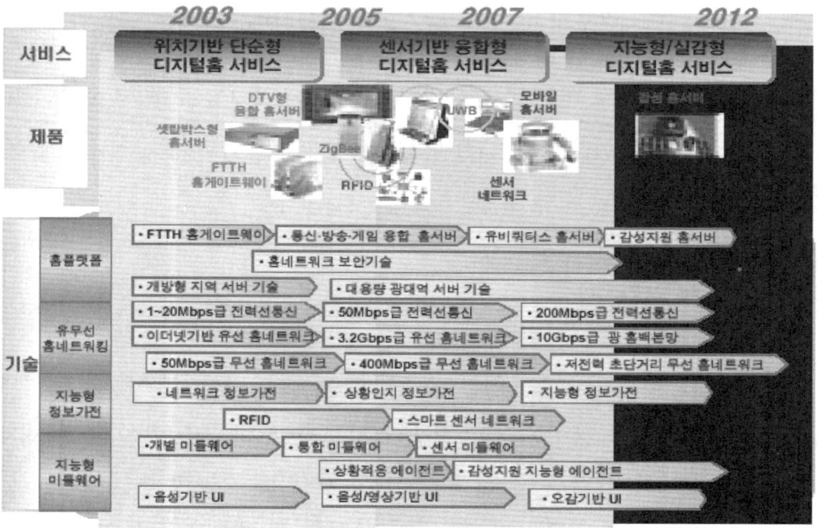

출처: 한국전자통신연구원(2005), "U 시대를 향한 홈 네트워크", p.9.

(그림 7) 홈 네트워크 제품 및 기술 발전 전망

워킹 기술과 블루투스, IrDA(Infrared Data Association), 홈 RF(Radio Frequency), 지그비(ZigBee), 초광대역통신(UWB) 등의 무선 홈 네트워킹 기술로 구성돼 있다. 무선 홈 네트워킹은 유선에 비해 별도의 배선이 필요 없고 단말기의 이동성이 보장되는 장점이 있다. 또 네트워크의 구조 변경이 쉽고 설치와 유지 보수가 용이하다는 장점을 갖고 있다. 그러나 동일 주파수 간섭과 감쇠로 인한 전송 에러 발생 가능성, 네트워크 식별 및 보안 문제 등이 단점으로 지적되고 있다.

유선 홈 네트워킹 기술 가운데 하나인 홈 PNA는 가정에 설치된 전화선을 이용해 저렴한 비용으로 가정 내 정보 통신 기기들을 하나의 네트워크로 연결하는 기술 방식을 말한다. IEEE1394는 애플이 개발한 디지털 기기 간 전송 기술 표준으로 통신 기기와 컴퓨터, 가전 기기를 하나의 단일 네트워크로 연결해 초고속으로 멀티미디어 데이터를 주고받을 수 있게 하는 프로토콜이다. IEEE1394는 실시간 동작이 필요하지 않는 비동기 전송과 동영상, 음성 등과 같이 실시간 동작이 필요한 동기 전송을 모두 지원한다.

한편 PLC는 가정이나 사무실에 설치된 전력선으로 네트워크를 구성해 데이터를 전송하는 방식으로 낮은 출력의 신호를 사용하기 때문에 일반 가전 기기의 작동에는 영향을 미치는 않는다.

무선 홈 네트워킹 기술은 블루투스, 홈 RF 등과 같이 전파를 사용하는 방식과 IrDA와 같이 적외선을 사용하는 방식으로 나눌 수 있다. 전파를 사용하는 방식의 경우 비교적 먼 거리까지 전송할 수 있고 장애물의 영향을 덜 받지만 적외선 방식보다 보안성이 떨어진다는 단점이 있다. 적외선 방식은 전파를 사용하는 방식에 비해 전송 거리가 짧고 장애물이 가로막지 않는 가시선(line of sight)이 확보돼야 하는 단점이 있다. 전파를 사용하는 무선 홈 네트워킹 기술 가운데 하나인 블루투스는 근거리에 놓여 있는 컴퓨터와 가전제품, 이동 단말기 등을 무선으로 연결해 실시간 쌍방향 통신을 가능케 해주는 단거리 무선 전송 시스템의 국제 표준으로 면허 없이 사용할 수 있는 2.4GHz의 ISM(Industrial Scientific Medical) 주파수를 사용한다. 블루투스는 무선 랜(Wireless LAN)이나 UWB에 비해 전력 소모량이 적다. 지그비는 구조가 단순하고 전송 거리가 50-70m로 블루투스에 비해 길다는 장점을 갖고 있다. UWB는 기존 무선 랜보다 3-10배 빠른 전송 속도와 5분의 1 수준의 전력 소모 등 전력 효율성이 뛰어나 HDTV급 영상을 전송하는데 적합한 기술로 평가받고 있다. IrDA는 적외선을 사용하는 대표적인 통신 규격으로 노트북이나 PDA, 프린터, 전화기, 카메라, 의료기, 산업 장비 등의 근거리 무선 통신용으로 주로 사용된다.

정보 가전 기술은 기존 가전 기기들을 네트워크로 연결해 새로운 서비스를 창출하는 지능형 정보가전 기술과 홈센서 기술로 구성된다. 유비쿼터스 홈이 가시화되면서 현재 기존 가전 기기들의 지능화가 빠르게 진행되고 있고 홈센서 역시 센서 간 정보 교환이 가능한 지능형 홈센서로 발전하고 있다.

유비쿼터스 컴퓨팅을 위한 지능형 미들웨어 기술은 매체나 운용 체계(OS)에 상관없이 정보 가전기기에 대한 제어 및 감시를 수행하고 다양한 상황에 대한 적응력을 제공하는 홈 네트워킹 미들웨어 기술 및 상황적응형 미들웨어 기술 등으로 구성된다.

3) 홈 네트워크 산업

홈 네트워크 산업은 가정 내의 정보 가전 기기가 네트워크로 연결되어 기기, 시간, 장소에 구애받지 않고 다양한 서비스를 제공하기 위한 하드웨어와 소프트웨어로 구성된 솔루션 및 관련 서비스를 생산하는 산업으로 통신과 방송의 융합, 유비쿼터스 사회로의 급진전 등 IT의 빠른 환경 변화에 따라 차세대 신성장 동력 산업이 융합되는 IT 분야의 종합 예술과 같은 성격을 갖는 산업이라고 할 수 있다(한국전자통신연구원(2005), p.3-4). 우리나라는 KT와 SKT가 이끄는 양대 컨소시엄이 홈 네트워크 개발을 주도해왔는데 이들 컨소시엄에는 가전, 건설, 방송, 콘텐츠 등 다양한 분야의 업체들이 참여해왔다.

〈표 11〉 유형별 홈 네트워크 시장 전망

〈세계〉

(단위: 억 달러)

구분	2002	2003	2004	2005	2006	2007	2010	연평균 성장율
홈서버/홈게이트웨이	11	24	50	79	103	124	243	48%
홈네트워크	15	25	35	43	49	54	100	27%
지능형정보가전	373	457	537	626	717	813	1,200	16%
유비쿼터스 컴퓨팅	8	12	16	20	25	35	77	33%
총 계	407	518	638	768	894	1,620	1,620	19%

〈국내〉

(단위: 억 달러)

구분	2002	2003	2004	2005	2006	2007	2010	연평균 성장율
홈서버/홈게이트웨이	1.4	3.1	7.2	11.4	21.0	29.0	63.9	62%
홈네트워크	2.3	4.4	7.5	7.9	11.3	13.8	30.4	38%
지능형정보가전	21.3	30.1	41.1	51.0	60.0	74.2	137.3	26%
유비쿼터스 컴퓨팅	0.1	0.2	0.2	0.5	0.7	0.9	2.9	51%
총 계	25.1	37.8	56.0	70.8	93.0	1117.9	23.45	32%

〈출처: Gartner Group 2002~2003, In-Stat 2003〉

자료: 한국전자통신연구원(2005), "U 시대를 향한 홈 네트워크", p.5-6.

세계적 시장 조사 기관인 가트너 그룹(Gartner Group)에 따르면 홈 네트워크 시장은 2010년까지 홈 서버 및 홈 게이트웨이 시장이 연평균 48%의 높은 성장률을 보이는 등 연평균 19%의 성장률을 보여 2010년이면 세계 전체 시장 규모가 1,620억 달러로 확대될 것으로 예상되고 있다. 우리나라 역시 같은 기간 홈 서버 및 홈 게이트웨이 시장이 연평균 62%를 기록하는 등 연평균 32%의 고성장을 보여 2010년이면 국내 홈 네트워크 시장이 234억 5000만 달러에 달할 것으로 전망되고 있다. 우리나라는 세계 최고 수준의 IT 인프라와 가전 산업, 밀집형 주거 형태 등 홈 네트워크 산업에 필요한 양호한 여건을 갖추고 있어 이를 잘 활용할 경우 세계 홈 네트워크 시장을 주도할 수 있는 가능성을 갖고 있는 것으로 평가되고 있다.

2. 유비쿼터스 컴퓨터

1) 유비쿼터스 컴퓨터란?

유비쿼터스 컴퓨터(Ubiquitous Computer)라는 용어는 컴퓨터의 편재성을 설명하는 개념으로 도처에 널려 있어 모든 사람들이 쉽게 접근할 수 있는 컴퓨터의 의미로 사용된다. 유비쿼터스라는 말은 라틴어 'ubique'에서 유래된 것으로 '모든 곳에 존재한다'는 사전적 의미를 갖고 있다. 1988년 미국 제록스(Xerox)사 팔로알토 연구소(Palo Alto Research Center)의 마크 와이저(Mark Weiser)가 유비쿼터스라는 말을 처음 사용했는데 그는 수많은 컴퓨터가 사용자를 귀찮게 하거나 불편하지 않게 하면서 조용히 이용되기를 기다리는 이상적인 컴퓨팅 환경으로 유비쿼터스 컴퓨팅 환경에 대한 비전을 제시하였다.

컴퓨터를 이용하기 위해 대형 컴퓨터의 터미널 실에 가야만 했던 1970년대와 개개인의 책상 위에 컴퓨터가 놓였던 1980년대, 그리고 사람들이 휴대할 수 있는 컴퓨터가 본격 도입된 1990년대를 거쳐 21세기에는 다수의 특수 기능을 가진 컴퓨터가 무선 네트워크를 통해 통합되어 사용자의 눈에 띄지 않게 우리 생활 깊숙이 스며들게 되는 것이다. 즉 각종 정보 단말기들이 도처에 널려 있어 각각의 상황에 따라 편리하게 사용되는 유비쿼터스 환경이 되는 것이다. 가령 아주 작은 크기의 탭은 몸에 휴대함으로써 자신의 위치를 서버 컴퓨터에 알려 들어가는 방의 전등을 자동으로 켠다던지 전화를 자신이 있는 곳으로 오게 할 수 있다. 공책 크기의 패드는 그야말로 공책의 역할을 하면서 사무실 곳곳에 널려 있어 계산이나 이메일, 낙서 등의 업무를 수행하게 된다. 또 벽면에 걸려 있는 칠판 크기의 보드는 영상 회의, TV 시청 등 다양한 기능을 수행할 수 있다. 이처럼 미래의 컴퓨터는 인간의 자연스러운 커뮤니케이션을 위해 편재되고 지능화되는 인간 중심의 유비쿼터스 컴퓨팅 환경으로 발전하게 되는 것이다.

유비쿼터스 컴퓨팅의 특징은 첫째 수백 개의 작고 값싼 특수 기능의 컴퓨터들이 값싸고 선이 없는 네트워크를 통해 완전히 연결된다는 것이다. 둘째,

이용자 중심의 인터페이스로써 눈에 보이지 않는다는 것이다. 좋은 도구란 사용자로 하여금 도구 자체의 조작이 아니라 원하는 일을 수행하는데 집중할 수 있도록 해줘야 한다. 그런 경우의 도구, 즉 컴퓨터는 사용자에게 드러나지 않는다고 할 수 있으며 유비쿼터스 컴퓨팅은 이러한 환경을 지향한다. 셋째, 유비쿼터스 컴퓨팅 도구들이 물리적 환경의 일부로서 통합된다는 것이다. 이는 컴퓨터 내부에 실세계를 모델링하는 가상현실(Virtual Reality) 개념과 대조된다. 가상현실이 실재를 가상공간에 옮기는 것이라면 유비쿼터스 컴퓨팅은 반대로 모든 실재에 컴퓨팅 개념을 심는 것이라고 할 수 있다.

2) 유비쿼터스 기술 개발 동향

유비쿼터스는 미래의 국가 경쟁력을 좌우할 핵심 패러다임이라는 인식하에 미국, 일본, 유럽의 각국 정부는 물론 개별 기업 및 대학, 연구소들을 중심으로 반응 생성 기술, 상호 연결망 기술, 환경 인지 기술, 통합 환경 기술 등 유비쿼터스 관련 기술 개발을 위해 심혈을 쏟고 있다. 세계 IT 패러다임의 변화 방향을 전망할 때 디지털 컨버전스(Digital Convergence)의 기술 혁신에 기반을 둔 유비쿼터스 컴퓨팅 환경의 구현이 대세로 부각되고 있으며 이러한 디지털 컨버전스가 일반화되면 특정 기기에 구애받지 않고(Any Device), 누구라도(Anyone), 언제(Anytime), 어디서나(Anywhere), 다양한 서비스(Any Service)를 즐길 수 있는 이른바 5 Any가 가능하게 된다. 즉 미래의 IT 환경은 인터넷과 이동 통신이 대중화된 현재의 IT 생활화 단계에서 궁극적으로 유비쿼터스 컴퓨팅과 유비쿼터스 네트워크가 구축된 IT everywhere 단계로 발전하게 되는 것이다(한국전자통신연구원(2005), p.1-2). 그런데 이러한 유비쿼터스 기술은 특정 기술이 아니라 지금까지 발전해 온 기술을 융합해 새로운 개념을 제안한 것이기 때문에 유무선 통합 인터넷, 전자 태그(Radio Frequency Identification: RFID) 등 정보기술(Information Technology)뿐만 아니라 바이오기술(Bio Technology), 나노기술(Nano Technology) 등의 다양한 분야를 아우르는 메가 융합형 연구 개발을 필요로 한다고 할 수 있다.

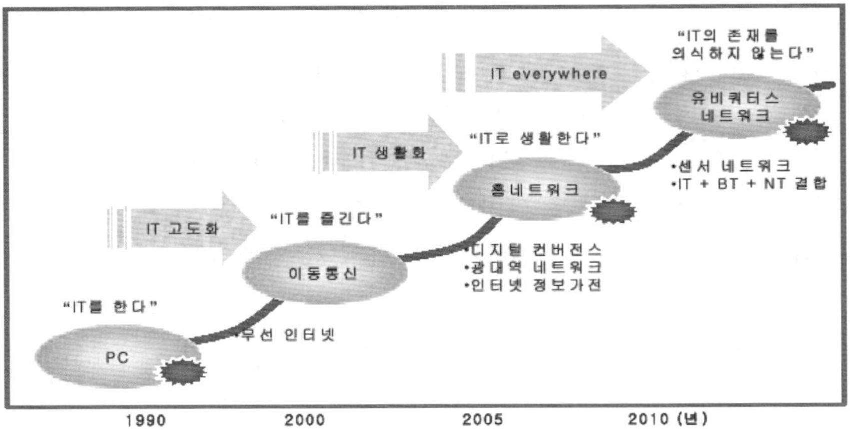

출처: 한국전자통신연구원(2005). "U 시대를 향한 홈 네트워크", p.2.

(그림 8) IT 패러다임의 변화

미국은 1991년부터 '네트워킹 · IT 연구계획(NITRD)'에 따라 인간과 컴퓨터를 연결하는 인터페이스 기술 등 유비쿼터스 컴퓨팅 실현을 위한 연구 개발에 박차를 가해왔다. 가령 매사추세츠공과대학(MIT) 인공 지능 연구소(AI Lab)에서는 일상생활 공간과 컴퓨터 간의 자연스러운 통합이 가능한 HCI (Human Computer Interaction) 프로젝트의 일환으로 사람의 위치 추적이나 말 혹은 제스처의 인식 등 인간의 의도를 파악하는 기술 개발에 주력해 왔다. 국립과학재단(NSF) 역시 2010년 이후 100Mbps급 지상 · 위성 통신망을 통합한 무선 멀티미디어 서비스를 개시한다는 목표로 지속적인 연구 개발을 해오고 있으며 텔레매틱스, 홈 네트워크와 같은 유비쿼터스 사회 핵심 인프라를 조기에 구축하기 위해 정부와 민간의 협력 체제 구축 및 연구 개발을 가속화하고 있다(한국전산원(2005), p.4).

유럽은 2001년에 시작된 유럽공동체(EU)의 미래기술계획(FET)에서 자금을 지원하는 '사라지는 컴퓨팅 계획(Disappearing Computing Initiative)'을 중심으로 유비쿼터스 기술 유형을 연구하는 16개 프로젝트를 추진하는 등 EU 주요 국가별 산학연 컨소시엄 형태로 다각적인 프로젝트를 추진해 왔다. 이 연구 사업은 주변의 사물과 환경 속에 사람의 눈에 보이지 않는 수많은 소형 센서와 프로세서 등을 내장시켜 컴퓨팅 및 통신 기능을 지닌 정보 인공물의 개발을 통해 인간의 일상생활을 지원하고 개선하는 유비쿼터스 환경을 구축하는 것을 목표로 하고 있다. 유럽은 2005년 6월에는 '유럽정보사회 2010(i2010)' 계획을 발표하는 등 국제적인 디지털 기술 발전 추세에 대응한 첨단 산업 육성에 박차를 가해왔다.

일본은 국가 차원에서 2004년 총무성이 발표한 유비쿼터스 재팬(u-Japan) 정책에 따라 광섬유망, 무선망, 센서 기술, 가전 기술 등 국제 경쟁력을 갖고 있는 기존 기술력을 연계해 유비쿼터스 관련 기술을 개발하고 유비쿼터스 광대역 통합망 구축 등 인프라 고도화를 통해 조기에 유비쿼터스 사회를 구현한다는 야심찬 계획을 추진해오고 있다. 일본은 이를 위해 구체적으로 2010년까지 일본 국민의 100%가 초고속망을 이용하도록 광대역 통합망을 구축하고 물류・교통 등 사회 시스템을 개혁하기 위한 국가 차원의 정책적 목표를 추진해왔다. 1984년부터 도쿄대 사카무라 겐 교수에 의해 추진된 실시간 운용체계(OS)인 트론(TRON: The Real-time Operating System Nucleus) 프로젝트는 일본의 대표적인 프로젝트 가운데 하나로 유비쿼터스 환경에 특화된 시스템 개발을 지향해왔다.

우리나라 역시 2003년부터 국가적 차원에서 IT 839 전략 및 U 시티 계획에 이어 유비쿼터스 코리아(u-Korea) 정책을 추진해왔으며 산학연 컨소시엄 구성 등을 통해 유비쿼터스 컴퓨팅 관련 시장 선점을 위한 기술 개발에 전력해왔다. 특히 DMB, 와이브로(WiBro), RFID(Radio Frequency Identification) 등 현실적으로 가시화되고 있는 기술을 중심으로 유비쿼터스 컴퓨팅 관련 서비스를 조기에 상용화하고 이를 바탕으로 세계 시장으로 진출하기 위한 노력을 기울여왔다.

RFID는 미국의 대형 물류 업체 및 유통 업체를 중심으로 도입이 이루어져 왔으나 국내에서도 유비쿼터스 컴퓨팅을 선도할 차세대 성장 동력 중 하나로 RFID 산업에 주목해 이를 집중 육성함으로써 지능형 종합 물류 시스템을 구축하는 일에 매진해왔다. 우리나라의 경우 국방부 탄약관리 시스템과 조달청의 물품관리 시스템 등에 적용됐던 RFID가 유통 및 물류 분야는 물론 가로수 관리와 같은 환경 보호 및 재해 예방, 의료 등 생활 전반에 응용되면서 사물 및 공간의 지능화가 급속히 진행되어왔다. RFID는 물건이나 사람 등 개체들을 식별할 수 있는 정보를 IC 칩에 입력해 저장함으로써 이를 부착한 개체의 저장이나 이동 정보를 무선 주파수를 이용해 원격으로 모니터링하는 획기적인 기술이다. RFID는 고유 정보를 내장한 RF 태그와 해독 기능을 하는 RF리더로 구성되는데 개별 제품에 대해 일일이 스캔할 필요 없이 자동으로 리더에 의해 판독이 되기 때문에 기존의 바코드보다 훨씬 더 신속하고 정확하게 재고 관리를 할 수 있을 뿐만 아니라 정보의 축적 및 위치 확인 등이 가능해 다양한 분야에 응용될 수 있다. 즉 RFID는 모든 개체에 전자 태그를 부착해 지능화함으로써 RFID 리더 혹은 센서들과 커뮤니케이션할 수 있도록 한 자동식별 기술로 원격지에서 각종 정보 및 위치를 파악할 수 있고 정보를 재입력할 수도 있다. 유비쿼터스 환경에서 센서는 RFID와 함께 가장 중요한 핵심 기술로 RFID와 결합해 주변 환경의 온도, 습도, 유량 등 대부분의 물리적 현상을 감지해 전달하는데 사용된다. RFID와 센서는 MEMS(Micro Electro-Mechanical System) 기술을 이용해 만들어지는데 초소형 시스템이나 정밀 기계를 의미하는 MEMS는 크기가 아주 작기 때문에 소형화, 지능화를 지향하는 유비쿼터스 환경 구축을 위한 매우 중요한 기술이다.

3) 유비쿼터스 사회와 미래 전망

유비쿼터스는 농업 혁명, 산업 혁명, 그리고 정보통신 혁명에 뒤이은 제4의 혁명으로 일컬어질 만큼 단순히 컴퓨팅 환경을 개선하는 것에만 그치는 것이 아니라 모든 현실 공간의 사물과 가상공간이 하나로 융합되어 인류의 삶을 송두리째 바꾸어 놓는 또 하나의 패러다임의 변화를 의미한다. 지능형 로봇과 센서 등 급격히 발전하는 유비쿼터스 기술은 우리의 일상생활 전반에 급속히 파급되어 유비쿼터스 사회의 도래라는 새로운 변혁의 물결을 일으키고 있는 것이다. 유비쿼터스 사회는 전자 공간과 물리 공간이 융합되어 정보 가전은 물론이고 모든 사물이 지능화, 정보화, 네트워크화 됨으로써 모든 기술이 인간을 중심으로 통합된다. 그리고 인간이 처해있는 환경을 파악하여 각 개인의 선호도 혹은 필요에 따라 서비스를 제공하는 인간 중심의 사회를 구현하게 되는 것이다.

일본 도쿄대의 사카무라 겐 교수는 그의 저서 <유비쿼터스 컴퓨팅 혁명>에서 유비쿼터스 환경에서는 정보 습득과 활용이 최적화되어 자원의 효율적인 사용이 가능해질 것이며 대량 생산의 획일적 '하드와이어드(hardwired)' 사회가 개인의 다양성에 적절하게 대응할 수 있는 '프로그래머블(programmable)' 사회로 발전하게 될 것이라고 전망하고 있다. 미국 매사추세츠공과대학(MIT)의 니콜라스 네그로폰테 교수는 유비쿼터스 사회에서는 상식을 갖춘 컴퓨터가 도래하고 통신은 통신 인프라를 통하지 않고 기기 간 직접 송수신하는 쪽으로 발전하게 될 것으로 내다보고 있다. 미래학자인 앨빈 토플러 역시 유비쿼터스 사회는 모든 기기가 지능을 갖추고 인간을 위해 변할 수 있는 융통성을 갖는 인간 중심의 컴퓨팅 환경이 될 것으로 묘사하고 있다.

미래 사회는 이처럼 정치, 경제, 사회, 문화 등 모든 영역에 걸쳐 물리 공간과 전자 공간이 연계된 새로운 공간을 탄생시켜 시간과 공간의 제약 없이 언제 어디서나 원하는 서비스를 제공받을 수 있는 인간 중심의 유비쿼터스 사회가 될 것이다. 그렇게 되면 모든 환경과 사물이 지능화되어 각 개인의 필요와 상황에 따라 환경과 사물 스스로가 사람들에게 필요한 정보를 알려

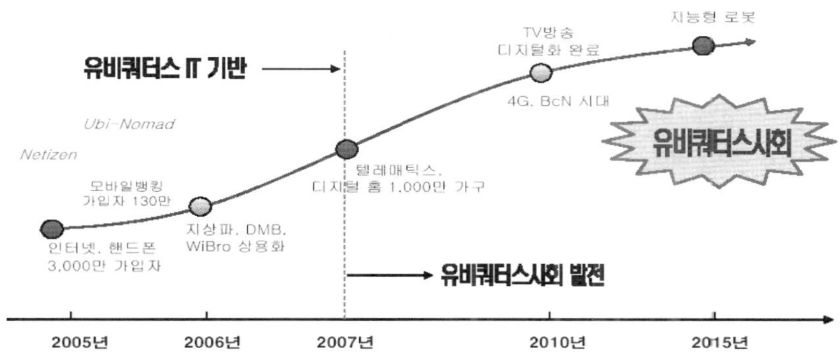

출처: 한국전산원(2005). "유비쿼터스 사회의 발전 추세와 미래 전망", p.3

(그림 9) IT 기술의 발전 추세와 유비쿼터스 사회

주거나 적절한 조치를 취할 수 있도록 해주는 유비쿼터스 기반의 생활이 보편화됨으로써 이제까지는 볼 수 없었던 새로운 삶의 모습을 보여주게 될 것이다. 이는 언제 어디서나 PC뿐만 아니라 휴대전화, 게임기 등 모든 단말기들이 하나로 통합되어 연결된 유비쿼터스 공간에서 생활하는 사람을 일컫는 유비티즌(Ubitizen)이나 이동하면서 물건이나 서비스를 구매하는 사람을 일컫는 트랜슈머(Transumer), 시간과 장소에 구애받지 않고 최첨단 장비를 이용해 자신의 업무를 처리하는 새로운 인간형을 일컫는 유비노마드(ubi-Nomad) 등과 같은 신조에서도 잘 나타나고 있다.

유비쿼터스 사회가 되면 이처럼 언제, 어디서나 필요와 상황에 따라 무엇이든 원하는 것을 할 수 있는 유비쿼터스 라이프 스타일이 우리의 일상적인 삶의 패턴이 됨으로써 삶의 질이 보다 풍요로워질 수 있겠지만 다른 한편으로 언제, 어디서나 우리의 삶이 감시당하는 빅 브라더(Big Brother) 사회와 같은 부정적 모습이 내재되어 있기도 하다. 영국의 소설가 조지 오웰(George Owell)은 <1984년>이라는 소설에서 어떠한 소리나 동작도 낱낱이 포착할 수 있는 텔레스크린이라는 장치를 통해 빅 브라더가 개개인을 감시하는 독재체제를 묘사하고 있는데 유비쿼터스 사회가 되면 조지 오웰이 얘기한 것처럼 정보의 독점과 일상적 감시를 통해 사람들을 보다 철저하게 관리하는 통제 사회가 될 수도 있는 것이다. 가령 유비쿼터스 사회의 핵심 인프라가 되고 있는 RFID의 경우 사물 및 제품은 물론 사람, 가축 등 모든 개체에 대한 식별뿐만 아니라 정보의 축적과 위치 확인이 가능해 각 개인의 일상적인 활동이 실시간으로 기록되고 분석될 수 있다. 유비쿼터스 사회에서는 이처럼 언제, 어디서나 사람들의 일상이 유비쿼터스 네트워크로 연결되기 때문에 누군가가 마음만 먹는다면 개인에 관한 모든 정보를 알아낼 수 있다. 금융 정보나 전화 사용 내역 혹은 백화점 등에서 이용한 신용 카드 사용 내역은 물론이고 탑승 차량의 현재 위치나 입고 있는 옷, 건강 상태, 음식 취향 등 개인의 일거수 일투족이 유리 상자 속을 들여다보는 것처럼 일목요연하게 드러날 수 있는 것이다. 또한 유비쿼터스 사회에서는 모든 것이 네트워크로 연결돼 있기 때문에 한 곳의 문제가 네트워크 전체, 즉 사회 전체를 마비시킬 위험성이 있다. 이처럼 유비쿼터스 사회의 편리성이 오히려 개인 정보의 유출과 개인에 대한 감시 및 규제의 고도화를 통해 소수의 지배 계층이 다수의 국민을 통제하는 또 다른 의미의 전체주의 사회가 될 수도 있는 어두운 그림자를 드리우고 있다는 점에서 사회 시스템 및 법 제도의 정비 등 유비쿼터스 사회의 역기능에 대처하기 위한 사회적 제도적 기반을 마련하는 것이 중요하다고 하겠다. 이를 위해서는 사회 각계각층의 연구 및 토론을 통해 유비쿼터스 사회의 본질을 이해하고 유비쿼터스 사회의 변화된 모습과 제도 개선 방향 등에 대한 다양한 견해와 분석을 토대로 유비쿼터스 사회의 신뢰성 및 안정성을 확보하기 위한 사회적 합의를 도출하는 것이 필요하다고 하겠다. 아울러 유비쿼터스 사회의 역기능은 한 국가의 대응만으로는 해결할 수 없는 복합적인 문제점들을 갖고 있을 수 있다는 점에서 국경을 초월한 국가간 대응 등 국제적 협력 방안을 모색하는 것도 필요하다고 하겠다.

3. 가상현실

1) 가상현실이란?

가상현실(Virtual Reality: VR)이란 실제 세계와 같은 느낌을 주는 인간과 컴퓨터간의 인터페이스를 말한다. 즉 감각 기관이 컴퓨터에 의해 인공적으로 창조된 공간에 몰입되는 일종의 가상공간 환경을 의미한다. 가상현실의 역사는 1940년대 미 공군과 항공 산업계에서 개발한 비행 시뮬레이터(Flight Simulator)로 거슬러 올라가기도 하지만 진정한 의미의 가상현실은 1962년 사진 작가이자 영화 작가였던 모튼 하일리그(Morton Heilig)가 센소라마 시뮬레이터(Sensorama Simulator)라는 기계를 개발한 것이 그 효시라고 할 수 있다. 그가 개발한 센소라마는 3차원 이미지, 입체 음향, 냄새 등을 이용해 신경 체계를 자극 내지 시뮬레이션함으로써 가상체험을 할 수 있도록 고안한 장치였다.

가상현실이라는 개념은 1970년대 중반 비디오 플레이스(Video Place)라는 작품을 제작해 컴퓨터가 매개하는 상호작용을 탐구했던 미국의 마이런 크뤼거(Myron Krueger)에 의해 처음 제시됐는데 그는 오늘날의 가상현실 개념과 비슷한 인공현실(artificial reality)이라는 개념을 제안하였다. 그러나 가상현실이라는 용어 자체는 1989년 미국 VPL리서치(VPL Research)사의 사장인 재론 래니어(Jaron Lanier)에 의해 처음 사용되었다. 이러한 가상현실을 지칭하는 개념은 기술 중심적 입장, 경험 중심적 입장, 사이버문화적 입장 등에서 다양하게 정의되어 왔는데 스티브 옥스타칼니스(Steve Aukstakalnis)는 <실리콘 환상(Silicon Mirage)>이라는 저서에서 가상현실은 컴퓨터가 만들어낸 상호작용적인 3차원 환경이라고 정의하고 있다. 가상현실은 미국 디자인 예술 대학의 마이클 하임(Michael Heim) 교수가 가상현실주의(Virtual Realism)라는 표현을 사용함으로써 한 시대의 흐름을 정의하는 주의(-ism)로까지 발전하였다.

2) 가상현실의 종류

가상현실 시스템의 종류는 체험하는 방식에 따라 몰입형, 개방형, 데스크톱형 등으로 구분할 수 있다. 몰입형은 사람이 가상현실에 최대한 집중할 수 있도록 특수 장비를 몸에 부착하는 형태의 시스템으로 오감에 작용하기 때문에 사용자가 경험하는 몰입감은 뛰어나지만 개인이 사용하기에는 비용이 많이 들고 장비 구입이 쉽지 않다는 단점이 있다. 입체적인 영상을 제공하는 투구형 디스플레이(Head Mounted Display: HMD)가 몰입형 가상현실을 위한 전형적인 장비라고 할 수 있는데 HMD는 가상현실의 아버지로 불리는 이반 서덜랜드(Ivan Sutherland)에 의해 1965년 처음 개발된 이후 지속적인 발전을 거듭해오고 있다.

이밖에 입은 채로 촉각을 느끼게 하는 바디 슈트(Body Suit), 손의 움직임을 데이터화함으로써 가상의 팔과 손을 사이버스페이스 속으로 확장시켜주는 데이터 글러브(Data Glove)와 같은 장치도 가상현실을 위한 대표적인 장비라고 할 수 있다.

개방형은 개방된 공간에서 여러 사람이 동시에 가상현실을 체험하는 형태의 시스템으로 상대적으로 몰입감이 적다고 할 수 있다. 개방형은 많은 사람이 한꺼번에 체험할 수 있는 입체 영화의 경우와 같이 경제적이지만 상대적으로 몰입감이 덜하고 주로 시각과 청각에만 의존한다. 입체감을 높여주기 위해 3D 안경을 사용하기도 한다.

데스크톱형은 PC상에서 가상현실을 구현하는 형태의 시스템으로 3차원 입체 그래픽과 간단한 고글(Goggle)로 구현이 가능해 가격이 저렴하지만 몰입감이 적다. 데스크톱형은 접근성과 활용성이 뛰어나 일상생활에서 가장 많이 접하는 가상현실 시스템으로 컴퓨터 화면상에 출력된 3차원 입체 영상을 보면서 마우스, 조이스틱, 데이터 글러브, 고글 등을 사용해 가상현실을 경험한다. 데스크톱형은 일반인도 손쉽게 구축할 수 있고 입출력 장치를 다양화할 수 있다는 장점이 있지만 몰입형에 비해 현실감이 떨어지는 단점을 갖고 있다.

3) 가상현실의 응용 분야

가상현실은 모의 수술이나 원격 수술 혹은 심리 치료 등 의학의 많은 분야에서 활용될 수 있다. 가령 가상현실을 이용한 모의 수술 환경을 구축하면 실습생이 실제로 수술할 때와 똑같은 촉감을 느끼면서 실습을 할 수 있다. 또 로봇 팔을 이용한 원격 수술이라든지 고소 공포증 환자에게 암벽타기 시뮬레이션을 체험케 함으로써 공포 심리를 극복하도록 하는 등 직접적인 환자의 치료에도 가상현실이 이용될 수 있다. 가상현실은 국방 분야에서도 항공기나 차량 등의 조종을 시뮬레이션으로 훈련함으로써 비용을 절감하고 안전을 도모하는 등 널리 활용되어 왔다. 가상현실은 또 제어할 물체가 멀리 있거나 위험한 장소에 있을 경우 원격제어를 위해 사용되는 등 산업의 많은 분야에서 응용될 수 있다. 가령 달이나 우주선, 화산 분화구, 심해저, 방사능 유출 위험이 있는 곳 등에 사람이 직접 들어가지 않고 로봇을 보내면 실제와 똑같은 결과물을 얻어낼 수 있다.

4) 가상현실의 미래

우리의 삶 속에서 가상현실이 차지하는 영역은 굉장히 넓다. 가깝게는 비디오 게임에서부터 사이버 가수에 이르기까지 가상현실은 우리의 삶 깊숙이 들어와 있다. 가보지 않은 장소도 가상현실을 통해 미리 체험할 수 있으며 아바타를 통해 자신을 나타내기도 한다. 이처럼 인간이 개발해 온 다양한 커뮤니케이션 수단들은 가상현실을 통해 그 모습을 새롭게 바꾸어갈 것이다.

사이버 공간 속에서 동시에 여러 분신을 가질 수도 있으며 자신만의 규칙에 의해 움직이고 스스로 변화해 가는 생명체도 창조해낼 수 있을 것이다. 동화나 전설속의 신적 존재들이나 할 수 있다고 상상해왔던 일들을 마음대로 할 수 있는 등 인간은 가상현실에 의해 자연의 법칙조차 초월하는 신적인 경험을 할 수도 있을 것이다. 그러나 가상현실의 미래는 가상현실 속의 나와 현실의 나에 대한 자기 정체성의 문제라든지 가상현실의 세계에서 빠져나오기를 거부하는 가상현실 중독성의 문제 등 많은 역기능을 노출하고 있기도 하다. 또 가상현실을 응용한 오락 게임 등에서 보여주듯이 아무런 죄의식 없이 가상의 사물이나 사람을 대상으로 극단적인 폭력과 살인 등 비윤리적 행위가 자행될 수 있다는 점에서 많은 윤리적, 법률적 문제를 제기하고 있기도 하다.

[참고문헌]

1. 이영음 · 최　영(2002). <정보통신 네트워크>, 한국방송통신대학교 출판부.
2. 정보통신부(2005). "홈 네트워크 산업 활성화를 위한 정통부 정책 방향".
3. 한국전산원(2005). "유비쿼터스 사회의 발전 추세와 미래 전망", 유비쿼스사회 연구 시리즈 제1호.
4. 한국전자통신연구원(2005). "U 시대를 향한 홈 네트워크", ETRI CEO Information 제33호.
5. 한국정보문화진흥원(2004). "가상현실의 체험과 현실세계의 상호성", 한국정통신 정책연구원 발행.

제 2 부

디지털 미디어의 세계

제4장 인터넷 방송

1. 인터넷 방송의 개념

기술적으로 인터넷 방송은 스트리밍(streaming) 기술을 이용한 웹 서비스라고 정의를 내릴 수 있다. 스트리밍 기술이란 TV 방송의 전파와 같이 다운로드없이 정보를 바로 화면에서 볼 수 있도록 이용자에게 정보가 끊임없이 흘러갈 수 있게 한 것으로 스트리밍 기술의 사용 여부는 인터넷 방송과 기타 인터넷 서비스를 구분하는 기준이 되기도 한다. 반면 웹캐스팅(webcasting)은 스트리밍을 비롯해, 푸시(push), 온 디맨드(on demand) 등 다양한 기능과 서비스가 제공되는 포괄적인 인터넷 웹 서비스를 일컫는다. 즉 인터넷 방송이란 어휘는 기존 방송의 형태를 닮은 웹 서비스를 일컫는 비교적 좁은 의미를 지닌, 우리나라에서만 쓰이는 개념이라고 할 수 있는데 비해 외국의 경우 인터넷 방송이라는 어휘보다는 포괄적인 기술과 서비스를 바탕으로 하는 웹 서비스를 일컫는 광의의 웹캐스팅이란 용어를 주로 사용하고 있다. 따라서 최근 들어 방송의 개념이 확대되고 있는 추세를 감안하면 인터넷 방송보다는 웹캐스팅이란 용어를 사용하는 것이 보다 정확한 표현이라고 할 수 있겠다.

스트리밍 서비스는 인터넷 방송이 기존 방송과 유사한 모습을 보이게 한 결정적인 요인으로 작용한다. 이러한 이유로 인해 우리나라의 경우 1997년 국내 최초의 독립 인터넷 방송국이라고 할 수 있는 m2station이 개국했을 때

인터넷 방송

ㅁ 스트리밍 기술을 이용한 웹 서비스

웹캐스팅

ㅁ 광의의 인터넷 방송. 스트리밍을 비롯하여 푸시, 온 디맨드 등 다양한 기능과 서비스가 제공되는 포괄적인 인터넷 웹 서비스의 한 유형

(그림 10) 인터넷 방송과 웹 개스팅

모든 언론에서 인터넷 방송이라는 용어를 사용하기 시작했으며 그 후 인터넷 방송이라는 용어가 고착화되었다. 그러나 문제는 인터넷 방송이라는 어휘의 사용을 통해서 인터넷 방송을 기존 방송과 매우 유사한 매체 혹은 좀 더 나아가서 기존 방송의 한 영역으로 자연스럽게 인식하게 된다는 점이다. 이것은 법이나 제도 혹은 비즈니스 측면에서 매우 중요한 문제를 야기한다. 왜냐하면 포괄적인 인터넷 웹 서비스의 한 형태인 웹캐스팅으로 인터넷 방송을 접근하게 된다면 규제의 측면에서 인터넷 방송은 기타의 인터넷 비즈니스와 동일한 대우를 받게 되지만 인터넷 방송을 방송의 영역에 포함시키면 한 국가 내에서 이루어지는 방송 규제의 대상이 되기 때문이다.

또한 비즈니스 측면에서도 방송은 전형적인 B to C(Business to Consumer) 시장에서 서비스가 제공되나 웹캐스팅은 B to C는 물론 B to B(Business to Business) 시장에서의 서비스 가능성이 훨씬 높다고 할 수 있다. 따라서 인터넷 방송을 방송의 영역에 포함시킬 경우와 그렇지 않을 경우 법이나 제도 혹은 비즈니스 측면에서의 접근이 매우 달라질 수 있다. 기존 방송과 웹캐스팅은 상당한 차이점을 갖고 있는데 우선 시장 환경을 비롯한 전반적인 산업적 측면에서 볼 때 웹캐스팅은 소수 독과점 시장 형태를 취하고 있는 기존 방송 서비스와는 달리 완전 자유 경쟁 체제에서 서비스가 이루어진다. 운영주체 역시 소수 전문가라기보다는 다수 전문가 혹은 일반인들이라는 점에서 기존 방송과 차이점을 갖고 있다. 즉 웹캐스팅은 기존 공중파 방송사나 대기

업뿐만 아니라 소수 인원 혹은 개인에 의해서 서비스가 이루어지고 있는 소규모 형태의 독립 방송국 등 운영 주체와 서비스가 매우 다양하다.

한편 방송은 비즈니스 범위가 국가에 한정되어 있으나 웹캐스팅은 경계가 없고 정보 양식도 방송은 오디오와 비디오 위주지만 웹캐스팅은 텍스트를 비롯한 멀티미디어라는 점에서 차이가 있다. 소비자의 역할이나 특징, 기능에 있어서도 방송과 웹캐스팅은 많은 차이점을 갖고 있는데 전통적인 의미의 방송 수용자의 경우 송신자인 방송국으로부터 일방적으로 보내지는 정보를 주로 집에서 소비하는 수동적인 정보 소비자 혹은 시청자에 머물렀다면 웹캐스팅은 능동적인 정보 이용자 혹은 사용자로 수용자의 개념이 바뀌게 된다. 예를 들면 공중파 TV의 정보 전송은 마스터 앤드 슬레이브(master & slave)라는 용어로 설명되어진다. 전파를 보내는 송신탑은 마스터의 역할을 하고 전파를 받는 수상기는 슬레이브로 규정지어지는 것이다. 이러한 기술적 특성으로 인해 TV는 수동적인 매체 수용자를 근간으로 하는 대표적인 일방향 커뮤니케이션 매체로 인식되고 있으며 이는 매스 미디어의 가장 중요한 특성 중 하나로 자리 잡고 있다.

그러나 웹캐스팅의 경우 가령 클라이언트·서버(client·server) 환경에서 제공되는 온 디맨드 서비스는 능동적인 매체 이용자를 탄생시켜 쌍방향 커뮤니케이션 매체의 탄생을 가능하게 한다. 정보를 뿌려주는 이른바 브로드캐스팅에서 사용자가 정보를 끄집어내는 브로드캐칭(broadcatching)으로 바뀌게 된 이러한 커뮤니케이션 환경 변화의 중심에는 상호작용성(interactivity)이라는 중요한 기술적 특성이 자리를 잡고 있다. 즉 기존 방송과는 달리 상호작용을 통해서 이루어지는 쌍방향 커뮤니케이션 매체의 탄생은 커뮤니케이션 흐름에 있어 통제권의 변화를 의미하며 커뮤니케이션 환경의 전반적인 변화를 가져오는 결정적인 역할을 하게 된다. 웹캐스팅의 이러한 상호작용적 특성은 소비자의 기능을 정보에 대한 단순한 선택이나 피드백 차원을 넘어서서 정보의 생산 과정에 적극적으로 참여하는 정보의 창조자, 즉 정보의 생산자로 변모시킴으로써 웹캐스팅의 소비자는 생산자(producer)이면서 동시에 소비자(consumer)인 이른바 생비자(prosumer)로 새롭게 자리매김하게 된다.

〈표 12〉 방송과 웹캐스팅의 차이점

	방송	웹캐스팅
소비자 역할	시청자	이용자
소비자 특징	수동적	능동적
소비자 기능	정보 소비자	소비자/창조자
소비 장소	집	도처에서
정보 양식	오디오/비디오	텍스트 포함 멀티미디어
규제 여부	규제	탈규제
비즈니스 대상	B to C	B to C, B to B
비즈니스 범위	국가	경계 없음
비즈니스 주체	소수 전문가	다수 전문가/일반인
시장 형태	독과점	경쟁

2. 인터넷 방송 동향

국내 인터넷 서비스는 1994년 6월 한국통신이 아시아 최초의 인터넷 상용 서비스라고 할 수 있는 코넷(KORNET)을 구축하면서 본격적인 인터넷 대중화가 시작되었다. 인터넷 상용 서비스가 개시된 이후 국내 언론사들도 본격적인 인터넷 웹 서비스에 나서기 시작했는데 방송국으로는 처음으로 KBS가 1995년 웹서비스를 시작한데 이어 YTN 등 케이블 TV 방송국도 가세하였다. 그러나 초기 국내 방송국들의 웹 서비스는 신문사 서비스와 그다지 차별성을 보이지 않는 단순한 형태로서 인터넷 방송의 범주에 포함시키기 어려운 서비스였다.

우리나라의 경우 독립형 인터넷 방송국은 1997년 7월 m2station이 개국하여 웹상에서 스트리밍 기술을 이용한 서비스를 제공하면서부터 시작되었다고 할 수 있다. 이후 1998년 9월 C3TV 등 몇몇 독립 인터넷 방송국들이 모여 한국인터넷방송협회(Korea Webcasting Association: KORWA)를 창립하고 인터넷 방송 네트워크를 구축함으로써 본격적인 인터넷 방송 활성화의 길을 열면서 1997년 5개로 시작했던 인터넷 방송국 수가 1998년 80개로 늘었다. 특히 1999년부터 본격적으로 시작된 초고속 정보통신망 구축에 힘입

〈표 13〉 국내 인터넷 방송국 연도별 증가 추이

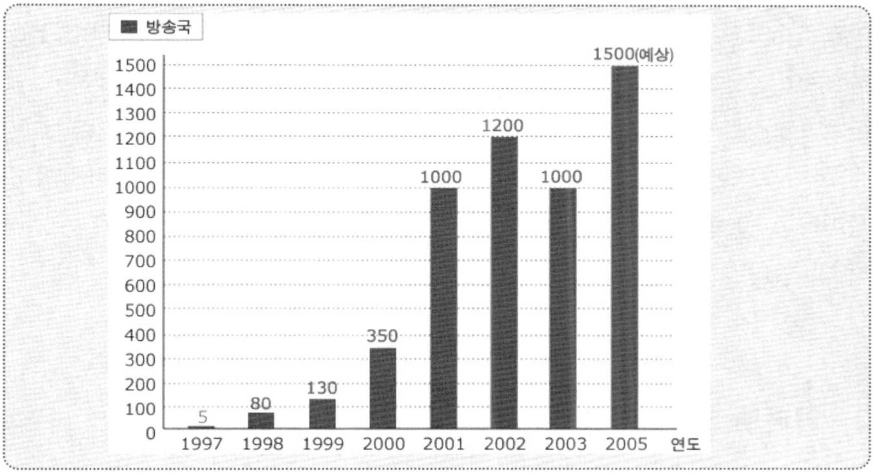

어 인터넷 방송국 수가 급격히 증가하기 시작하면서 1999년말 200개가 되지 못했던 인터넷 방송국이 2001년에는 1000개 이상으로 늘어나기에 이르렀다. 현재 KBS, MBC, SBS 등 방송 3사의 경우 생방송에서부터 기존 프로그램의 VOD 혹은 NOD 서비스에 이르기까지 다양한 형태로 인터넷 방송 서비스를 제공하고 있고 케이블 TV와 라디오 방송국도 다양한 형태의 인터넷 방송 서비스에 참여하고 있다. 독립형 인터넷 방송의 경우는 한국인터넷방송협회를 중심으로 다채로운 활동이 이루어지고 있는데 음악과 뉴스 채널이 주종을 이루고 있다.

해외의 경우 우후죽순처럼 생겨나고 또 쉽게 사라지기도 하는 인터넷 방송의 특성상 전 세계 인터넷 방송 현황을 정확하게 설명한다는 것은 사실 불가능하다. 미국의 경우 1995년 4월 리얼네트워크(Real Networks)사에서 스트리밍 기술을 이용한 리얼오디오(RealAudio)를 처음 선보인 것을 인터넷 방송의 효시로 보고 있다. 그러나 일회성 서비스가 아니고 정식으로 방송국을 개국해 서비스를 시작한 것은 1996년에 설립된 세계 최초의 독립형 인터넷 방송국인 퍼스트 TV(First TV)라고 할 수 있다. 이후 인터넷 붐과 함께 인터넷 방송국 수도 급속히 증가하기 시작했는데 대표적인 인터넷 방송 서비스로는 MSNBC, CNN Interactive, ABCNews, CNET 등을 들 수 있다. 마이크로소프트, NBC, ESPN 등이 연합해 설립한 MSNBC의 경우 NBC 뉴스를 주요 콘텐츠로 해 다양한 기사와 정보를 제공하고 있다. CNET은 인텔, 마이크로소프트 등 컴퓨터 관련 업체들이 지분을 투자해 구축한 인터넷 방송 서비스로 역시 뉴스를 비롯해 각종 정보를 제공하는 온라인 서비스의 전형이라고 할 수 있다. MSNBC가 최고의 접속률을 자랑한다면 CNET은 컴퓨터 및 인터넷 관련 전문 정보 서비스의 성격이 강하다. 따라서 보다 세분화된 기술 전문가 집단이 주요 수용자 층이라고 할 수 있다.

3. 인터넷 방송 기술

인터넷 방송 기술은 멀티미디어로 대표되는 방송 기술, 다양한 유무선 네트워크로 이루어지는 전송 기술, 수용자가 직접 이용하게 되는 단말 기술 등 크게 세 부분으로 나누어 접근해볼 수 있다. 방송 기술로는 우선 기본적인 웹서비스 기술이라고 할 수 있는 멀티미디어(multimedia), 하이퍼텍스트(hypertext)·하이퍼미디어(hypermedia), 온 디맨드(on demand)를 비롯하여 인터넷 방송만을 위한 기술이라고 할 수 있는 스트리밍(streaming), 멀티캐스트(multicast), 푸시(push) 기술 등을 들 수 있다. 아울러 인터넷 방송국에서 만들어진 다양한 프로그램은 ISDN, ADSL, 와이브로, LEO/MEO 등 다양한 전송 경로를 통해 웹캐스트 ISP(Internet Service Provider)로 올려지고, 올려진 프로그램은 다시 인터넷과 다양한 전송 경로를 통해 이용자에게 전달된다. 이렇게 전송된 프로그램은 컴퓨터와 TV, 게임기, 그리고 복합 형태의 단말기인 PDA 등 다양한 형태의 단말기를 통해 즐길 수 있다.

1) 방송 기술

(1) 멀티미디어(multimedia)

과거에는 엄격히 분리되었던 소리, 문자, 이미지, 동영상 등의 정보를 디지털 기술을 바탕으로 하나의 시스템 하에서 동시에 제공하는 멀티미디어 기술은 인터넷 방송의 가장 기본적인 요소로서 다양한 정보 전달 방식의 융합을 가능하게 하였다. 또 이러한 정보 전달 방식의 융합은 산업의 융합 즉 통신과 방송의 융합을 초래한 밑거름이 되었다. 통신과 방송의 융합은 새로운 영역, 즉 멀티미디어 비즈니스를 탄생시켰고 멀티미디어 기술은 관련 산업에 곧바로 영향을 미쳐 과거에는 엄격히 분리되었던 정보 매체 및 기타 관련 산업 간의 융합을 가져오게 하였다. 그리하여 신문, 방송, 통신, 컴퓨터 등의 산업들이 하나의 공통된 영역으로 모여들게 된 것이다. 이는 모든 정보가 이른바 비트(bit)라는 디지털 기술의 최소 단위로 형성되기 때문에 그 표현 양식과 관계없이 다양한 산업이 융합될 수 있는 것이다. 니콜라스 네그로폰테(Nicholas Negroponte)가 주장했듯이 21세기 정보 시대의 최소의 단위이면서 가장 중요한 요소인 비트와 연관된 산업 즉 정보의 제작에서부터 가공이나 유통에 이르기까지 이른바 비트 비즈니스(bit business)의 시대가 열린 것이다. 이러한 비트 비즈니스의 가장 핵심은 콘텐츠로 이미 대중 매체에서도 그 중요성을 인정받고 있지만 디지털 시대에서의 부가 가치는 그야말로 무한하다고 할 수 있다. 인터넷 방송은 바로 이러한 비트 비즈니스의 대표적인 예로서 언제든지 구입할 수 있는 다양한 정보 상품이 진열된 정보 시장(information market place)의 활성화를 위한 기초 인프라로 접근되어질 수 있다.

(2) 하이퍼텍스트(hypertext)·하이퍼미디어(hypermedia)

하이퍼텍스트란 비순차적인 정보 검색이 가능하도록 관련 정보들을 서로 연결시켜 놓은 것을 말한다. 하이퍼텍스트는 텍스트와 링크로 구성되는데 사용자가 마우스의 포인터를 링크에 갖다대면 이것과 관련이 있는 사이트나 페이지로 바로 전환됨으로써 쉽게 해당 정보를 찾아갈 수 있도록 해준다. 하이퍼미디어는 하이퍼텍스트와는 달리 문자로 이루어진 텍스트뿐만 아니라 음성, 동영상, 그림 등 서로 다른 다양한 형식의 정보를 연결시켜 놓은 것을 말한다. 이러한 하이퍼텍스트와 하이퍼미디어는 웹 서비스의 가장 중요한 기술의 하나로 인식되고 있는데 특히 인터넷 방송에서의 하이퍼텍스트 혹은 하이퍼미디어의 적극적인 이용은 심층 보도 및 다양한 하위 문화의 표출을 위한 새로운 역할과 기대를 불러 모으고 있다.

흔히 인터넷을 이용한 매체 서비스를 설명할 때 기존 언론의 한계라고 할 수 있는 지면이나 시간의 제약으로부터 벗어난 심층 보도 및 다양한 정보의 제공을 최대 장점으로 꼽고 있는데 이는 바로 하이퍼텍스트와 하이퍼미디어 기술 때문에 가능한 것이다. 시간적 제약으로 심층 보도가 불가능한 TV 방송의 단점을 인터넷 방송에서는 하이퍼텍스트와 하이퍼미디어로 극복할 수 있다. 제한된 시간 안에 일정한 양의 정보만을 내보내야 하는 TV 방송과 비교할 때 피상적 보도를 보완하는 매체로서 인터넷 방송은 그 의미가 더욱 크다고 할 수 있다.

(3) 온 디맨드(on demand)

인터넷 방송의 또 다른 특징은 온 디맨드 서비스가 가능하다는 점이다. 온 디맨드 서비스는 21세기 커뮤니케이션 환경을 지배할 뉴미디어의 쌍방향적 특성을 잘 나타내는 개념이라고 할 수 있다. 기존의 매스 미디어가 소비자에게 일방적으로 정보를 내보냈다면 온 디맨드는 뉴미디어의 상황 하에서 매체 이용자가 원하는 정보를 원하는 시간에 얻을 수 있는 형태로 커뮤니케이션의 모습이 바뀌어가는 것을 의미한다. 대표적인 온 디맨드 서비스는 영상물을 제공하는 비디오 온 디맨드(Video On Demand: VOD)를 들 수 있는데 온 디맨드 서비스는 서비스의 종류에 따라 다양한 이름이 붙여질 수 있다. 가령 디지털화된 책 서비스를 뜻하는 BOD(Book On Demand), 영화 서비스를 일컫는 MOD(Movie On Demand), 원격 교육을 의미하는 EOD(Education On Demand), 음악 서비스를 제공하는 AOD(Audio On Demand) 등 내용에 따라 다양한 온 디맨드 서비스가 제공될 수 있다.

온 디맨드 서비스는 클라이언트·서버(client·server) 시스템을 바탕으로 한다. 커뮤니케이션 네트워크의 중요한 기능 중에 하나는 서로 다른 컴퓨터가 가지고 있는 자원, 즉 정보를 공유하는데 있다. 정보를 공유하기 위해서는 두 개의 컴퓨터 시스템이 필요한데 하나는 특정한 정보를 제공하는 서버

(server) 컴퓨터이고 또 다른 하나는 그러한 정보를 요청하여 제공받는 클라이언트(client)다. 즉 클라이언트·서버 시스템은 네트워크를 통해 이용자의 요구에 따라 적절한 서버를 연결해 이용자가 요구한 사항을 해결해주는 기능이다. 이러한 클라이언트·서버 시스템을 바탕으로 하는 온 디맨드 기술은 다양한 정보 서비스를 소비자의 요구에 따라 제공할 수 있는 환경을 만들어 주는 가장 대표적인 인터넷 기술이라고 할 수 있다. 온 디맨드 서비스는 이용자가 원하는 정보를 원하는 때에 접근할 수 있게 함으로써 정보 시대의 능동적인 매체 이용자의 탄생을 가능하게 한다.

(4) 스트리밍(streaming)

인터넷상에 있는 동영상 혹은 멀티미디어 데이터를 전송 받을 수 있는 방법으로는 크게 다운로드 방식과 프로그레시브 다운로드 방식, 스트리밍 방식 등 세 가지가 있다. 다운로드 방식은 전체 파일을 사용자 컴퓨터에 다운로드 받아 하드디스크에 저장한 후 이를 플레이하는 방식을 말한다. 프로그레시브 다운로드 방식은 파일의 일부분을 다운로드하고 플레이를 시작하는 방식으로 플레이 중에도 계속 다운로드가 이루어진다. 반면 스트리밍 방식은 네트워크를 통해 파일을 직접 플레이하는 방식으로 하드디스크에는 파일이 전혀 저장되지 않는다. 라이브 혹은 실시간 스트리밍은 촬영과 동시에 그 내용을 즉시 스트리밍하는 것을 의미하는 것으로 인터넷 방송이나 강의 등에 많이 활용된다.

일반적인 웹 서비스를 통한 정보의 전달은 대개의 경우 다운로드를 받아서 이를 다시 화면에 띄우는 방식으로 이루어지기 때문에 문자 정보를 제외하고는 상당한 시간이 걸린다. 따라서 음악이나 비디오 클립 혹은 동영상이 가미된 인터넷 방송을 위해서는 특별한 정보 전송 방식이 필요한데 이를 해결할 수 있는 방법이 바로 스트리밍 기술이다. 스트리밍 기술은 1995년 리얼네트워크(Real Networks)사에서 개발한 리얼오디오(RealAudio)에서 첫 선을 보인 기법으로 음향이나 동영상 등의 파일을 기존 TV 방송의 전파와 같이 다운로드 없이 실시간으로 재생함으로써 이용자에게 정보가 끊임없이 흘러

갈 수 있게 한 것이다. 전송되는 데이터가 마치 물이 흐르듯이 처리된다고 해서 스트리밍이라는 명칭이 붙여졌다.

스트리밍은 인터넷 방송을 방송답게 만들 수 있는 기술의 하나로 기존의 인터넷 정보 전달의 가장 대표적인 방식이라고 할 수 있는 패킷 교환(packet switching)의 한계를 보완할 수 있다. 패킷 교환은 정보들을 패킷으로 나누어 순서에 관계없이 전송한 뒤 수신 지점에서 재결합하여 이용자가 받아볼 수 있게 하는 기술이다. 그러나 이러한 정보의 전달 방식은 이른바 실시간 오디오 및 비디오 정보를 전송하는 데는 한계가 있다. 따라서 방송의 전파처럼 정보가 전송되면서 동시에 재현될 수 있도록 패킷의 순서가 정해져서 전달되는 스트리밍 기술의 개발이 추진되었던 것이다. 결국 초기의 3-4초 정도의 버퍼링(buffering) 시간을 제외하고는 정보를 계속 보낼 수 있기 때문에 대용량의 정보를 무리 없이 실시간으로 보낼 수 있는 것이다. 물론 동영상의 경우에는 대역폭의 한계로 인해 TV와 같은 수준의 영상물을 즐기는 것은 아직은 어렵지만 네트워크의 확대 및 스트리밍 기술의 발전으로 TV와 비슷한 수준에 다다를 것으로 여겨진다. 인터넷 라디오의 경우는 CD 품질의 서비스가 가능해서 이미 많은 사람들에게 애용되고 있다.

(5) 멀티캐스트(multicast)

웹캐스팅 정보 전달에 있어 기존의 패킷 스위칭 기술만으로는 한계가 있다. 문자 정보와 같은 것은 별 지장이 없으나 소리 혹은 동영상 정보의 전달은 문자 정보와는 차원이 다른 전송 기법을 요구한다. 전술한 스트리밍 기법도 바로 끊임없이 정보를 보내서 음악이나 동영상 정보를 받는데 아무런 무리가 없도록 한 것인데 멀티캐스트와 엠본(Mbone)의 전송 방법은 바로 인터넷상에서 멀티미디어 정보가 무리 없이 흘러가도록 고안된 정보 전달 기술이라고 할 수 있다.

인터넷상의 정보 전달 기술은 크게 3가지로 나눌 수 있다. 첫째, 유니캐스트(unicast) 방식으로 인터넷상의 대부분의 정보가 바로 유니캐스트의 형태로 전달된다. 특정한 클라이언트가 요구한 정보의 한 카피(copy)가 해당 클라이언트에게 전달되는 경우이다. 둘째, 브로드캐스트(broadcast) 방식으로 인터넷은 브로드캐스트 형태의 정보 전달 방식도 지원한다. 정보의 한 카피가 네트워크상의 모든 클라이언트에게 전달되는 경우이다. 셋째, 멀티캐스트(multicast) 방식이다. 만약 네트워크상에 일정한 수의 특정 클라이언트들이 어떤 정보를 원한다면 전술한 유니캐스트나 브로드캐스트 형식의 정보 전달은 네트워크의 효율성 측면에서 그다지 바람직하지 않다. 유니캐스트의 경우는 특정 정보를 원하는 클라이언트들에게 같은 카피를 계속 내보내야 하는 비효율성이 존재하고, 브로드캐스트는 모든 사람들에게 정보를 보내기 때문에 원치 않는 사람에게도 정보가 전달되는 비효율성이 생기게 된다. 멀티캐스트는 바로 이러한 경우에 네트워크를 보다 효율적으로 사용할 수 있도록 고안된 전송 방법이라고 할 수 있다. 하나의 클라이언트에게 특정의 정보를 보내거나 혹은 특정의 정보를 모든 클라이언트에게 보내지 않고 특정 정보를 원하는 집단에게만 보내게 하는 방법이 멀티캐스트다. 다시 말하면 멀티캐스트란 동시에 다수의 사이트에 패킷 정보를 보낼 수 있는 기술적인 용어로 TV 방송과 정보의 전달방식이 유사하다.

키즈(J. Keyes)는 멀티캐스트를 인터넷 버전 브로드캐스트라고 정의하고 있다. 물론 패킷 정보를 보내는 이는 누가 그 정보를 원하는지를 알 필요가 없이 TV처럼 정보를 단순히 보내면 된다. 그러나 누가 그 특정 정보에 노출되고 있는지 확인이 가능하기 때문에 일반 TV와는 또 다른 의미의 브로드캐스트가 된다고 할 수 있다.

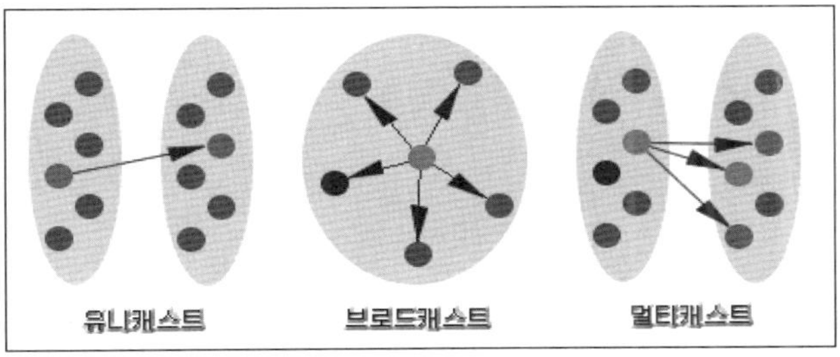

출처: http://hanbat.cnu.ac.kr/~killer2k/사전/multicat.htm

(그림 11) 유니캐스트, 브로드캐스트, 멀티캐스트사전

특히 멀티캐스트 기술 중에서 기존의 유니캐스트 환경 하에서 멀티캐스팅을 가능하게 하는 엠본(Mobone)에 대한 관심이 높아가고 있다. 인터넷 멀티캐스트 백본(Internet Multicast Backbone)이라고도 불리는 엠본은 가상 네트워크(virtual network)의 일종으로 멀티캐스트가 가능한 특정 부분(multicast islands)을 포함하고 있는 인터넷의 일정 부분이라고 할 수 있다. 1992년 IETF(Internet Engineering Task Force)에서 개발된 엠본은 기존 네트워크상의 라우터(router)들이 대부분 유니캐스트 방식으로서 멀티캐스트 방식의 정보 전달을 소화하지 못하는 것에 착안하여 하드웨어(라우터 등) 대신에 소프트웨어 상으로 멀티캐스트 방식의 정보 전달을 시도한 것에서 시작되었다. 즉 인터넷의 최상위 부분에 이른바 가상 네트워크를 구축하여 소프트웨어를 통해 멀티캐스트 패킷 정보의 전달을 시도한 것이다. 멀티캐스트 패킷 정보가 유니캐스트 패킷에 숨어 있다가(터널링(tunneling)이라고 불리는 과정) 멀티캐스트의 기능이 확보된 라우터에 도달하면 패킷들은 원래의 의도인 멀티캐스트 방식으로 전송되는 것이다. 물론 미래에 모든 라우터들이 멀티캐스트 기능을 확보한 것으로 대체되면 이러한 터널링과 같은 과정은 필요 없게 된다.

멀티캐스트와 엠본의 차이는 멀티캐스트는 네트워크 라우팅 기술이고 엠본은 IP(Internet Protocol) 멀티캐스팅을 지원하는 사이트들의 느슨한 결합이라는 점이다. 디셈버(J. December)는 엠본이야말로 인터넷의 매스 커뮤니케이션을 가능하게 하는 기술이라고 평가하고 있다. 그도 그럴 것이 엠본은 웹에 접속되어 있는 누구에게나 패킷 정보를 브로드캐스트할 수 있으므로 특정 다수가 일정한 정보를 원할 때 효율적으로 이용할 수 있기 때문이다. 엠본은 또 쌍방향 커뮤니케이션이 가능해 화상 회의 등에 이용될 수 있으므로 가상 교육이나 가상 회의 등과 같은 인터넷 방송의 광범위한 서비스에 사용될 수 있다.

(6) 푸시(push)

푸시란 매체 이용자가 원하는 정보의 주제나 목록을 미리 서버에 알려 새로운 정보가 나오면 자동으로 정보가 이용자에게 전달되도록 하는 기술을 말한다. 용어에서도 알 수 있듯이 푸시 기술은 서버가 정보를 이용자에게 밀어 넣는 의미로 쓰이고 있지만 반대로 이용자의 입장에서 생각해 보면 원하는 정보의 목록을 미리 제공한다는 면에서는 사실상 풀(pull), 즉 정보를 끌어오는 개념이 내포되어 있다. 그래서 통상적으로 푸시 기술을 논의할 때는 사실상 푸시와 풀의 개념이 동시에 거론되고 있다고 해도 좋을 것이다. 현재의 푸시 기술은 단순히 이용자가 원하는 정보 목록에 따라 혹은 이용자의 취향을 예측하여 정보를 보내는 수준에서 벗어나 정보 탐색 도구(search engines)나 에이전트(agents)를 이용해 매우 적극적으로 정보를 보내고 받는 수준에 이르렀다.

가령 오픈 세서미(Open Sesame: www.opensesame.com)의 경우 이성적인 판단을 가미해 이용자들의 인터넷 사용 정도나 패턴을 감지해서 이용자가 어떤 정보를 원할 것인지를 추론해 내기도 한다. 종래의 푸시 서비스가 일방적으로 적절한 정보를 제공하였다면 앞으로는 좀 더 지능을 갖춘 서비스로서 단순한 정보의 제공 수준을 넘어서 기존의 정보를 가공하고 편집하여 그야말로 맞춤 정보를 전달하는 수준에 이를 것이다. 즉 매체 이용자가 원하는 정보가 무엇인지를 알려주기 전에 노우봇(knowbot: knowledge robot)과 같은 다양한 인공 지능 기술을 이용해 이용자가 무엇을 원하는지를 추론하여 정보를 보내준다는 얘기다. 이와 같이 미래의 푸시 서비스는 이용자와 서버간의 상호작용성을 한층 높여줄 것이다. 이러한 푸시 서비스는 비즈니스 측면에서도 전망이 상당히 밝다. 대다수의 정보가 이런 식으로 전달된다면 기존의 방송 혹은 신문과도 별반 차이가 없게 될 것이다. 왜냐하면 방송 프로그램이나 신문 기사는 기본적으로 시청률과 구독률을 염두에 두고서 만들게 되는데 소비자들이 좋아할 내용을 내보내는 것이라는 측면에서 볼 때 기존의 대중 매체와 인터넷 방송의 지능화된 푸시 서비스는 별반 차이가 없을 것이기 때문이다.

2) 전송 기술

(1) ISDN

ISDN(Integrated Services Digital Network)은 서로 다른 여러 종류의 정보 서비스를 하나의 채널을 통해 동시에 제공하는 초고속 정보통신망이다. 즉 ISDN은 전화, 데이터, 팩시밀리, 컴퓨터, TV 영상 등을 하나의 통신망에서 제공하기 때문에 이용자가 각각의 서비스별로 각기 다른 통신망에 가입할 필요 없이 하나의 통신망에 가입하면 여러 가지 서비스를 함께 받을 수 있는 이점이 있다. 특히 광섬유를 이용한 전송 시스템으로 이루어진 광대역 ISDN (Broadband ISDN: B-ISDN)은 동화상을 비롯한 멀티미디어 정보 전송을 위한 21세기 정보 시대의 최고 기술로 여겨지고 있다.

(2) ADSL

비대칭 디지털 가입자망이라고 불리는 ADSL(Asymmetric Digital Subscriber Line)은 전화선을 이용한 고속 데이터 전송 기술을 총칭하는 xDSL(x Digital Subscriber Line) 즉 디지털 가입자망의 가장 대표적인 기술이다. ADSL은 이미 설치된 전화선을 이용해 적은 비용으로 멀티미디어 정보를 전달할 수 있게 함으로써 네트워크 구축에 있어 최대의 경제성을 살리고 있고 상향 속도와 하향 속도를 조절하여 효과적으로 네트워크 자원을 활용하고 있다. 예를 들면 일반 가정에서 특정 서버에 정보를 보내는 양과 정보를 받는 양에 있어 현격한 차이가 있다는 것에 착안하여 일반 가정에서 서버로 향하는 커뮤니케이션을 위해서는 낮은 속도로 정보를 전송하고 반대로 서버에서 일반 가정으로 향하는 커뮤니케이션의 경우에는 빠른 속도, 즉 대용량의 정보가 전송될 수 있도록 하고 있다. 고속 통신망을 필요로 하는 인터넷 방송도 광케이블을 기반으로 하는 초고속 정보통신망이 구축될 때까지 ADSL과 같은 디지털 가입자망을 이용해 효과적으로 방송 프로그램을 전송할 수 있다.

(3) 케이블

케이블 TV 프로그램의 송출을 위해 구축된 케이블 네트워크를 이용하여 인터넷 방송 프로그램을 전송할 수 있다. 방송과 통신의 융합의 산물이라고 할 수 있는 인터넷 방송을 위해 케이블 TV 방송을 위한 전송망을 이용하는 것은 기존의 자원을 효율적으로 이용한다는 측면에서 의미가 있다고 할 수 있다. 이러한 케이블 네트워크의 응용 분야는 인터넷 방송은 물론 멀티미디어 데이터 통신을 포함한 다양한 서비스를 들 수 있다. 케이블은 기존의 전화선보다 용량이 큰 케이블 네트워크를 통해 압축된 멀티미디어 정보를 주고받을 수 있도록 하고 있으며 특히 쌍방향 기능을 이용해 다양한 정보를 주고받을 수 있다.

(4) IMT-2000

음성은 물론 동영상이 포함된 멀티미디어 정보를 주고받을 수 있는 IMT-2000(International Mobile Telecommunication) 역시 멀티미디어 이동 통신 서비스로서 많은 관심을 끌고 있다. IMT-2000은 국경의 제약을 벗어나 전 세계에서 무선 송·수신이 가능하기 때문에 국내에서만 사용할 수 있었던 기존 휴대 전화에 비해 그 사용 가치가 훨씬 높아 초고속 유선 통신 네트워크와 함께 정보 사회의 주요 네트워크로 사용되고 있다.

(5) 와이브로(WiBro)

와이브로는 노트북이나 PDA, 차량용 수신기 등에 와이브로 단말기를 설치하면 휴대 전화처럼 언제 어디에서나 장소에 구애받지 않고 자유롭게 무선 인터넷을 통하여 다양한 콘텐츠와 정보를 받아볼 수 있다. 와이브로는 그 특성상 IP 기반의 맞춤형 멀티미디어 콘텐츠, 주문형 비디오, CDMA 혹은 DMB와의 결합을 통한 서비스 등 다양한 형태의 서비스 제공이 가능하다. 또 차를 타고 다니면서 방송을 즐길 수 있는 등 실시간 방송도 가능하다.

3) 단말 기술

(1) 컴퓨터

컴퓨터 계열 단말기로는 우선 양질의 오디오와 비디오의 입·출력 및 통신이 가능한 멀티미디어 기능을 가진 MPC(Multimedia Personal Computer)를 들 수 있다. 또 일종의 휴대형 컴퓨터라고 할 수 있는 개인 정보 단말기인 PDA(Personal Digital Assistants)가 옥외에서 큰 역할을 할 것으로 보인다. 종전에는 주로 데스크 톱 컴퓨터를 통하여 인터넷 방송 서비스를 제공받았으나 앞으로는 휴대성과 편리성을 겸비한 휴대용 컴퓨터 혹은 개인 정보 단말기를 이용해 옥외 혹은 이동 중에도 인터넷 방송 서비스를 제공받게 될 것이다.

MPC는 음성, 문자, 데이터, 영상 등 다양한 정보를 이용한 여러 형태의 서비스들이 각종 서버로부터 부가가치 통신망이나 근거리 혹은 원거리 정보통신망 등을 통해 각 가정, 기업, 단체, 나아가 각 국가에 제공되는 네트워크 체계에서 가장 중요한 단말기 가운데 하나로 떠오를 것으로 보인다. 물론 MPC는 전화나 쌍방향 TV(Interactive TV), 대화식 비디오 게임기 등에 비해 값도 비싸고 사용하기도 어려운 것은 사실이지만 PC는 현재 가장 널리 보급되어 있는 뉴미디어 가운데 하나다. MPC의 또 다른 장점은 기기 자체의 적응력에 있다. 즉 급변하는 환경에 대처할 수 있는 여러 종류의 소프트웨어와 하드웨어가 있다는 것이 큰 장점인데 MPC는 새로운 소프트웨어나 하드웨어를 이용해 일반적인 컴퓨터 사용 외에 대화식 학습과 오락을 비롯해 인터넷 신문 및 인터넷 방송, 홈쇼핑 등의 서비스를 초고속 정보통신망을 통해 제공받을 수 있다.

일명 태블릿(tablet)이라고도 불리는 PDA 역시 대표적인 컴퓨터 계열 단말기라고 할 수 있다. PDA는 터치 패널(TV의 브라운관이나 휴대용 컴퓨터의 LCD와 같은 기능과 더불어 입력 기능을 가진 일종의 표시 소자)이 장치되어 있어 손가락이나 펜을 이용하여 정보를 입력하거나 검색할 수 있는 휴대성과 편리성을 겸비한 개인 정보 단말기로서 멀티미디어 환경에서 매우 중요한 역할을 할 것으로 보인다. PDA는 초기 형태와는 달리 휴대가 편리하고 좀 더 자연스러운 커뮤니케이션이 가능하도록 통신 기능과 검색 기능에 대한 보강과 더불어 필기체 인식 기능 및 무선 통신 기능 등 여러 가지 기능을 포함하고 있어 이전의 제품들보다 한 걸음 앞선 새로운 휴대용 단말기의 모습을 보여주고 있다.

(2) TV

TV 계열 단말기로는 쌍방향 케이블 TV와 무선 통신을 이용한 DMB 혹은 와이브로 단말기 등을 대표적인 단말기로 꼽을 수 있다. 동축 케이블 혹은 광케이블을 이용함으로써 전파의 간섭을 안받는 케이블 TV는 수십, 수백 개의 채널을 통해 다양한 프로그램을 제공할 뿐만 아니라 쌍방향 TV의 밑거름이 되고 있다. 이른바 스마트 TV(Smart TV)로 일컬어지는 차세대 대화형 TV는 컴퓨터 기능이 첨가된 셋톱박스(set-top-box: STB)를 내장해 TV에 지능을 부여함으로써 TV와 컴퓨터의 차이는 이러한 기기들이 집안의 어디에 놓이느냐의 차이에 있을 뿐 그 경계가 사라질 것이라고 니콜라스 네그로폰테(Nicholas Negroponte)는 예견하고 있다. STB는 멀티미디어 정보 제공자와 이용자 사이에 쌍방향 커뮤니케이션이 가능하도록 마이크로프로세서(microprocessor) 칩을 내장한 조그마한 박스로 TV 위에 올려놓는다는 의미에서 셋톱박스란 명칭이 부여되었다.

한편 CD 수준의 음질과 데이터 및 영상 서비스가 가능하고 우수한 고정 및 이동 수신을 제공하는 디지털멀티미디어방송(DMB)은 대표적인 이동형 TV 가운데 하나라고 할 수 있다.

(3) 게임기

쌍방향 비디오 게임기 역시 가정용 정보 단말기로서 미래의 영상 정보 통신의 핵심 기술로 자리를 잡을 가능성이 있다. 멀티미디어 정보를 통제할 수 있는 두뇌, 즉 마이크로프로세서(microprocessor)가 장착된 게임기를 통해서도 인터넷 방송에 접근할 수 있을 뿐만 아니라 이러한 게임기가 미래의 커뮤니케이션 환경을 주도해 나가는 핵심적인 단말기 가운데 하나가 될 수도 있다.

쌍방향 비디오 게임기를 차세대 가정용 정보단말기의 강력한 후보 가운데 하나로 꼽는 것은 다음과 같은 이유에서다. 첫째, 미래의 멀티미디어 이용자들이 게임기의 환경에 익숙해져 있기 때문이다. 흔히 닌텐도 세대로 불리는 청소년 세대는 멀티미디어의 주환경이라고 할 수 있는 영상 매체에 매우 친숙하다는 것이 이러한 예측에 유리한 요소로 작용하고 있다. 가령 멀티미디어의 기본이라고 할 수 있는 PC 활용에 있어서 미국의 경우 상당수 가정이 게임을 제일 많이 사용하는 분야라고 답을 하고 있다. 둘째, 전자 게임 소프트웨어는 그 자체가 하나의 완성된 멀티미디어물이기 때문에 멀티미디어 시대의 내용 면에서 다른 어떤 매체보다도 앞서간다는 점이다. 셋째, 전자 게임 산업은 부가 가치율이 높은 전형적인 핵심 고부가가치 두뇌 산업이라는 점이다.

(4) 복합 단말기

인터넷 방송은 IPTV나 TVPC처럼 여러 가지 기능이 하나의 시스템 안에 내장된 복합 형태의 단말기를 통해서도 제공받을 수 있다. 미래의 단말기들은 환경과 장소에 따라 또한 제공받고자 하는 서비스에 따라 매우 다양한 형태의 복합 단말기로 발전하게 될 것이다. TV와 PC가 결합되고 그것을 통해 인터넷 방송 서비스를 받을 수 있고 또 한편으로는 게임을 즐기는 게임기의 역할도 할 수 있는 복합 단말기가 탄생되는 것이다. 결국 TV와 컴퓨터의 차이는 이러한 기기들이 집안의 어디에 놓이는가의 차이만 있을 뿐 그 경계가 사라지게 될 것이다.

미래의 각 가정에는 다양한 복합 형태의 단말기들이 설치되고 또 이러한 단말기들이 도처에 널려 있어 모든 사람들이 쉽게 접근할 수 있는 이른바 유비쿼터스 컴퓨터(Ubiquitous Computer)라는 개념이 종합 정보 단말기의 의미로 사용되는 새로운 환경이 될 것이다. 즉 21세기는 컴퓨터가 생활 깊숙이 스며들고 각종 정보 단말기들이 곳곳에 편재되어 있어 각각의 상황에 따라 이를 편리하게 사용하는 유비쿼터스 시대가 될 것이다. 전기나 전화처럼 컴퓨터 또한 눈에 띄지 않는 형태로 우리의 생활 주변에 자연스럽게 녹아있어 언제 어디서든지 편리하게 접근할 수 있는 유비쿼터스 환경이 되는 것이다. 요컨대 편재화되고 지능화된 컴퓨터를 통하여 우리는 언제, 어디서든지 인터넷 방송을 포함해 다양한 멀티미디어 서비스를 즐길 수 있게 되는 것이다.

4. 인터넷 방송의 매체 특성

인터넷 방송의 매체 특성은 크게 두 가지로 나누어 볼 수 있다. 우선 인터넷이라는 새로운 환경이 우리에게 가져다 줄 수 있는 대안 매체로서의 특성이 있는데 이는 인터넷 방송이 처음 도입될 때부터 언급되었던 가장 분명한 특성 가운데 하나라고 할 수 있다. 독점적 형태의 빅 미디어(big media)인 기존 방송과는 달리 스몰 미디어(small media)로서 누구나 비교적 쉽게 접근할 수 있는 인터넷 방송은 이미 대안 매체의 가능성이 내재되어 있다고 할 수 있다. 인터넷 방송의 또 다른 특성으로 대중 매체적인 성격을 들 수 있다. 모리스(M. Morris)와 오간(C. Ogan)은 기본적으로 인터넷을 매스 미디어의 한 형태로 간주하며 기존 매스 미디어에서 제기되는 다양한 문제들은 인터넷에서도 적용 가능하며 이러한 노력을 통해 매체의 특성을 밝힐 수 있다고 주장한다(Morris & Ogan, 1996). 또한 소수 특정한 계층에서 성별, 연령, 학력 등에 있어 점차 차이가 없어져 가는 인터넷 방송 이용자의 특성, 초고속 통신망의 확대에 따른 인터넷 방송 이용자 수의 절대적인 증가, 기술적으로 일 대 다수(one to many)의 정보 전송을 가능하게 하는 멀티캐스팅(multicasting)의 확산, 인터넷 방송에서 이루어지는 광고 시장의 크기와 내용 등 매우 다양한 부분에서 인터넷 방송은 한 사회 속의 보편적 매체로서의 가능성을 갖고 있다. 결국 인터넷 방송은 대안 매체와 대중 매체적 성격이 공존해 있는 이른바 뉴미디어 패러독스의 전형이라고 할 수 있다. 더불어 인터넷 방송은 포털 사이트 혹은 허브 사이트로서 통합된 삶을 위한 커뮤니케이션의 다양성과 복합성을 내재한 제3의 매체로서의 또 다른 특성을 갖고 있다. 과거의 매체들이 특정 성격을 지니면서 각각의 커뮤니케이션 채널로서의 역할을 수행하였다면 통신과 방송 융합의 대표적 산물이라고 할 수 있는 인터넷 방송은 이처럼 다양한 성격을 내재한 채 매우 다채로운 모습으로 우리에게 다가오는 것이다.

1) 대안 매체로서의 인터넷 방송

인터넷 방송은 개인화, 분권화, 탈집중화되는 사회의 커뮤니케이션 채널 기능을 하는 스몰 미디어(small media)의 전형이라고 할 수 있다. 스몰 미디어로서의 인터넷 방송은 독점적 중앙 언론사가 아닌 독립 방송국이나 일반인에 의해 방송이 제작되고 널리 퍼져나가는 대안 매체(alternative media)의 탄생을 의미한다. 즉 인터넷 방송은 매체의 탈집중화, 분권화, 독립화를 통하여 사회의 다양한 이야기를 담아낼 수 있고 그럼으로써 매스 미디어에서 보여주지 못했던 사회적 담론을 가능하게 해 사상의 자유 시장을 복원할 수 있는 계기를 마련할 수 있는 것이다. 이처럼 인터넷 방송은 다양한 사회 및 문화 영역을 개척하고 다원화된 문화를 표출하는 창구로서의 의미가 크다고 할 수 있다. 전술한 인터넷 방송 기술 가운데 특히 하이퍼텍스트와 온 디맨드 기술 등은 대안 매체로서의 인터넷 방송을 가능하게 하는 기술들이라고 할 수 있다.

한편 값 싼 장비의 보급 역시 대안 매체로서의 인터넷 방송이 널리 보급될 수 있게 한 요소라고 할 수 있다. 실례로 가격이 비교적 저렴한 6mm 디지털 카메라의 보급으로 일반인들도 손쉽게 방송 장비에 접근하여 프로그램을 제작할 수 있게 되었다. 메모리 소자의 일종으로 비디오 카메라의 핵심 부품이라고 할 수 있는 3CCD(Charge Coupled Device)를 내장한 소형 6mm 디지털 카메라는 전문가용 비디오 카메라에 버금가는 화질을 지니면서도 가격이나 성능에 있어 뒤지지 않을 뿐 아니라 무게가 가벼워 여성들도 쉽게 이용할 수 있다. 이러한 디지털 장비의 개발 및 보급은 이른바 1인 비디오 저널리스트(Video Journalist)의 탄생을 가능하게 만들었다. VJ이라 불리는 1인 비디오 저널리스트들은 기존의 방송 제작 관행을 깨고 혼자서 기자, PD, 작가, 카메라맨의 역할을 소화하며 다양한 소재를 바탕으로 프로그램을 만들어 낼 수 있다. 이러한 방식은 인터넷 방송 제작의 주류라고 할 수 있으며 기존 공중파에서도 다큐멘터리 제작에 쓰이고 있다. 인터넷 방송국 특히 독립 방송국의 경우 기존의 방송국 스튜디오와 달리 전술한 소형 디지털 카메라와 컴퓨터 서버 및 관련 소프트웨어 그리고 여러 사람이 동시에 접속할 수 있게 전용 회선을 따로 확보해 두면 얼마든지 방송이 가능해 적은 예산으로도 인터넷 독립 방송국을 구축할 수 있다. 인터넷 방송의 사활은 사실상 기본 설비 투자보다는 신선한 소재를 바탕으로 한 콘텐츠의 개발이라고 많은 사람들이 이야기하는 것도 이런 이유에서다.

한편 인터넷 방송은 공공 저널리즘 혹은 시민 저널리즘에서 주창하고 있는 것과 같이 공동체의 구성을 통해 기존 언론의 한계를 극복하면서 일반 시민들로 하여금 사회의 방관자가 아닌 참여자로서 우리 사회의 문제와 위기를 적극적으로 풀어나가도록 하는 시민 사회의 초석이 되고 있다. 실제로 다양한 독립 인터넷 방송국의 탄생으로 인해 구축되는 커뮤니케이션 네트워크는 세계적 시민 사회의 형성과 발전에 매우 중요한 역할을 하고 있다.

NGO(Non-Governmental Organization) 운동으로 대표되는 시민 사회는 국가 권력과 시장의 불평등에 도전하는 또 다른 세력으로 새로운 커뮤니케이션 기술을 바탕으로 인간의 기본적인 권리의 확보를 위해 많은 노력을 한다. 특히 전 세계에 걸친 컴퓨터 네트워크를 바탕으로 커뮤니케이션의 활성화를 통해 전 세계적 시민 사회도 출현하고 있다.

가장 대표적인 사례로 진보적 커뮤니케이션 협회(Association for Progressive Communications: APC) 네트워크를 들 수 있다. 이 협회는 1987년 영국의 그린넷(GreenNet)이 미국에서 가동 중인 피스넷(PeaceNet), 에코넷(EcoNet), 콘플릭트넷(ConflictNet), 레이버넷(LaborNet)을 운영하는 범세계 커뮤니케이션 연구소(Institute for Global Communications: IGC)와 협력하는 것을 계기로 출발하였다. 이 두 조직은 국내외적으로 평화, 인권 혹은 환경의 문제를 해결하는데 의견을 같이하고 커뮤니케이션 네트워크를 이용하여 협력 관계를 유지해 나갔다. 그러던 중 스웨덴, 캐나다, 브라질, 니카라과, 호주와 같은 나라의 네트워크들이 합세하여 1990년에 현재의 진보적 커뮤니케이션 협회가 탄생하게 되었다. APC 네트워크는 회원 네트워크와 제휴 네트워크로 구성되어 있으며 세계 각국의 개인 및 NGO 노드와 연결되어 있다.

거대한 상업 네트워크들과는 달리 APC 네트워크는 고도로 분산되어 있으며 지역적으로 자율성을 최대로 유지하고 있다. 이와 같은 분산적인 커뮤니케이션 네트워크의 힘은 1989년 중국의 천안문 사태나 1990년 옛 소련에서 일어났던 쿠데타 등의 사건에서 엄청난 위력을 발휘하였다. 중국 천안문 사태의 경우 APC 네트워크를 통해 항의 집회, 모금, 연설 여행, 정치적 호소 등의 운동을 활발히 할 수 있었다. 또 1991년 걸프전 당시 대부분의 커뮤니케이션 채널은 미 국방부의 검열에 의해 통제되었지만 APC 네트워크에서는 걸프전이 제3세계와 이스라엘 및 아랍 국가에 미치는 영향 등 걸프전에 대한 여러 견해 및 기사들이 전 세계로 퍼져 나갈 수 있었다. 하루에 수만 개의 메시지가 교환되는 APC 네트워크의 이상은 '평화, 전쟁 예방, 군사주의의 종식, 환경 보호, 인권과 권리의 신장, 사회적 그리고 경제적 정의의 성취, 빈곤의 제거, 지속 가능하고 평등한 발전, 참여 민주주의의 향상, 비폭력적 갈등 해결'을 추구하는 APC 헌장에 잘 나타나 있다. APC 네트워크는 정보의 자유롭고 균형 있는 흐름의 실현을 위해 전 세계적인 네트워크를 건설하고 정보 독점에 대응하는 대안적인 정보 기반을 구축하기 위해 노력하고 있는데 이는 바로 새로운 시민 사회의 출현을 의미한다.

2) 대중 매체로서의 인터넷 방송

인터넷 방송은 많은 요소들, 예를 들면 네트워크 인프라의 보강, 다양한 콘텐츠의 확보, 개개인의 접근권 확대 등의 요소들이 해결되어야만 진정한 의미의 대중화가 이루어질 수 있을 것이다. 인터넷 방송은 전술한 인터넷 방송 고유의 기술들로 인해 다수를 위한 이른바 '방송'이 가능해졌을 뿐만 아니라 인터넷 방송에 대한 인식의 확대와 함께 인터넷이라는 매체 자체의 확산속도가 매우 빠르게 진행된다는 점에서 인터넷 방송의 다양한 모습 중의 하나로 대중 매체적 성격을 들 수 있다. 대중 매체(mass media)란 말 그대로 대중이 이용하는 매체라고 할 수 있다. TV와 신문처럼 많은 사람들이 손쉽게 접근할 수 있는 한 사회의 커뮤니케이션 도구라고 할 수 있다. 대중 매체의 개념이 대중 사회(mass society)에서 유래되었듯이 '대중'의 의미는 곧 대중 매체의 특성이라고도 할 수 있다. 대중은 불특정 다수의 다양한 집단을 일컫는 용어다. 이른바 사회적 지위나 교육 혹은 그 밖의 조건들이 상이한 개인들의 합으로서 개인들 서로 간의 커뮤니케이션은 거의 이루어지지 않는 그야말로 파편화되고 고립된 객체들의 모임이라고 할 수 있다. 결국 대중 매체는 이러한 소비자들을 대상으로 효율적으로 메시지를 전달하는 매체인 셈이다.

흔히 대중 매체의 조건으로 세 가지를 꼽는다. 첫째, 가능한 한 많은 사람들에게 관심을 불러일으킬 수 있는 메시지가 있어야 한다. 둘째, 그러한 메시지를 계속 제공할 수 있어야 한다. 셋째, 누구나 그러한 메시지에 접근할 수 있는 환경이 제공되어야 한다. 즉 메시지를 만들어 적절한 채널을 통해 소비자에게 잘 전달할 수 있을 때에만 대중 매체로서의 효력을 발휘한다고 할 수 있다. 결국 대중 사회에서 대중들에게 가장 효과적으로 정보나 메시지를 전달할 수 있는 형태가 대중 매체고 이러한 대중 매체 커뮤니케이션의 특성은 이른바 일방향 커뮤니케이션의 양식을 갖게 되는 것이다. 모든 사람들의 구미에 맞는 메시지를 원활하게 전달할 수 있는 형태가 바로 매스 커뮤니케이션이라고 할 수 있다. 21세기 정보 사회의 커뮤니케이션 환경 또한 그 사회의 구성원들의 입맛에 맞추어 변화될 것이다. 20세기 대중 매체와 마찬가지로 기본적으로 사람들이 좋아할 메시지를 만들고 그러한 메시지를 계속 전달할 수 있는 채널을 확보하며, 마지막으로 소비자들이 메시지에 접근할 수 있는 환경을 조성하게 될 것이다. 인터넷 방송의 발전을 위한 선결 조건으로 다양한 콘텐츠의 확보, 네트워크 인프라의 보강, 개개인의 접근권 등을 논하는 것도 따지고 보면 전술한 커뮤니케이션 환경을 갖추기 위한 것이라고 할 수 있다. 결국 인터넷 방송을 포함한 인터넷은 대중 매체의 하나로써 서서히 채비를 갖추는 것이다. 인터넷 방송에 대한 대중 매체의 가능성을 논의하게 되는 이유는 그 중요성과 함께 확산 속도가 매우 급속도로 이루어지기 때문이다.

광고의 측면에서도 인터넷 혹은 인터넷 방송에 관한 연구 결과들을 살펴보면 인터넷 서비스가 광고를 기반으로 하는 대중 매체로 성장할 가능성이 상당히 높다는 것을 보여주고 있다. 미국 등 선진국의 인터넷 광고 규모는 매년 급속한 성장세를 보이고 있는데 이러한 추세대로 인터넷 광고 시장 규모가 증가한다면 TV와 신문도 위협받게 될 것이다. 광고의 총액뿐만 아니라 광고의 내용면에 있어서도 인터넷 광고는 컴퓨터 관련 광고에서 일반 브랜드로 확대됨으로써 일반 매체 광고의 특성과 매우 유사해지는 등 대중 매체 기반의 광고로서의 역할과 기능이 확대되고 있다. 이처럼 광고 분야에서 인터넷 광고의 급성장은 대중 매체로서의 존재를 가능하게 한다는 점에서 상당한 의미를 갖고 있다. 즉 인터넷과 관련이 있는 컴퓨터 분야 등 매우 한정된 범위에서만 광고가 이루어져왔던 과거와는 달리 다양한 분야 특히 소비자 브랜드 광고가 인터넷의 본격적인 광고로 등장한 것은 인터넷이 기존의 대중 매체처럼 사회 속의 중요한 매체로서 자리를 잡아가고 있음을 보여주는 것이라고 하겠다. 물론 우리나라의 독립 인터넷 방송의 경우 아직 그 규모나 내용에 있어 중앙 언론사의 인터넷 방송보다 많이 뒤쳐지고 있다는 점에서 광고 시장이 활성화되었다고 보기 어렵다. 그러나 현재 중앙 언론사에 의한 인터넷 방송은 광고의 규모가 급속히 증가하고 있고 인터넷 독립 방송의 경우도 광고를 기반으로 하는 매체로 발돋움하고 있다는 점에서 광고의 측면에서 볼 때 인터넷 방송은 대중 매체로서의 가능성을 보여주고 있다.

3) 제3의 매체로서의 인터넷 방송

방송과 통신의 융합이라는 대전제 하에서 파생되는 커뮤니케이션 환경의 다양성은 미래의 우리 생활 환경을 그대로 반영하는 것이라고 할 수 있다. 다양한 영역에서의 변화의 산물이라고 할 수 있는 인터넷 방송이야말로 변화된 커뮤니케이션을 가능하게 하는 매체인 것이다. 다양화되고 복합화된 커뮤니케이션의 형태란 결국 기능의 다양화와 복합화를 의미한다고 할 수 있다. 인터넷 방송을 포함한 인터넷상의 주요 웹 사이트들이 벌이고 있는 포털 사이트 경쟁도 따지고 보면 단순한 정보만을 전달하는 커뮤니케이션 이외의 기능이나 서비스를 통해서 남들보다 앞서 나가겠다는 발상이다. 전자 우편이나 채팅룸 등의 기본적인 커뮤니케이션 서비스는 물론이고 정보 검색에서부터 웹 호스팅, 본격적인 전자 상거래에 이르기까지 이른바 원 스톱 서비스를 제공하는 포털 사이트를 구축하고자 하는 것, 이것이 바로 미래의 커뮤니케이션 환경인 셈이다. 이는 단순한 방송만으로는 21세기의 인터넷 이용자를 끌어오기에는 한계가 있다는 것을 보여준다. 뉴스나 드라마, 토크쇼, 음악과 같은 주요 방송 프로그램은 물론 인터넷 이용자들이 원하는 내용이다. 그러나 21세기의 인터넷 방송은 이러한 프로그램을 바탕으로 하는 고전적인 의미의 방송보다는 훨씬 넓고 다양한 분야의 서비스가 제공되어야만 이용자들의 관심을 끌 수 있다. 전자 우편, 채팅은 물론이고 전자 상거러 등 커뮤니케이션과 직접적으로 관련이 없는 분야의 서비스도 인터넷 방송에서는 다루어져야 할 것이다. 왜냐하면 20세기 산업 시대와 달리 21세기 정보 시대는 사람들의 활동의 많은 부분이 네트워크를 통해서 이루어지게 될 것이고 이는 곧 우리의 삶의 방식 자체가 변화될 것이기 때문이다. 인터넷 방송 네트워크를 통해서 드라마를 즐기고 또 한편으로는 그 드라마 속의 주인공이 입고 나온 옷도 구입하는 복합적인 행위를 비롯해 좀 더 광의의 방송을 즐기게 된다는 것이다.

네그로폰테의 얘기처럼 모든 것이 혼합되는 상황 속에서 노동과 교육의 차이를 찾기 어렵고 노동과 여가 혹은 즐거움의 구별 또한 모호해진다. 결국 드라마를 보면서 새로운 지식을 찾고 또 그러한 상황 속에서 쇼핑을 즐기는 것이 미래의 우리의 생활 패턴이라고 할 수 있다. 이와 같은 영역의 붕괴 현상은 책이나 언론 매체에서 회자되는 많은 개념 속에서도 잘 드러난다. 정보(information)와 오락(entertainment)을 결합한 인포테인먼트(infortainment), 교육(education)과 오락(entertainment)을 합친 에듀테인먼트(edutainment), 광고(advertising)와 뉴스(editorial)를 결합한 애드버토리얼(advertorial) 등과 같은 개념들은 기존의 분리된 영역이 합쳐지는 것을 의미하는 것으로 우리들의 삶의 양식도 바뀌게 될 것임을 시사한다. 21세기에는 정보를 추구하면서 오락을 즐기고, 오락을 즐기면서 새로운 지식을 얻는 생활 양식이 우리들의 일상 생활을 지배할 것이다.

미래의 커뮤니케이션 매체는 이와 같이 다양한 서비스를 제공할 수 있는 제3의 종합 매체로 발전할 것이다. 인터넷 방송도 예외는 아니어서 결국 고전적 의미의 방송이 아닌 보다 넓은 의미의 방송을 제공해야만 성장할 수 있을 것이다. 다수의 사람들에게 획일적인 메시지를 전달하는 방송이 아닌 모든 사람들이 모여 무엇인가를 꾸미고 이룰 수 있는 공동체 내에서의 커뮤니케이션을 제공해야 하는 것이다. 대중 매체와 대안 매체의 성격을 동시에 지니고 있는 인터넷 방송은 어쩌면 전에 볼 수 없었던 전혀 다른 새로운 커뮤니케이션을 주도하는 제3의 매체라고도 할 수 있다. 모든 것이 융합되는 미래의 정보 사회에서 커뮤니케이션의 의미는 새로운 시각으로 접근되어져야 할 필요가 있다. 인터넷 방송은 이러한 새로운 커뮤니케이션의 장을 여는 계기를 마련할 것이다. 인터넷 방송의 '방송'은 기존의 방송이 아닌 새로운 모습을 띄게 될 것이다. 가상 공간에서 우리들의 새로운 삶을 창조하는 또 다른 형태의 커뮤니케이션의 모습을 인터넷 방송은 우리들에게 보여주는 것이다.

[참고문헌]

1. 최　영(1995). "멀티미디어와 정보고속도로", <멀티미디어>, 한국언론연구원.
2. 최　영(1998). <뉴미디어 시대의 네트워크 커뮤니케이션>, 커뮤니케이션북스.
3. 최　영(1998). "인터넷 방송, 대중매체로서의 가능성", <신문과 방송>, 1998년 3월호.
4. 최　영(1999). "인터넷 방송의 특성과 발전에 관한 연구", <방송학보>, 12호.
5. 최　영(1999). <인터넷 방송: 웹캐스팅의 이해와 실제>, 커뮤니케이션북스.
6. Keyes, J.(1997). *Webcasting*, NY: McGraw-Hill.
7. Miles, P.(1998). *Guide to Webcasting,* NY: John Wiley & Sons, Inc.
8. Morris, M. & Ogan, C.(1996). "The internet as mass medium", *Journal of Communication*, p.39-50, winter, 1996.
9. Naisbitt, J.(1994). *Global Paradox*, NY: Avon Books.
10. Novak, J. & Markiewicz, P.(1999). *Guide to Producing Live Webcasts*, NY: John Wiley & Sons, Inc.

제5장 디지털 TV

1. 디지털 TV의 개념

디지털 TV(Digital TV)는 아날로그 TV(Analog TV)와는 달리 제작, 편집, 전송, 수신 등 방송의 전 과정을 0과 1의 디지털 신호로 처리하는 방송 시스템을 말한다. 즉 디지털 TV는 디지털 신호로 변환해 송출한 방송 신호를 디지털 튜너로 수신한 후 디지털 디코더를 통해 다시 영상과 음성, 문자 등으로 변환시켜 화면에 표시해주는 TV를 말한다. 이러한 디지털 TV는 기존의 아날로그 TV에 비해 화질과 음질이 뛰어나고 다채널, 다기능의 쌍방향 서비스가 가능하다는 특징을 갖고 있다. 디지털 TV는 또 아날로그 TV에 비해 외부 잡음 억지력이 높고 송신 전력이 적게 들기 때문에 에너지 비용을 절감할 수 있다는 장점을 갖고 있다.

디지털 TV는 해상도 즉 화질에 따라 표준화질(Standard Definition: SD)인 SDTV와 고화질(High Definition: HD)인 HDTV로 구분한다. SDTV의 경우 HDTV에 비해 3-4배의 다채널 제공이 가능하지만 화질은 HDTV에 비해 떨어지는 측면이 있다. 반면 HDTV는 SDTV에 비해 다채널을 기대하기는 어렵지만 SDTV에 비해 고화질이 보장된다. SDTV는 기존의 아날로그 TV 보다 약 2배 정도 선명한 반면 HDTV는 주사선이 1,080개로 아날로그 TV에 비해 4-5배 정도 선명한 화질을 제공한다. 이처럼 화면 비율이 16 대 9인 와

〈표 14〉 아날로그 TV와 디지털 TV 비교

구분	아날로그 TV	디지털 TV (ATSC)	
		SDTV	HDTV
채널(6MHz)	1채널	3-4채널	1채널
음성 다중	2채널(스테레오)	5.1채널	5.1채널
화면비	4:3	4:3 / 16:9	16:9
주사선 수	525(저화질)	480*704 480*640 (중화질)	1080*1920 720*1280 (고화질)
외부잡음 억지력	약함	강함	강함
송신 전력	높음	낮음	낮음
부가 서비스	가능(단순)	가능(다양)	가능(다양)
상호작용성	일방향	쌍방향	쌍방향
수상기 가격	낮음	중간	높음

이드 화면의 HDTV는 화질이 뛰어난데다 입체 음향을 구현하는 5.1 채널을 지원하기 때문에 마치 영화를 보듯이 집에서 TV를 통해 영화관 수준의 방송 프로그램을 즐길 수 있다.

디지털 TV는 디스플레이 방식에 따라 LCD(Liquid Crystal Display) TV, PDP(Plasma Display Panel) TV, 프로젝션(Projection) TV, CRT(Cathode Ray Tube) TV 혹은 브라운관 TV 등으로 구분하기도 한다. LCD TV는 전압을 가하면 고체와 액체의 중간 물질인 액정의 분자 배열이 변하는 성질을 표시장치에 응용해 만든 것으로 고해상도의 뛰어난 화질에다 동작 전압이 낮아 소비 전력이 적게 들고 두께가 얇아 공간 효율성이 뛰어나다. 그러나 응답속도가 다소 느리다는 단점을 갖고 있다.

PDP TV는 진공 상태에서 양전극과 음전극에 전기 신호를 가하면 내부의 가스가 활성화되었다가 시간의 경과에 따라 다시 안정된 본래의 상태로 돌아가면서 오로라와 같은 빛을 발하는 플라즈마(plasma) 현상을 이용해 화면을 표현하는 방식의 TV로 두께가 매우 얇고 가벼워 벽걸이용 TV로 불린다. PDP TV는 대형 화면 표시가 가능하고 프로젝션 TV 보다 화질이 좋고 시야각이 훨씬 넓은데다 공간 활용성도 뛰어나지만 전력 소모가 크다는 단점이 있다.

브라운관 TV는 우리가 흔히 사용해 오던 브라운관 방식의 TV로 가격이 상대적으로 싸다. 브라운관 TV는 밝고 선명한 화질을 구현하고 수명이 길지만 브라운관 폭이 길기 때문에 부피가 크고 무겁다는 단점이 있다. 프로젝션 TV는 브라운관 TV가 대형화하기 힘들다는 단점을 개선해 나온 것으로 TV 내면에 있는 액정 화면에 영상 신호가 재현되면 액정 화면 뒤에 있는 프로젝터가 안쪽에서 강한 빛을 쏘아 광학 렌즈를 통해 화면을 확대, 투사해서 스크린에 쏘아주는 간접 투사 방식의 TV다. 프로젝션 TV는 대형 화면이 가능하지만 두께가 크고 무게가 많이 나가며 LCD나 PDP에 비해 화질이 떨어진다는 단점이 있다.

디지털 TV는 또 디지털 방송을 수신할 수 있는 수신 장치, 다시 말해 셋톱박스(STB)의 내장 여부에 따라 일체형과 분리형으로 구분하기도 한다. 일체형 TV는 셋톱박스, 즉 디지털 튜너와 디코더가 디지털 TV 속에 내장돼 있는 것을 말하고 분리형 TV는 별도로 셋톱박스를 구입해 설치해야 시청이 가능한 TV를 말한다.

2. 디지털 TV 방송의 특성

디지털 TV 방송은 방송 콘텐츠의 제작, 전송, 재현 등 모든 과정을 디지털화함으로써 고품질, 다채널의 방송과 다양한 형태의 부가 서비스를 제공하는 방송을 말한다. 즉 디지털 TV 방송은 기존의 아날로그 TV 방송과는 달리 영상, 음성, 데이터 등 서로 다른 이질적인 형태의 정보를 0과 1의 디지털 신호로 변환해 위성이나 지상파를 통해 보내면 수용자가 이 신호를 디지털 TV로 받아보는 방송을 말한다. 디지털 TV 방송은 아날로그 방송에 비해 여러 가지 장점을 갖고 있는데 우선 전송 과정에서 발생하는 잡음과 왜곡의 영향을 적게 받고 또 신호가 손상되더라도 완벽하게 복원할 수 있어 고화질과 고음질의 고품질 방송이 가능하다. 또 디지털 TV 방송은 하나의 주파수를 이용해 다수의 방송 프로그램을 동시에 송출할 수 있는 다채널 방송이 가능하지만 아날로그 TV 방송은 1개의 채널에 1개의 프로그램밖에 전송할 수 없다. 디지털 TV 방송은 또 방송과 통신의 결합을 통해 쌍방향 혹은 상호작용 서비스를 구현할 수 있을 뿐만 아니라 영상과 음성 외에 데이터 채널을 통해 다양한 부가 서비스를 제공할 수 있는 등 방송의 다기능화라는 중요한 특징을 보여주고 있다.

1) 고품질화

디지털 TV 방송은 모든 방송 신호를 디지털 방식으로 처리함으로써 방송의 품질을 획기적으로 개선할 수 있다. 전술한 것처럼 디지털 TV는 해상도, 즉 화질에 따라 표준화질인 SDTV와 고화질인 HDTV로 구분할 수 있는데 대체적으로 SDTV는 기존 아날로그 TV보다 약 2배 정도 선명한 DVD 혹은 16mm 영화 수준의 화질을 제공한다. 또 SDTV가 한 화면에 약 35만개의 화소를 갖고 있는 반면 HDTV는 한 화면에 약 200만개(해상도: 1080 x 1920)의 화소가 있어 35mm 영화 수준의 매우 선명한 화질을 제공할 수 있다. 디지털 TV는 CD 수준의 스테레오 음질과 영화용 입체 음향에 필적하는 생동감 있는 오디오를 통해 영화관에서처럼 현장감을 느낄 수 있는 고음질 방송이 가능하다.

2) 다채널화

디지털 TV 방송은 고도의 디지털 압축 기술을 통해 기존의 아날로그 TV 방송과는 달리 1개의 채널에서 동시에 여러 개의 방송 프로그램을 송출할 수 있다. 따라서 디지털 TV 방송은 불특정 다수를 대상으로 했던 기존의 매스 미디어와는 달리 특정의 세분화된 수용자 층을 대상으로 한 채널의 다양화를 통해 세분화되고 전문화된 방송 서비스를 제공할 수 있어 가용 채널을 획기적으로 확대 시킬 수 있다.

3) 다기능화 및 상호작용화

방송의 다기능화란 영상과 음성 외에 데이터 채널을 통하여 각종 방송 프로그램 관련 정보나 교통 상황 혹은 일기 예보와 같은 실시간 정보의 제공 등 다양한 부가 서비스를 제공하는 것을 말한다. 디지털 TV는 기존의 아날로그 TV 방송과는 달리 지능화된 다기능 단말기를 통해 다양한 형태의 부가 서비스를 제공할 수 있다. 특히 방송의 상호작용화, 네트워크화를 통해 시청자가 직접 방송 프로그램에 참여해 자신의 의견을 개진하는 등 시청자의 능동적 참여가 가능한 쌍방향 서비스의 구현이 가능하다. 또 개별 수용자별로 차별화된 맞춤형 서비스를 비롯해 T-커머스(T-commerce), T-거번먼트(T-government) 등 방송과 통신을 결합한 새로운 형태의 서비스를 제공할 수 있다.

디지털 TV 방송은 이처럼 다채널화에 따른 선택폭의 확대는 물론 기존의 수동적인 소비자의 입장에 머물렀던 시청자를 상호작용성을 기반으로 자신의 의견을 적극적으로 개진할 뿐만 아니라 방송 프로그램 편성이나 제작에도 직접 참여하는 능동적 참여자로 변모시키게 된다. 특히 주문형 비디오 서비스(VOD)와 더불어 수용자가 방송 프로그램이나 데이터를 저장해뒀다가 자신이 필요한 시간에 보고 싶은 프로그램을 선별해서 볼 수 있도록 해주는 PVR(Personal Video Recorder)은 시청자의 프로그램 선택권 및 편성권을 확대시켜 시청자들이 방송 수용 행위를 통제할 수 있도록 해주는 등 시청자들의 TV 시청 패턴에 많은 변화를 가져오고 있다. 또 T-커머스 등 여러 가지 새로운 형태의 쌍방향 서비스를 제공받을 수 있게 돼 수용자들의 일상적인 삶에도 많은 변화를 가져오고 있다.

3. 디지털 TV 방송의 유형

1) 발전 단계별 유형

미국의 컨설팅 회사인 아서 앤더슨(Arthur Anderson)사가 정리한 다음과 같은 도표는 디지털 TV가 지금까지 어떻게 발전하여 왔으며 앞으로 어떻게 발전해 나갈 것인지를 하나의 일관된 흐름 속에서 보여주고 있다.

도표에서 보여주고 있듯이 초기 아날로그 방송(analogue broadcast) 시대의 시청자는 단지 수동적인 수용자 위치에 머물렀으며 상호작용이 불가능하였다. 그러다가 고음질 고화질의 초보적인 디지털 방송(basic digital broadcast) 단계를 거쳐 제한된 범위에서만 쌍방향 혹은 상호작용 서비스가 가능한 디지털 방송 단계로 발전했는데 가령 시청한 만큼 돈을 내는 유료 채널(Pay Per View: PPV) 서비스나 수많은 채널들 가운데서 보고 싶은 프로그램을 검색하여 볼 수 있게 해주는 전자 프로그램 가이드(EPG)는 그 한 예라고 할 수 있다. 이후 디지털 TV는 기술 발전과 함께 TV를 이용한 전자 상거래(T-commerce), 이메일, 개인화된 광고, 개인용 비디오 녹화기(Personal Video Recorder: PVR) 등의 기능이 제공되는 한 차원 높은 단계의 디지털 방송으로 발전하였다. 그다음 단계는 실질적인 주문형 비디오 서비스(video on demand: VOD)와 전자 게임, 상호작용 광고(interactive advertising) 등 훨씬 더 개인화된 상호작용 서비스가 제공되는 디지털 유니캐스트(digital unicast)의 단계로 발전하였다.

아서 앤더슨은 디지털 TV 방송이 이러한 단계를 거쳐 궁극적으로는 개인화된 맞춤형 편성(customized scheduling)과 완벽한 1 대 1 상호작용 커뮤니케이션의 구현이 가능한 1인 방송국 형태의 개인화된 TV로 발전하게 될 것으로 전망하고 있다.

〈표 15〉 디지털 TV 방송의 발전 단계별 유형

단계	내용
Analogue Broadcast	수동적인 시청. 상호작용 없음.
Basic Digital Broadcast	고화질/고음질. 다채널 방송.
Digital Broadcast (Embedded Data)	콘텐츠 강화. 제한적인 상호작용. 예) 유료 채널(PPV)
Digital Broadcast (Interactive Navigator)	방송과 상호작용 서비스의 통합. 예) T-Commerce, 개인화된 광고, 이메일, PVR
Digital Unicast ITV	개인화된 쌍방향 서비스. 예) 상호작용 광고, VOD, 게임
Personalized Interactive TV	완벽한 1대1 상호작용. 맞춤형 편성(1인 방송국).

자료: Arthur Anderson

2) 전송 매체별 유형

디지털 TV 방송은 플랫폼 혹은 전송 매체에 따라 디지털 지상파 방송, 디지털 위성 방송, 디지털 케이블 방송 등으로 유형화할 수 있다.

디지털 지상파 혹은 공중파 방송은 KBS, MBC, SBS 등 기존의 공중파 방송국들이 디지털 형태로 방송 신호를 송출하는 것을 말한다. 디지털 지상파 방송을 수신하려면 디지털 신호를 음성과 영상 신호로 변환시켜주는 디지털 TV 수신 전용 셋톱박스(STB)나 디지털 튜너를 내장한 일체형 TV를 구입하여야 한다. 디지털 지상파 방송은 로컬 프로그램 편성이 가능하고 저비용 하부 구조의 장점을 갖고 있지만 수신 대역이 제한되어 있고 백 채널(back channel)이 필요하다는 단점이 있다.

디지털 지상파 방송과는 달리 위성에서 디지털 방송 신호를 출력하는 디지털 위성 방송은 수신 지역이 방대하고 다채널 방송이 가능하다는 장점을 갖고 있다. 그러나 디지털 위성 방송을 수신하려면 전용 셋톱박스와 수신 안테나를 갖춰야 하며 지원 채널이 필요하다는 단점을 갖고 있다. 디지털 케이블 방송은 각 가정에 보급되어 있는 케이블 TV 방송의 디지털화를 통해 방송 서비스를 제공하기 때문에 지역 프로그램 편성과 다채널 방송이 가능하다는 장점이 있지만 고비용 하부 구조가 단점이다.

〈표 16〉 디지털 TV 방송의 전송 매체별 유형

구분	채널수	매개체	장점	단점
지상파	♣4-5개 (HDTV) ♣15-50개 (SDTV)	♣전화 ♣초고속 통신망	♣로컬 프로그램 편성 가능 ♣저비용 하부 구조	♣수신 대역 제한 ♣백 채널(back channel) 필요
위성	♣200-500개	♣전화 ♣초고속 통신망 ♣인공 위성	♣다채널 ♣수신 지역 방대	♣수신 안테나 필요 ♣지원 채널 필요
케이블	♣40-200개	♣케이블	♣고속, 대용량 전송 ♣다채널 ♣지역 프로그램 가능	♣고비용 하부 구조

3) 전송 방식별 유형

디지털 방송은 전송 방식 혹은 전송 표준에 따라 유럽식과 미국식, 일본식으로 구분된다. 미국 방식은 1996년 미국의 첨단텔레비전방송방식위원회(Advanced Television System Committee: ATSC)가 제정한 디지털 방송 방식을 말하는데 ATSC 방식은 8-VSB 변조 기법을 채택하고 있다. 미국의 디지털 방송 방식은 보통 ATSC 방식 혹은 변조 방식의 이름을 따서 8-VSB 방식이라고 부른다.

ATSC 방식은 아날로그 방식인 NTSC(National Television Systems Committee) 방송 기술을 발전시켜 동일한 주파수 대역폭(6MHz)에서 디지털 방식으로 구현한 시스템으로 단일 6MHz 대역폭으로 고품질의 비디오, 오디오, 데이터를 전송할 수 있다. 영상 신호의 압축은 MPEG-2를 사용하며 음성 압축은 돌비(Dolby)사가 제안한 AC-3 방식을 사용한다. ATSC 방식은 지상파와 케이블을 모두 지원한다는 특징이 있으며 화질과 음질이 뛰어나고 유럽 방식에 비해 신호 포착이 용이하고 하드웨어가 간단하다는 장점이 있다. 그러나 단일 주파수 방송망(Single Frequency Network: SFN) 구축과 이동 수신이 어렵다는 단점이 있다.

〈표 17〉 디지털 TV 방송의 전송 방식별 유형

	유럽식(COFDM)	미국식(8-VSB)
장점	♣단일 주파수 네트워크 가능 (주파수 자원이 넉넉지 못한 나라에 적합) ♣주파수 자원의 활용도 높음 ♣이동 수신 가능 ♣화질과 음질이 양호함 ♣고스트의 영향 적음 ♣다채널	♣전송 속도 빠름 ♣기존 송신기와 제작 장비 일부 활용 가능 ♣하드웨어가 간단함 ♣화질과 음질이 뛰어남 ♣다채널 ♣신호 포착이 용이함 ♣NTSC 방식과 공존 가능
단점	♣하드웨어 다소 복잡 ♣신호 포착이 다소 복잡 ♣송신기를 위한 전국적 동기망 별도 구축	♣단일 주파수 네트워크 구축 불가능 ♣고스트의 영향 받음 ♣이동 수신 불가능

유럽 방식은 유럽내 디지털 영상 방송(Digital Video Broadcasting: DVB)이라는 컨소시엄에서 제정하여 유럽표준화기구(ETSI)에서 범유럽 표준으로 채택한 디지털 TV 방송 방식을 말한다. 지상파 방송용 규격은 DVB-T, 위성 방송용 규격은 DVB-S, 케이블 방송용 규격은 DVB-C라고 부른다. DVB-T는 COFDM(Coded Orthogonal Frequency Division Multiplexing)이라고 부르는 변조 방식을 디지털 방송에 적용시킨 것으로 유럽의 지상파 디지털 TV 방식을 변조 방식의 이름을 따 COFDM 방식이라고 부르기도 한다. 비디오 압축 방식은 미국식과 동일하게 MPEG-2를 사용하고 있으며 오디오 압축은 MPEG-2 오디오 표준을 따르고 있다. 유럽의 디지털 지상파 TV 방식은 단일 주파수 방송망(SFN) 구축이 가능하고 이동 수신이 용이하며 다중경로 환경에 강하다는 특성을 갖고 있다. 유럽 방식은 또 전송 특성상 어떤 형태의 고스트의 처리도 용이하여 고스트의 영향이 적다는 장점이 있다. 유럽의 COFDM 방식은 보호 구간(guard interval)이라고 불리는 신호가 없는 구간을 신호 사이사이에 두어서 그 사이에 들어오는 어떠한 고스트 신호도 쉽게 없앤다. 그러나 신호 포착이 다소 복잡하고 수신기 하드웨어도 복잡해 미국의 ATSC 방식에 비해 구현하기가 까다로운 편이다. 또 데이터 전송률이 낮아 HD 방송 구현이 어렵다는 단점이 있다.

일본의 디지털 TV 방송은 유럽의 DVB 방식에 오디오 신호 압축과 전송 방식을 약간 달리한 ISDB(Integrated Services Digital Broadcasting) 방식을 사용하는데 매체에 따라 지상파는 ISDB-T, 위성은 ISDB-S, 케이블은 ISDB-C로 나뉜다. 디지털 지상파 방송 규격인 ISDB-T는 유럽의 COFDM처럼 OFDM(Orthogonal Frequency Division Multiplexing)에 기초한 BST-OFDM (Band Segmented Transmission-Orthogonal Frequency Division Multiplexing) 전송 방식을 이용한다.

4) 방송 서비스별 유형

디지털 TV 방송은 방송되는 서비스에 따라 4단계로 구분하여 볼 수 있는

<표 18> 디지털 TV 방송의 방송 서비스별 유형

	특성	사례
1단계 (Enhanced TV)	* 쌍방향에 가까운 방송 (뉴스, 정보, 광고, 날씨, 게임 등 제공) * 리턴 채널 미확보	* 프랑스의 위성방송 TPS * 영국 지상파 ITV
2단계 (Walled Garden)	* 유사 인터넷 접속과 카테고리별 콘텐츠를 제공하는 폐쇄망 * 방송 사업자가 PC 사이트와 연계해 시청자 불만 해소	* Open Interactive, Telewest, NTL 등 영국의 디지털 플랫폼 * TPS는 홈뱅킹에서 이 방식을 이용 (예금 고객 데이터는 전화선으로 피드백)
3단계 (Portal TV)	* 단순 EPG가 아니라 방송과 인터넷, 모바일을 아우르는 정보 접속의 관문으로 풀 서비스 제공	* 윈도우 방식 솔루션으로 포털의 EPG 제공
4단계 (High Bandwidth Interactive TV)	* 케이블 모뎀, ADSL, 광케이블망, Ka-밴드 위성을 통한 광대역폭의 고품위 쌍방향 서비스	* 영상 전화와 같은 실질적 쌍방향 서비스 * 광케이블로 케이블 네트워크를 업데이트해 AT&T(Ecite@Home), Time Warner(Road Runner)의 서비스 이용

데 첫 번째 단계는 프랑스의 위성 방송 TPS나 영국의 지상파 방송 ITV의 예처럼 뉴스, 정보, 광고, 날씨, 게임 등을 제공하는 쌍방향에 가까운 단계의 방송이다. 두 번째 단계는 유사 인터넷 접속과 카테고리별 콘텐츠를 제공하는 월드 가든(Walled Garden) 형태의 서비스로 방송 사업자가 PC 사이트와 연계하여 시청자 불만을 해소하기도 한다.

세 번째 단계는 단순 EPG가 아니라 방송과 인터넷, 모바일을 아우르는 정보 접속의 관문으로서 풀 서비스를 제공하는 포털 TV(Portal TV) 단계이다. 즉 TV가 초고속 인터넷 망을 기반으로 각종 콘텐츠를 통합하는 포털로 변신하여 개인의 일상 생활은 물론 정치, 경제, 사회 전반에 걸쳐 변화를 초래하는 통합 서비스를 제공하는 단계이다. 네 번째 단계는 케이블 모뎀, ADSL, 광케이블망, Ka-밴드 위성 등을 통한 광대역 폭의 고품위 쌍방향 서비스를 제공하는 단계로 영상 전화와 같은 실질적인 쌍방향 서비스를 제공하게 된다.

4. 디지털 TV 방송 동향

1) 방송 매체별 동향

디지털 지상파 TV 방송은 1998년 영국의 BBC가 세계에서 처음으로 방송

<표 19> 방송 매체별 디지털 TV 방송 추진 현황

매체	최초 방송	추진 일정
디지털 지상파 TV	영국 BBC (1998)	♣ 미국(1998), 스웨덴(1999), 스페인(2000), 호주(2001), 핀란드(2001) ♣ 영국의 최초의 유료 상업 방송인 OnDigital → 2002년 10월 파산으로 BBC에 이관 ♣ 한국 2001년 10월 본방송 개시
디지털 위성 TV	미국 DirecTV (1994)	♣ 미국 Echostar(1996) ♣ 프랑스 Canal+(1996), 영국 BSkyB(1998) ♣ 독일의 Premier World(1999) ♣ 일본 디지털위성방송 BS-4(2000) ♣ 한국 KDB의 SkyLife 2002년 3월 본방송 개시
디지털 케이블 TV	미국 TCI (1997)	♣ AT&T가 1999년 2월 TCI 인수 ♣ 영국의 Telewest(1999), NTL(2000) ♣ 일본 1998년 7월부터 일부 지역 서비스 개시 ♣ 한국 2005년부터 상용 서비스 개시

을 시작하였다. 우리나라의 경우 2001년 10월 SBS를 시작으로 KBS와 MBC가 각각 같은 해 11월과 12월 본방송을 개시하면서 수도권과 대도시를 중심으로 디지털 방송을 개시하였다.

디지털 위성 TV 방송은 1994년 미국의 디렉TV(DirecTV)가 세계에서 처음으로 실시하였다. 우리나라의 경우 2002년 3월 한국디지털위성방송(KDB)의 스카이라이프(SkyLife)에서 위성 디지털 방송 서비스를 처음 시작하였다. 디지털 케이블 TV 방송은 1997년 미국의 TCI가 처음 시작했는데 TCI는 1999년 2월 미국전신전화회사(AT&T)에 의해 인수되었다. 우리나라의 경우 정보통신부가 1999년 12월 디지털 케이블 TV 도입 방침을 결정한 이후 2005년부터 본격적으로 디지털 케이블 TV 상용 서비스에 나서기 시작하였다.

2) 국가별 동향

디지털 TV 방송 추진 현황을 국가별로 살펴보면 미국의 경우 1994년 디렉 TV(DirecTV)가 처음으로 디지털 위성 TV 방송을 실시한더 이어 1997년 TCI가 디지털 케이블 TV 방송을 시작하였다. 이어 1998년부터 디지털 지상파 TV 방송을 개시해 1999년 ABC, CBS, FOX, NBC 등이 디지털 방송을 송출하기 시작하였다. 미국은 1999년 3월 HBO가 최초로 HDTV 방송 서비스를 개시하는 등 영화와 스포츠 장르를 중심으로 1990년대 후반부터 케이블 TV 주도하에 적극적으로 HDTV 서비스를 추진해 왔다. 2003년 9월에는 인디맨드(iN Demand)가 24시간 HD 케이블 채널인 INHD를 통해 HD-VOD 서비스를 도입함으로써 HD-VOD 시대를 열기도 하였다. 미국의 경우 디지털 TV 보급률을 2005년의 20%에서 2007년에는 50%, 2010년에는 90%로 끌어올리는 등 디지털로의 전환을 서두르고 있는데 2007년부터 미국에서 판매되는 모든 TV에 디지털 튜너를 의무적으로 장착하도록 함으로써 디지털 TV 수상기 보급률이 85%에 달하는 2009년쯤에 아날로그 TV 방송의 디지털 전환을 완료한다는 방침이다.

유럽은 영국의 경우 1998년 세계 최초로 지상파 디지털 TV 방송을 시작했는데 정부의 정책적 지원으로 BSkyB를 비롯한 다양한 사업자들이 PPV, PVR, VOD, 쌍방향 게임 등의 서비스를 제공하고 있다. 영국은 디지털 TV 수상기 보급률이 공영 방송은 95%, 민영 방송은 85%에 도달하는 시점에서 아날로그 TV 방송을 중단한다는 방침이다. 유럽은 세계 최초로 디지털 TV 방송을 실시했음에도 불구하고 SD 위주의 정책으로 인해 HDTV 서비스는 미국과 일본, 한국에 뒤져 2004년 1월에야 범유럽 네트워크인 유로 1080(EURO 1080)을 통해 처음으로 HDTV 서비스를 개시하였다. 유럽은 위성 방송을 비롯한 유료 TV 서비스를 중심으로 HDTV가 활성화될 것으로 보이지만 지상파의 경우 주파수 제한 문제로 조기 확산에 난항을 겪어 영국 등을 중심으로 아날로그 방송 종료 시점인 2010년 이후에나 HDTV 서비스가 본격화될 것으로 예상되고 있다.

일본은 NHK가 1989년 처음으로 아날로그 방식의 위성 방송을 실시하였는데 2000년 12월부터 BS-4 방송 위성(Broadcasting Satellite)을 이용해 디지털 방식으로 위성 방송을 개시하였다. 통신 위성(Communication Satellite)을 이용한 위성 방송은 애초부터 아날로그 방식이 아닌 디지털 방식을 채택하여 퍼펙트 TV(Perfect TV)가 1996년 처음으로 다채널 디지털 방송을 시작하였다. 일본은 또 2003년 12월 도쿄, 나고야, 오사카 등 3개 광역권을 중심으로 디지털 지상파 TV 본방송을 개시하였는데 초기부터 HD 프로그램을 주간 방송 시간 기준으로 50% 이상 방송하도록 하는 의무 편성 제도를 도입하였다. 케이블 TV의 경우 일본의 최대 MSO인 제이콤(J: COM)이 2004년 4월 일본에서 처음으로 HDTV 프로그램을 비롯한 디지털 방송을 시작하였다. 일본은 HDTV 원천 기술의 선도자였지만 시장의 부진으로 기회 선점에는 실패한 측면이 있는데 2011년까지 아날로그 방송과 디지털 방송을 병행할 방침이다.

3) 한국의 디지털 방송 동향

우리나라의 경우 1997년 2월 정보통신부가 디지털 방송으로의 전환 방침을 결정한 이후 같은 해 11월 디지털 지상파 TV 전송 방식을 미국의 ATSC 방식으로 결정하였다. 이후 2000년 시험 방송을 거쳐 2001년 10월부터 서울과 수도권을 중심으로 지상파 HDTV 본방송을 개시했으나 방송계 및 시민단체 등의 디지털 TV 전송 방식에 대한 재검토 요구로 디지털 방송 전송 방식 및 전환 일정을 둘러싸고 난항을 겪다 2004년 7월 미국식으로 최종 합의하였다. 우리나라의 경우 HDTV 방송을 2006년부터 시간 단위에서 비율 단위로 변경해 HDTV 최소 방송 시간을 주당 전체 방송 시간 대비 25%로 확대한데 이어 2007년 35%, 2008년 50%, 2009년 70% 등 매년 순차적으로 늘려 디지털 TV 보급률이 95%에 도달하는 2010년에 100% 디지털 전환을 완료한다는 방침이다. 지역 지상파 TV 방송 역시 2010년 말까지 100% HDTV 방송을 실시할 방침이다.

위성 방송의 경우에는 1999년 8월 무궁화 3호 위성을 성공적으로 발사한데 이어 2000년 12월 한국디지털위성방송(KDB)이 사업권을 획득해 2002년 3월 스카이라이프(SkyLife)라는 이름으로 비디오 84개, 오디오 60개, EPG 채널 1개 등 145개 채널로 본방송을 개시하였다. 디지털 위성 방송은 DVB-S 표준의 QPSK(Quadrature Phase Shift Keying) 변조 방식을 사용하여 가입자에게 방송 신호를 전파하고 있다. 2003년 9월에는 스카이라이프 자회사로 24시간 HD 전용 방송인 스카이HD(SkyHD)를 개국하기도 하였다.

출처: www.skylife.co.kr/index.html

(그림 12) 스카이라이프(SkyLife) 홈 페이지

디지털 케이블 TV 방송은 정보통신부가 1999년 12월 디지털 케이블 TV 방송 도입 방침을 결정한데 이어 방송위원회가 2002년 1월 디지털 케이블 TV 추진 정책을 마련하였다. 2002년 7월에는 미국의 오픈 케이블(Open Cable) 방식을 국내의 디지털 케이블 TV 방송 표준으로 결정하였으며 2003년 11월 서울에서 처음으로 디지털 방송국 설치 허가를 내주었다. 2003년 큐릭스의 시범 방송과 함께 디지털 전환을 시작한 케이블 TV는 2005년 2월 CJ케이블넷이 국내에서 처음으로 디지털 케이블 TV 본방송을 개시하였다. 이후 MSO와 디지털미디어센터(DMC)를 중심으로 디지털 방송이 추진되면서 2003년부터 지상파의 HD 프로그램을 재전송하는 단계에 돌입했던 국내 케이블 TV도 본격적으로 디지털 방송에 나서기 시작하였다. 우리나라 디지털 케이블 TV는 오픈 케이블 표준의 QAM(Quadrature Amplitude Modulation) 변조 방식을 사용하고 있는데 2006년에 HD급 서비스를 위한 인프라 구축을 시작하여 2010년에 아날로그 방송을 종료하고 디지털 전환을 완료한다는 방침이다.

〈표 20〉 한국의 디지털 TV 방송 추진 현황

방송 매체	디지털화 추진 현황
디지털 지상파 TV	▫ 1997. 2 정보통신부, 디지털 전환 방침 결정 ▫ 1997. 11 전송 방식을 미국 방식(ATSC)으로 결정 ▫ 1999. 8~9 시험 방송 개시 ▫ 2001. 10~12 서울/수도권 본방송 개시 ▫ 2004. 7 전송 방식을 미국 방식(ATSC)으로 최종 합의 ▫ 2010. 아날로그 방송 종료
디지털 위성 TV	▫ 1995~1998 무궁화 위성 발사. 1호(95.8), 2호(96.1), 3호(99.8) ▫ KBS와 EBS 위성 각 2채널 시험 방송 ▫ 2000. 12 KDB 독점 사업권 획득(SkyLife) ▫ 2002. 3. KDB 145개 채널로 본 방송 개시(비디오 84, 오디오 60, EPG 채널 1)
디지털 케이블 TV	▫ 1999. 12 정보통신부, 디지털 케이블 TV 도입 방침 결정 ▫ 2002. 1 방송위원회, 디지털 케이블 TV 추진 정책 마련 ▫ 2002. 7 국내 표준을 미국의 Open Cable 방식으로 결정 ▫ 2005. 2 디지털 케이블 방송 상용 서비스 개시

5. 디지털 TV 방송의 의의 및 쟁점

1) 디지털 TV 방송의 의의

디지털 TV 방송의 도입은 정부 입장에서 볼 때 채널 이용권을 통한 재원 확보와 신규 노동 시장 창출을 통한 고용 유발이라는 긍정적 의미를 갖고 있다. 가전 업계를 비롯한 산업계 입장에서는 디지털 TV 수상기와 셋톱박스(STB)를 비롯해 각종 방송 관련 기기 및 장비 시장의 활성화를 통해 경제적 파급 효과를 극대화할 수 있는 긍정적 측면이 있다. 또 방송 사업자 입장에서는 용이한 시장 진입으로 인한 독과점 시장 붕괴와 더불어 기존 아날로그 방송에 비해 보다 다양한 서비스 개발 및 제공이 가능해진다는 점에서 새로운 서비스 모델 모색을 통한 비즈니스 기회의 확대라는 의미를 갖고 있다.

그러나 기존 아날로그 방송 제작 장비 및 시설, 송수신 시스템 등을 디지털 체제로 전환하는데 소요되는 막대한 재원과 디지털 방송으로 인해 늘어난 채널들에 대한 콘텐츠 공급 및 제작에 필요한 인력과 비용 문제 등이 상당한 부담으로 작용하고 있다.

한편 디지털 TV는 수용자 입장에서 볼 때 채널 선택권의 확대와 상호작용

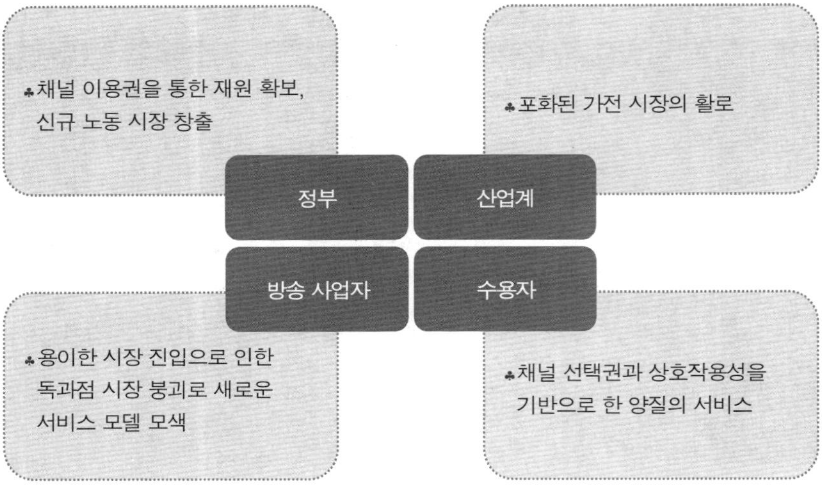

(그림 13) 디지털 TV 방송의 의의

성을 기반으로 한 양질의 다양한 서비스 제공이라는 긍정적 의미를 담고 있다. 전술한 것처럼 아날로그 TV 시대에는 수동적인 소비자의 입장에 머물렀던 시청자가 디지털 시대에는 다채널화에 따른 선택폭의 확대는 물론 상호작용성을 기반으로 자신의 의견을 적극 개진하고 방송 프로그램 편성 및 제작에도 직접 참여할 수 있게 되는 것이다. 특히 수용자가 방송 프로그램이나 데이터를 저장해두었다가 자신이 필요한 시간에 보고 싶은 프로그램을 선별하여 볼 수 있는 PVR(Personal Video Recorder)이나 VOD(Video On Demand) 기능은 시청자의 프로그램 선택권 및 편성권을 확대시켜 시청자들의 TV 시청 패턴에 많은 변화를 가져오고 있다. 뿐만 아니라 원격 진료나 전자 상거래 등 여러 가지 새로운 형태의 쌍방향 서비스를 제공받을 수 있게 됨으로써 일반 수용자의 일상적인 삶에도 상당한 변화를 가져오고 있다.

2) 디지털 TV 방송의 쟁점

디지털 TV 방송과 관련한 주요 쟁점 가운데 하나는 디지털 TV 방송에 대한 탈규제 혹은 규제의 필요성에 대한 쟁점이다. 디지털 TV 방송에 대한 규제를 완화하거나 폐지해야한다는 탈규제의 근거는 우선 공공성과 공익성의 의미 퇴색을 들 수 있다. 방송은 전파의 희소성에 따른 전파의 공적 소유, 그리고 방송의 막강한 사회적 영향력 등으로 인해 규제를 받아왔으나 방송 매체의 다변화, 즉 다채널 다매체 시대의 도래에 따른 방송 환경 변화로 공공성과 공익성의 의미가 퇴색해졌기 때문에 디지털 TV 방송 특히 지상파 디지털 TV 방송에 대한 지나친 규제가 오히려 투자 의욕의 상실을 초래해 시장 결손으로 이어질 위험이 있다는 지적이 제기되고 있기도 하다.

다른 한편으로 지상파 디지털 TV 방송은 디지털 방송의 장점인 고품질의 다양한 방송 서비스를 모든 국민이 골고루 누릴 수 있도록 보편적 서비스(universal service)가 최대한 보장되어야 한다는 점에서 규제의 필요성이 상존한다는 의견도 있다. 일반적으로 보편적 서비스의 개념은 다음과 같이 3가지 측면으로 구체화될 수 있다. ① 사회·정치적 측면: 민주 사회의 구성원으로 공동체 참여를 위한 필요 불가결한 요소로서 또한 의사 표현의 자유를 위한 기본 요소로서 모든 시민의 기본적인 권리의 하나인 텔레커뮤니케이션 서비스에의 접근이 가능한 것을 뜻한다. ② 경제·법적인 측면: 첫째, 지리적으로 보편화된 서비스를 뜻한다. 즉 누구든지, 어디에서든지, 그리고 언제든지 원하는 서비스를 제공해줄 수 있는 것을 의미한다. 둘째, 차별이 없는 서비스를 의미한다. 모든 이용자가 가격이나 서비스의 내용 면에서 동등한 대우를 받을 수 있는 경우를 뜻한다. ③ 상식적인 가격과 이용 가능성(affordability): 서비스 구매자의 상대적 구매력과 서비스의 비교 가격(comparative cost)을 탄력적으로 적용해 개개인의 상황에 따라 가격의 차별성(경제력으로 여유가 없는 계층을 위한 저렴한 서비스 가격)과 동일성(서비스 단가가 높은 시골이라도 기타의 지역과 같은 요금을 지불) 제도를 이용하여 서비스의 가능성을 높인다.

디지털 방송은 이처럼 경제적 혹은 지역적인 차이로 인해 방송에 대한 접근권에 있어 불이익을 당하거나 청각 장애나 시각 장애와 같은 신체적 장애로 인해 방송 접근권이 박탈되어서는 안된다는 것이 규제론의 근거가 되고 있다. 특히 국가적인 중요한 내용에 대해서는 무료 시청 등 자유로운 접근이 보장되어야 하며 방송 수신 환경 개선 등을 통해 모든 국민이 방송 프로그램에 용이하게 접근할 수 있도록 하여야 한다는 것이 규제론자들의 주장이다. 즉 수용자의 주권과 복지 확보 차원에서 누구든지 언제, 어디서나 디지털 방송 서비스를 받을 수 있도록 보장해야한다는 것이다. 이를 위해서는 고가의 수신 장비와 서비스 이용료로 인해 디지털 방송을 볼 수 없는 방송 소외 계층의 권익 보호를 위해 방송 접근권 확보를 위한 다각적인 대책이 필요하다는 것이 규제론자들의 주장이다. 또 청각 장애인을 위해 DTV 수상기에 자막 방송용 디코더 칩(decoder chip) 장착을 의무화하거나 대사가 없는 장면의 해설을 도와주는 DVS(Descriptive Video Service) 셋톱 보급을 지원하는 등 장애인의 방송 접근권 확보를 위한 대책이 필요하다는 것이다. 더불어 디지털 방송은 콘텐츠 부재로 인한 질 저하, 그리고 자본력을 앞세운 독점 기업의 경제 논리에 따른 시장의 왜곡을 막고 균형 있는 보도와 프로그램의 다양성 확보를 위한 차원에서도 규제의 필요성을 무시할 수 없다는 것이 규제론자들의 시각이다.

[참고문헌]

1. 박동숙·전경란(2005). <디지털/미디어/문화>, 한나래.
2. 방송위원회(2005). <뉴미디어 서비스 도입 및 디지털방송 활성화에 관한 계획>, 디지털방송추진위원회 종합보고서.

제6장 DMB와 DAB

모바일 환경은 유비쿼터스 미디어 시대를 열어가는 매우 중요한 요소다. 커뮤니케이션 기술이 발달하지 못했던 과거에는 이동 중 혹은 옥외에서의 커뮤니케이션은 매우 제한적이었으며 정지해 있을 때나 실내에서도 유선으로 TV를 시청하였다. 그러나 유무선 커뮤니케이션 기술의 급속한 발달로 인류의 커뮤니케이션 환경은 시공간적 제약을 극복하고 좀 더 원활하고 자연스러운 환경으로 한 발짝 더 다가서게 되었다. 유무선을 통한 이러한 자연스러운 커뮤니케이션 환경은 유비쿼터스 미디어 시대의 기본 환경이라고 할 수 있다. 특히 커뮤니케이션의 사각 지대라고 할 수 있는 이동 중의 상황과 옥외라는 환경도 휴대 전화, 저 · 중궤도(LEO · MEO) 위성 통신, 무선 가입자망(WLL), IMT-2000, 와이브로(WiBro), 디지털멀티미디어방송(Digital Multimedia Broadcasting: DMB) 등 뉴미디어의 개발과 보급으로 그 한계가 점차 사라지고 있다. 특히 DMB는 이동성과 개인성을 바탕으로 방송 시청은 물론이고 다양한 커뮤니케이션 활동을 가능케 함으로써 기존 미디어의 성격을 송두리째 바꾸어놓고 있다.

1. DMB의 개념과 특성

1) DMB의 도입 배경

DMB는 이동 환경에서 CD 수준의 음질과 각종 데이터 및 영상 서비스가 가능하도록 개발된 디지털 방식의 이동 멀티미디어 방송이다. 2004년 3월에 개정된 방송법 제2조 제1호는 DMB를 '이동 중 수신을 주목적으로 다채널을 이용해 텔레비전 방송, 라디오 방송 및 데이터 방송을 복합적으로 송신하는 방송'으로 정의하고 있다. 이처럼 용어 자체에 담겨있는 멀티미디어라는 의미보다는 이동성에 더 초점이 맞춰져 있는 DMB는 전송 수단 혹은 방식에 따라 지상의 송신탑을 통해 VHF 대역의 전파 신호를 보내는 지상파 DMB (Terrestrial Digital Multimedia Broadcasting: T-DMB)와 인공위성을 이용한 위성 DMB(Satellite Digital Multimedia Broadcasting: S-DMB)로 구분할 수 있다. 우리나라는 SK텔레콤 주도의 TU미디어가 2004년 3월 일본의 협력사인 MBCo와 공동으로 DMB용 인공위성인 한별을 쏘아 올린데 이어 2005년 1월 시험 방송을 거쳐 같은 해 5월 3만6000km 떨어진 우주 공간의 한별을 향해 T-DMB 상용 전파를 쏘아올림으로써 휴대 전화를 이용한 DMB 방송 시대를 개막하였다. TU미디어는 2005년 5월 모바일 전용 비디오 채널인 채널 블루를 비롯해 비디오 채널 7개와 오디오 채널 20개 등 음악, 영화, 뉴스, 스포츠, 드라마 등으로 구성된 27개 채널로 본방송을 개시하였다. 우리나라는 또 위성 DMB와 함께 2005년 3월 지상파 DMB 사업자를 선정한데 이어 같은 해 12월 수도권을 중심으로 지상파 DMB 본방송에 나섬으로써 본격적인 방송 통신 융합 시대를 열었다.

DMB는 원래 1987년 아날로그 라디오의 디지털 전환을 위해 유럽에서 유레카-147(Eureka-147)이라는 이름의 공동 프로젝트 그룹을 결성해 개발하기 시작한 지상파 DAB(Digital Audio Broadcasting)에서 비롯되었다. 우리나라는 1997년 3월 정보통신부가 지상파 디지털방송 추진협의회를 구성하면서 디지털 라디오 도입 논의가 시작되어 유레카-147을 잠정 표준으로 선정하여

〈표 21〉 DMB 연표

2003. 2	▫ 멀티미디어 방송 관련 실험 전담반 구성 및 실험 방송 추진
2003. 3	▫ 지상파 DMB 기술 기준 및 정합 표준 마련
2003. 4	▫ 위성 DMB 기술 표준 확정(System E)
2003. 5	▫ 방송위원회 정책 및 사업자 허가 방식과 연계해 허가 관련 법령 정비
2003. 7	▫ 수도권 시험 방송 개시
2004. 3	▫ DMB용 위성 한별 발사 ▫ 방송법 개정안 국회 통과 ▫ DMB를 이동멀티미디어방송으로 규정
2004. 12	▫ 위성 DMB 사업자 선정
2005. 3	▫ 지상파 DMB 사업자 선정
2005. 5	▫ 위성 DMB 방송 실시
2005. 12	▫ 지상파 DMB 방송 실시

DAB를 개발해오던 중 2003년 2월 방송위원회가 지상파 및 위성 DMB 도입을 결정함으로써 DAB에서 DMB로 개념이 바뀌게 되었다. 유럽의 DAB 기술 표준인 유레카-147을 받아들이되 여기에다 동영상을 포함한 멀티미디어 정보의 전송이 가능하도록 기능을 추가시킨 DMB 개발로 방향을 전환하게 된 것이다. 유레카-147 DAB 시스템은 시속 250km의 고속으로 주행하는 자동차에서 1.2Mbps 이상으로 데이터를 전송할 수 있어 이동 멀티미디어 방송에 적합하다. DMB는 이동 휴대 수신을 목적으로 설계된 이러한 DAB 유레카-147 시스템을 받아들여 우리나라가 독자적으로 동영상 서비스를 위해 MPEG-4에서 개발된 영상 및 음성 처리 기술을 적용해 개발한 이동 멀티미디어 방송 규격이다. 아날로그 라디오 방송의 디지털화 및 데이터 방송을 목적으로 개발된 오디오 중심의 DAB가 멀티미디어 정보의 전송이 가능하도록 기술 발전이 이루어지면서 비디오 중심의 DMB로 개념이 전환된 것이다. 즉 유레카-147 기반의 듣는 방송에서 보고 듣는 멀티미디어 방송으로 바뀌게 된 것이다.

DMB는 차 안이든 지하철 안이든 이동 중에도 휴대 전화나 차량용 단말기 등을 통해 오디오와 비디오, 데이터 방송을 받아볼 수 있어 고정된 한 곳의 장소에 앉아 방송을 본다는 기존의 방송 개념을 깨뜨렸다는 점에서 의의가 있다. 즉 DMB는 방송과 통신의 경계를 무너뜨린 본격적인 방송 통신 융합 시대의 개막과 더불어 들고 다니면서 언제, 어디서든지 혼자 시청할 수 있는 개인 미디어(personalized media) 시대를 열었다는 점에서 미디어 시장 전반은 물론 수용자들의 일상적인 삶에도 많은 변화를 예고하고 있다. 개인성과 이동성을 특징으로 하는 DMB는 기존 매체의 유전인자를 이어받으면서도 다른 한편으로 혁명적 변화에 가까운 새로운 매체의 가능성을 보여주고 있다. 이러한 모바일 환경이 뜻하는 것은 유비쿼터스 환경의 완성을 위한 기초가 형성되었음을 뜻하는 것이다.

유비쿼터스 환경 하에서 중요한 것은 매체 자체에 대한 문제라기보다는 그러한 매체에 어떻게 접근해서 어떻게 유용하게 이를 이용하느냐에 있다. 결국 소유가 아닌 접속에 관한 문제인 것이다. 매체는 이제 더 이상 하드웨어적 측면에서는 아무런 의미를 갖지 못할 것이다. 매체는 돌출되지 않고 주변 환경에 자연스럽게 스며들게 될 것이고, 매체 소비자는 필요할 때마다 자연스럽게 다양한 매체에 접근하여 원하는 정보에 대한 소비 욕구를 충족하게 될 것이다. 이것이 바로 유비쿼터스 매체 환경의 본 모습이라고 할 수 있다. 미래의 유비쿼터스 매체 환경에서 어떤 매체를 이용하느냐 하는 것은 사실 중요한 사안이 아니다. 매우 다양한 매체들이 편재되어 있는 상황 속에서 이제 논의의 초점은 매체 이용자에게 맞추어져 함은 너무나도 자명한 일이다. 매체 이용자는 어떤 목적과 동기에 의해서 매체에 접근하며 그러한 매체의 소비를 통해 무엇을 얻느냐에 대한 논의가 그들 주변의 사회적 맥락과 같이 연결되어 해석되어야 할 것이다.

DMB는 미디어의 새 장을 여는 의미 못지않게 경제적으로도 상당한 파급효과가 예상되는데 한국전자통신연구원(ETRI)에 따르면 DMB 가입자 수는 사업 개시 이후 5년 이내에 약 1,500만 명에 달할 것으로 전망되고 있다. 그러나 DMB가 순항하기 위해서는 무엇보다도 수용자들의 콘텐츠 소비에 대한 정확한 분석을 토대로 DMB의 강점을 살린 쌍방향 부가 서비스 및 모바

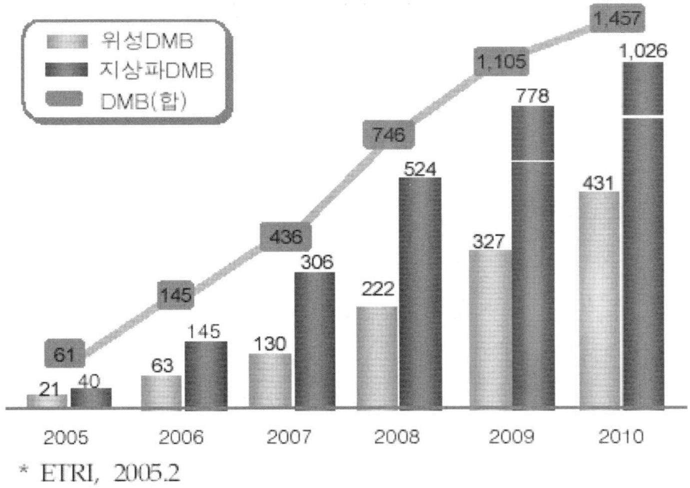

출처: 한국전산원(2005). "통계로 본 2010년 유비쿼터스사회 조망", p.14.

〈그림 14〉 DMB 서비스 가입자 전망(만명)

일 콘텐츠 개발 등 기존 미디어와 차별화할 수 있는 DMB만의 특화된 콘텐츠를 창출해 고객 만족을 극대화시키는 것이 관건이라고 할 수 있다.

2) DMB의 특성

DMB의 특성은 이동성과 휴대성 그리고 개인성이라는 두 가지 측면에서 살펴볼 수 있다.

(1) 이동성과 휴대성

DMB의 등장은 전술한 것처럼 기존의 기술 한계를 극복한 좀 더 자연스러운 커뮤니케이션 환경으로의 진입을 뜻한다고 할 수 있다. DMB의 기술적 특성인 이동의 편의성과 휴대의 용이성은 종래 TV의 시공간적 고정성을 해체하였다는 점에서 의의가 있다. 이제 한 곳에 앉아 TV를 보는 방송의 개념은 더 이상 유효하지 않다. 특히 이동 중의 상황 속에서 기존 휴대 전화에서 제공되던 전화 등의 기능 이외에 다양한 데이터 혹은 오락 관련 정보를 소비

할 수 있다는 것은 기존 미디어의 소비 패턴은 물론 소비자 라이프 사이클에도 많은 영향을 줄 것으로 예상된다. 특히 매체 소비 시장에 있어 높은 비중을 차지하는 TV 시청이 이동 중에도 손쉽게 이루어진다면 소비자의 매체 이용 패턴에 있어 많은 변화와 함께 산업적 측면에서의 일대 변혁도 쉽게 짐작할 수 있다. 또 DMB는 휴대형 단말기를 이용해 언제, 어디서나 수신이 가능하기 때문에 재난 방송으로서의 활용 가능성도 높다고 할 수 있다.

한편 매체를 늘 휴대하고 다님으로써 나타나는 문제점으로 제기될 수 있는 것 가운데 하나는 매체의 과소비다. DMB의 등장은 기존 TV가 침투하지 못했던 시공간적 영역에 새로운 매체가 진입하면서 방송 소비의 리듬을 변화시키는 한편 궁극적으로는 수면 시간을 제외하고는 우리의 모든 시간대에 걸쳐 방송 서비스가 이루어질 수 있음을 뜻한다. 이러한 변화로 결국 기존의 방송 지향적 일상 생활이 고착화되고 TV에 의한 일상적 구속은 더욱 강화될 수 있다(이호규 외, 2003). 물론 개인 미디어로서의 DMB는 기존 TV와 달리 내 마음대로 내 TV를 볼 수 있는 가능성 즉 수용자의 선택성이 극대화되고 시간적 통제력도 제공하지만 또 한편으로는 이를 사용하는 수용자는 그야말로 유비쿼터스 TV의 포로가 될 가능성이 큰 것이다. 이러한 개인화된 이동 텔레비전은 결국 '인간 시청각 기능의 상시적 과잉 가동(over-engagement)의 위험성'을 높일 수밖에 없을 것이다(박승관 외, 2003).

(2) 개인성

매체의 소비는 개인과 가족 혹은 집단이라는 이분법적인 상황 속에서 논의가 가능하다. 기존 TV의 경우 사용 장소는 대부분 거실이며 가족 구성원이 함께 소비하는 매체였던데 비해 DMB는 개인이 소비 주체의 단위가 되는 새로운 서비스로서 개인 미디어의 탄생을 의미한다. 물론 차량용 DMB 서비스도 있으나 개인 단말기를 이용한 DMB 서비스에 비해 그 파급효과는 훨씬 낮다고 할 수 있다. 개인주의 혹은 개인성이 모바일 미디어의 가장 중요한 특징이라는 점은 이미 과거의 연구(나은영, 2001)에서도 밝혀졌다. 나은영은 '개인 중심성'이란 개념을 통해 매체 소비에 있어 개인주의란 단순히 DMB

와 같은 모바일 미디어를 혼자 사용한다는 뜻을 넘어서 송수신자가 모두 개인이라는 것, 그 소유 단위 역시 개인이라는 것, 그리고 커뮤니케이션 참여 행위를 개인이 통제할 수 있는 환경 등을 포괄하는 것으로 설명하고 있다.

DMB의 개인주의 속성은 이른바 사인주의(privatism)로도 설명되어질 수 있다. 사인주의란 인간은 자신의 존재론적 의미를 찾을 수 있는 자유로운 개인적 영역을 추구하며 이러한 노력은 다양한 사회적 관계 속에서 각자에게 의미 있는 개인적인 영역의 구축을 통해서 이루어지는 것을 말한다. 이러한 측면에서 DMB 서비스는 사인주의의 확대를 보여주는 상징이기도 하고 DMB의 이용은 이러한 사인주의의 결과라고도 할 수 있다(김평호, 2002). 이러한 개인 미디어로서의 DMB와 관련하여 DMB가 한국 사회에서 갖는 의미를 다음과 같은 시각에서 생각해볼 수도 있다(박승관 외, 2003).

> 미디어 역사에서 DMB가 가지고 있는 궁극적 의미는 하나의 '이동식 개인 텔레비전'(mobile personal television)이라는 전적으로 새로운 매체의 출현에서 찾아야 할 것이다. DMB는 전통적 집단 시청을 개별 시청으로 전환시키는 '개인적 텔레비전'(personal television)의 시대를 개막시킬 것이다. DMB의 도입에 따라 이처럼 시청 시간과 공간 영역이 확장되고, 시청 행위에 대한 개인의 주체적 선별성이 강화되면, DMB는 한국 사회의 지배적 특징 중 하나로 지적되고 있는 '사적 영역'(private sphere)의 미발달을 보완해 줄 수 있는 하나의 커뮤니케이션적 자원으로 기능할 수 있을 것이다.

이러한 견해는 대부분의 DMB 관련 국내 연구의 현주소를 보여주는 것이라고 할 수 있다. 여기서 제기되는 두 가지 중요한 이슈는 DMB를 또 하나의 텔레비전으로 보고 있다는 점과 이러한 새로운 기능의 텔레비전이 위축되어 가는 사적 영역을 활성화시킬 수 있다는 기대감이다. 우선 DMB를 기존 매체의 유전 인자를 그대로 이어받는 또 하나의 텔레비전으로 보는 시각에 관한 논의를 보면 새로운 매체에 대한 이러한 시각은 결국 작게는 DMB의 콘텐츠 수급에서부터 크게는 DMB 관련 정책 기조에 이르기까지 커다란 영향을 미칠 것이다. 결국 이동성과 개인성이라는 특유의 유전자보다는 기존 텔레비전이 지닌 영상 및 오락 등의 유전 인자가 더 강하게 작용되는 매체로서의 인식은 새로운 미디어의 가능성을 매우 제한하는 것이라고 하겠다. 이러한 가능성의 제한 다시 말해 새로운 유전 인자에 대한 관심 부족은 결국 DMB에서 제공되는 콘텐츠의 종류와 범위는 물론 DMB에 대한 법적인 접근에 이르기까지 광범위하게 영향을 미치게 될 것이다.

한편 전술한 인용문에서 '사적 영역의 미발달'을 '한국 사회에는 아직도 개인은 없고 집단과 사회에 구속된 개체와 그들의 집합으로서의 우리만 번성하고 있는 현실'로 설명하고 있는데 과연 이동 텔레비전의 시청으로 사적 영역의 활성화를 이룰 수 있는가에 대한 문제가 제기된다. 오히려 사적이며 이동성을 지닌 매체는 공적 공간에서의 사적 행위가 더욱 다양해졌기 때문에 개인주의의 향상과 공적 삶 및 커뮤니티 가치의 파괴라는 측면을 동시에 지니게 될 수 있다.

2. DMB 시스템 구성

1) 위성 DMB

위성 DMB는 위성을 이용해 다채널로 비디오, 오디오, 데이터 등 다양한 형태의 디지털 멀티미디어 콘텐츠를 제공하는 DMB를 말한다. 고화질의 HDTV 구현에 초점을 맞춘 기존의 디지털 위성 방송과는 달리 위성 DMB는 이동성에 초점을 맞춰 달리는 차안에서도 시청에 무리가 없도록 고정 수신용 위성에 비해 큰 송신 출력을 사용 한다. 위성 DMB 시스템으로는 유럽을 비롯한 다수 국가에서 사용하는 System A(Eureka 147)와 한국과 일본이 사용하고 있는 System E(ARIB system), 미국이 사용하고 있는 System DH 등이 있다.

이 가운데 국내 TU미디어의 위성 DMB 기술 표준은 일본의 도시바가 특허를 갖고 있는 System E로 2.6GHz의 주파수 대역을 사용하고 있고 25MHz 대역폭에서 7.68Mbps 정도의 데이터 전송이 가능하다. 위성 DMB는 지상의

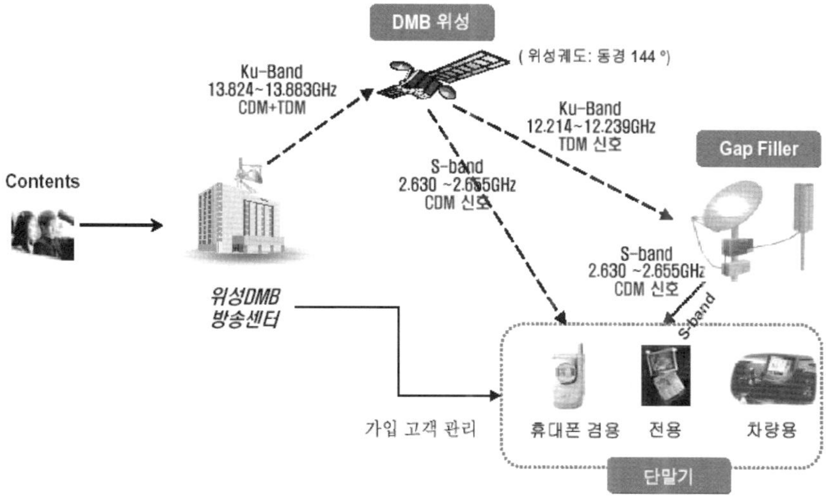

출처: 채태준(2005), "이동휴대수신방송의 종류 및 개념", 〈뉴미디어 서비스 도입 및 디지털방송 활성화에 관한 계획〉, 방송위원회, p.44

(그림 15) TU 미디어의 위성 DMB 시스템

DMB 방송 센터에서 각종 멀티미디어 콘텐츠를 위성 주파수인 Ku밴드(13.824-13.883GHz)를 통해 위성으로 쏘아 올리면 위성이 이를 DMB 주파수인 S밴드(2.630-2.655GHz)를 통해 지상의 단말기로 전송하게 된다. 도심 속의 건물 등으로 인한 음영 지역이나 건물의 지하 혹은 지하철과 같이 위성 신호를 직접 받기가 여의치 않은 지역에서는 지상 중계기(Gap Filler)를 설치해 방송 신호를 수신하도록 하고 있다. 신호가 도달하지 못하는 음영 지역에는 중계기만을 위해 Ku밴드(12.214-12.239GHz)를 통해 시간다중화방식(TDM)의 신호를 송신하고 중계기는 이 TDM 신호를 복조한 후 코드분할다중화방식(CDM) 신호로 변조해 2.630-2.655GHz의 S밴드 신호로 출력하게 된다.

DMB 단말기로는 DMB 폰과 같은 휴대 전화 겸용 단말기, USB형 단말기, PDA형 단말기, PC형 단말기, DMB 전용 단말기, 내비게이션 일체형 단말기, 디지털 카메라 결합형 단말기 등 다양한 형태가 있다. 이들 단말기는 각각 나름대로 장단점을 갖고 있는데 휴대 전화 겸용 단말기의 경우 뛰어난 휴대성과 이동 통신 기능을 확보하고 있어 방송 통신 융합형 서비스를 위한 이상적인 단말기로서의 잠재력을 갖고 있다. 차량용 단말기의 경우 차 내부 전원 장치를 이용하기 때문에 배터리를 사용하는 다른 단말기에 비해 이용자 입장에서 상대적으로 안정감을 줄 수 있고 또 텔레매틱스 기능과 결합하여 차량에 탈부착이 가능한 형태로 이용할 수 있다는 장점이 있다.

2) 지상파 DMB

지상파 DMB는 지상파를 이용하여 비디오, 오디오, 데이터 등 멀티미디어 방송 신호를 디지털화하여 개인 휴대용 단말기 혹은 차량용 단말기를 통해 제공하는 방송을 말한다. 지상파 DMB는 다양한 성격의 콘텐츠들을 하나의 전송로로 복합 송출하는 멀티플렉스(multiplex) 서비스 제공이 가능하기 때문에 지상파 DMB는 하나의 TV 채널 주파수 대역폭(6MHz)에 복수의 주파수 블록(멀티플렉스)이 할당된다. 유럽의 유레카-147 시스템을 받아들인 우리나라 지상파 DMB는 6MHz의 초단파(VHF) TV 대역폭을 3개의 블록으로 나누어 TV 1개 채널당 3개의 DMB 방송을 실시하는데 하나의 DMB 방송은 1.536 MHz 대역폭으로 총 2.304Mbps의 데이터를 전송할 수 있다. 그러나 혼신을 막기 위한 경계 주파수(guard band)와 오류 정정 부호화(error correction coding)용으로 사용되는 부분 등을 감안하면 실제로 사용 가능한 유효 데이터 전송률(bit-rate)은 대략 0.8-1.7Mbps 정도다.

당초 정보통신부는 서울과 수도권의 지상파 DMB 서비스를 위해 VHF TV 채널 12번을 할당했으나 2004년 9월 추가적으로 군사용 목적으로 이용되던 VHF 8번 채널을 할당함으로써 서울과 수도권 지역의 지상파 DMB 사업자는 6개의 멀티플렉스 구도로 확정되었다. 이에 따라 2005년 3월 KBS, MBC, SBS 등 3개의 지상파 TV 사업자와 YTN DMB, U1미디어(옛 KMMB), 한국 DMB 등 3개의 비지상파 TV 사업자를 포함하여 총6개의 지상파 DMB 사업자가 선정되었다.

지상파 DMB는 위성 주파수를 이용하는 위성 DMB와는 달리 공중파 VHF

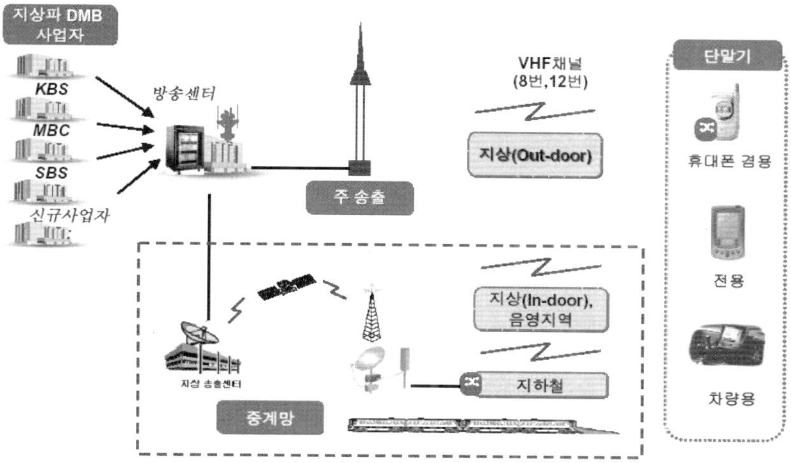

출처: 채태준(2005), "이동휴대수신방송의 종류 및 개념", 〈뉴미디어 서비스 도입 및 디지털방송 활성화에 관한 계획〉, 방송위원회, p.43

(그림 16) 국내 지상파 DMB 시스템

8번과 12번 채널을 이용해 지상의 송신탑에서 보내는 방송 신호를 단말기를 통해 받아보게 된다. 지상파 DMB 송신 시스템은 송신기와 안테나 시스템으로 구성되는데 송신기는 다중화된 신호를 받아서 변조, 전력 증폭 등의 과정을 거쳐 유레카-147 표준 규격에 맞는 송신 신호를 만들게 된다. 지상파 DMB 역시 음영 지역 해소를 통한 우수한 이동성 확보를 위해 별도의 중계기를 설치하여야 한다. 지상파 DMB의 경우 음영 지역 자체는 적게 발생하지만 건물 내부나 지하철과 같은 지하 공간에서 중계기 없이는 정상적인 수신이 불가능하기 때문에 양질의 수신 품질을 보장할 수 있는 별도의 중계망 구축이 필요하다.

지상파 DMB와 위성 DMB는 수용자들이 받아보는 서비스는 유사하지만 사용하는 주파수 대역이나 변조 방식 등 시스템 규격이 조금 다르다. 서울과 수도권의 지상파 DMB로 할당된 주파수는 TV 채널로 사용되는 초단파(VHF)의 TV 채널 12번(204-210MHz)과 8번(180-186MHz)이지만 TU미디어의 위성 DMB는 이보다 훨씬 높은 대역인 극초단파(UHF)의 2.630-2.655GHz 대역을 사용한다.

〈표 22〉 국내 지상파 DMB와 위성 DMB 비교

구분	지상파 DMB	위성 DMB
시스템 규격	System A(Eureka-147)	System E(ARIB system)
변조 방식	DQPSK/OFDM	QPSK/CDM
사용 주파수 대역	VHF-TV Ch7-13(174-216 MHz)	2.630-2.655GHz(SKT) 2.605-2.630GHz(KT)
채널 대역폭	1.536MHz	25MHz(5MHz guard band 포함)
유효 전송률	0.8-1.7Mbps	7.68Mbps
제공 채널 수	비디오 6개, 오디오 18개, 데이터 6개 등 총 30개	비디오 14개 오디오 24개 등 40여개
커버리지	전국	지역 권역별 서비스
수익 모델	광고 + 부가 서비스	수신료 + 광고 + 부가 서비스
도입 시기	2005년 12월	2005년 5월

변조 방식을 보면 지상파 DMB의 기술 규격인 System A는 직교주파수분할다중화방식(OFDM)을 따르고 있고 위성 DMB의 기술 규격인 System E는 이동 통신 기술과 동일한 원리의 코드분할다중화방식(CDM)을 따르고 있다. 채널수를 보면 지상파 DMB는 TV 1개 채널당 3개의 멀티플렉스가 할당되고 또 1개 멀티플렉스당 비디오 1개, 오디오 3개, 데이터 1개 등 6개의 채널을 수용할 수 있어 가용 주파수 2개 채널에서 총6개의 비디오, 18개의 오디오, 6개의 데이터 프로그램 제공이 가능하다.지상파 DMB의 경우 주파수 여건상 전국 단일의 주파수 망(Single Frequence Network: SFN)에 의한 전국 방송이 쉽지 않은데 비해 위성 DMB는 전국 방송이 가능해 상대적으로 유리하다. 즉 지상파 DMB는 지역적인 한계성을 가질 수밖에 없지만 위성 DMB는 전국을 그 서비스 대상으로 할 수 있다. 또 수익 모델에 있어서도 지상파 DMB가 주로 광고료와 부가 서비스 수입에 의존하는 공익성 및 공공성을 담보하고 있는 반면 위성 DMB는 수신료를 주된 수입원으로 하는 유료 방송이다.

3. DMB 서비스

DMB는 기존의 지상파 TV 콘텐츠에 대한 의존도를 탈피해 데이터 방송 등 DMB만의 특화된 부가 서비스 및 콘텐츠를 제공하는 것이 중요하다. 특히 이동 통신과 연계한 새로운 쌍방향 서비스 등 타 매체가 따라올 수 없는 킬러 서비스(killer service)의 개발을 통해 DMB만의 차별성을 부각시키는 것이 필요한데 일반적인 DMB 서비스 유형으로는 다음과 같은 것들을 들 수 있다.

1) TV 시청 및 제품 구매

방송을 보면서 방송 프로그램에 참여할 수도 있고 단말기에 프로그램을 다운받아 재시청할 수도 있다. 가령 오락 프로그램을 보면서 출연자들과 함께 퀴즈에 참여할 수도 있다. 또 방송을 시청하면서 출연 배우의 액세서리 등을 단말기 키조작을 통해 주문할 수 있다.

2) 정보 제공 서비스

DMB 단말기를 통해 뉴스, 날씨 정보, 교통 정보, 증권 시황 등 각종 프로그램 독립형 정보 제공 서비스를 받아볼 수 있다. 뉴스의 경우 관련된 기사를 검색해 볼 수도 있고 시청 도중 제보도 할 수 있다. 또 방송 출연자에 관한 정보나 현재 진행 중인 스포츠 경기의 자세한 일정, 메달 순위, 선수 정보 등 프로그램과 관련된 각종 프로그램 연동형 정보도 받아볼 수 있다.

3) 뱅킹 서비스

DMB 단말기의 키 조작을 통해 송금 등 간단한 은행 업무를 볼 수 있다. 즉 거래 은행과 연동된 실시간 은행 전산망을 통해 직접 은행에 갈 필요 없이 DMB 단말기를 통해 간편하게 통장 거래 내역을 조회하거나 계좌 이체 혹은 공과금 수납 등 은행 업무를 처리할 수 있다.

4) 쇼핑 서비스

인터넷 쇼핑몰과 같이 전화를 하지 않고도 단말기를 통해 제품의 사진 파일 및 제품 사양 등을 조회하고 구매 주문을 할 수 있다. 즉 TV에서 해당 상품이 소개되지 않는 시간에도 DMB 단말기를 통해 차를 타고 이동하면서 상품 구매와 함께 결제 및 배송 정보 확인, 이벤트 참여 등을 할 수 있다.

4. DAB의 개념과 특성

1) DAB의 개념

DMB의 전신이라고 할 수 있는 DAB(Digital Audio Broadcasting)는 디지털 신호의 압축 전송에 의한 디지털 음성 방송으로 CD 수준의 음질과 다양한 데이터 서비스, 우수한 고정 및 이동 수신 품질을 제공하는 디지털 방식의 라디오 방송이다. 즉 DAB는 고품질의 음질로 다양한 채널의 오디오를 전송할 뿐만 아니라 다양한 부가 데이터 서비스의 제공이 가능하고 정지 영상, 동영상, 그래픽은 물론 통신 서비스의 제공도 가능하다. DAB는 이처럼 오디오만 전달하는 것이 아니라 DAB용 주파수 대역을 이용해 문자와 영상 서비스까지 전달할 수 있기 때문에 단순히 디지털 신호에 의한 라디오 방송으로 규정하기 어려우며 명칭은 DAB이지만 내용은 DMB로 확장되고 있는 차세대 멀티미디어 방송이라고 할 수 있다.

유럽의 DAB 기술 표준인 유레카-147은 라디오 방송의 디지털화를 위해 1995년 2월 범유럽 표준으로 채택됐는데 1995년 9월 영국, 스웨덴, 덴마크에서 지상파 DAB 본방송을 개시함으로써 디지털 라디오 방송 시대를 열었다. 영국의 경우 BBC가 1995년 9월 단일 주파수 방송망(SFN)으로 전국 단위의 지상파 DAB 서비스를 시작한데 이어 1999년 11월 상업 멀티플렉스 사업자인 디지털 원(Digital One)이 단일 주파수 전국망으로 DAB 방송을 시작해 경쟁 체제를 구축하였다. 2000년 5월에는 런던 CE(London CE), 스위치디지털(Switchdigital) 등 지역 멀티플렉스 사업자(Multiplex Operator: MO)가 런던 등지를 중심으로 지역 DAB 방송을 시작하였다. 영국은 DAB와 관련해 데이터 서비스에 사용할 수 있는 용량을 전체 DAB 채널 용량의 20% 이내로 규정해 라디오 방송 매체로서의 성격을 벗어나지 않도록 하고 있는데 디지털 라디오 수신기 보급률이 95%에 이르는 시점에서 아날로그 방송을 중단할 방침이다. 독일의 경우 영국과는 달리 전국 단위의 SFN을 구축하지 않고 주단위의 SFN을 두고 있는데 1999년 4월 색소니안할트주에서 DAB 본방송을 개시한 이후 현재 16개 연방주 모두가 DAB 방송을 하고 있다. 독일은 2010년까지 아날로그 FM 방송을 디지털 방송과 동시에 방송하도록 의무화하고 있는데 2015년경에는 아날로그 FM 방송을 종료한 뒤 정부가 FM 방송 대역을 회수해 다른 용도로 사용한다는 방침이다. 프랑스도 독일처럼 전국 사업자를 두지 않고 지역 단위로 DAB 방송을 시작했는데 1997년 1월 TDF가 처음으로 파리에 DAB 중계기를 설치한 이후 현재 파리, 리용, 마르세이유 등지를 대상으로 다수의 로컬 DAB 방송 서비스를 제공하고 있다.

2) DAB 도입 배경

DAB의 도입 배경은 시대적 현황과 사회적 요구 등 두 가지 측면에서 살펴볼 수 있다. 우선 DAB가 도입된 시대적 배경은 첫째, 기존 라디오 방송의 한계를 들 수 있다. 라디오는 TV 등장 이후 정보 전달 측면에서 그 영향력이 점점 축소되고 있다. 라디오는 특히 디지털멀티미디어방송(DMB) 등 각종 뉴미디어 도입에 따른 위상 저하와 시장 잠식에 따른 경쟁력 하락 등으로 기술 및 콘텐츠 측면에서 가장 낙후된 매체로 인식돼 라디오 방송 사업자의 위기감이 고조돼왔다. 따라서 이를 극복하기 위해 안정적인 고정 및 이동 수신 환경 제공, 주파수 이용의 효율성 제고, 다양한 부가 서비스 제공 등 라디오 방송의 기술적 향상 및 콘텐츠상의 한계를 극복하기 위한 노력이 절실해졌다고 할 수 있다. 둘째, 잡음이 많은 AM이나 포화 상태에 있는 FM의 한계로 인해 전문 방송에 대한 신규 수요가 급증해졌기 때문이다. 특히 수용자의 미디어 이용 패턴 변화에 따른 새로운 욕구를 반영한 보다 새롭고 다양한 부가 서비스 제공을 통해 수용자의 선택의 폭을 넓혀줄 필요성이 증대됐기 때문이다. 셋째, DMB를 비롯해 위성 방송, 케이블 TV, 디지털 TV, 인터넷 등 경쟁 매체의 확산과 도전을 들 수 있다. 그 결과 매체간 균형 발전을 위해 기존 라디오 방송의 디지털 전환을 위한 다각적인 정책적 지원과 배려가 필요해졌기 때문이라고 할 수 있다. 넷째, 라디오 방송의 디지털 전환이라는 국제적 추세에 대응하기 위해 라디오 방송의 디지털 전환이 절실해졌기 때문이다. 1987년부터 유럽의 첨단 기술 공동 개발 계획인 유레카 프로젝트의 일환으로 개발이 시작된 DAB의 경우 유럽은 물론 미국, 일본, 캐나다 등 선진 각국에서 국가적 차원의 지원이 이루어져왔다.

DAB의 도입은 이러한 시대적 배경과 함께 저렴한 정보 단말기 및 정보 공급을 통한 보편적 접근권의 확보, 디지털 격차(digital divide) 해소를 위한 손쉬운 정보 이용, 고품질의 음악 및 다양한 서비스에 대한 문화적 욕구 충족, 디지털 기술과 오디오 기술 그리고 방송 기술의 융합을 통한 해당 산업의 파급 효과 등 다원적인 사회적 요구에 따른 것이기도 하다.

한편 DAB 추진 현황을 보면 우리나라의 경우 초단파 방송(FM)은 디지털 라디오 방송 전용 채널을 확보해 표준 FM 방송을 비롯해 기존 FM 방송의 디지털 전환을 추진함으로써 아날로그 TV 종료 시점인 2010년에 FM 방송

〈표 23〉 라디오 방송 디지털 전환 로드맵

구분	2005년	2006년	2007년	2008년	2009년	2010년	2015년
초단파 방송 (FM)	디지털전환 기본방향 설정		디지털 전환 세부추진 방안 마련	FM라디오 전환용 채널 확보추진		FM 라디오 디지털 전환	FM아날로그 방송 종료
중파방송 (AM)	디지털전환 기본방향 설정	특성화 방안 검토	실험방송		디지털 전환 세부추진 방안 마련		
단파방송	디지털전환 기본방향 설정		실험방송	매체활용 방안 검토	디지털 전환 세부추진 방안 마련		

출처: 방송위원회(2005). 〈뉴미디어 서비스 도입 및 디지털방송 활성화에 관한 계획〉, p.16

을 디지털로 전환한 뒤 2015년에 FM 아날로그 방송을 종료한다는 방침이다. 또 중파 방송(AM)과 단파 라디오 방송도 국제적인 디지털 전환 추진 현황 및 방송 환경 변화를 고려해 디지털 전환을 위한 기반 구축을 통해 단계적으로 디지털로 전환한다는 방침이다.

3) DAB의 특성

DAB는 CD 수준의 오디오 품질을 제공하는 것은 물론 단일 주파수 내에서 멀티 서비스 채널이 가능하다는 특징을 갖고 있다. 아울러 주파수가 아닌 텍스트와 메뉴를 기반으로 하고 있기 때문에 프로그램 선택이 용이하다는 장점을 갖고 있다. 또 안정적이고 지속적인 이동 환경 수신을 지원하기 때문에 이동 수신의 안정성이 보장된다. 아울러 비디오, 이미지, 텍스트 등을 결합한 다양한 형식의 정보 제공이 가능하고 교통 정보, 날씨 정보, 지리 정보, 전자프로그램가이드(EPG), MP3 다운로드 등 부가 데이터 서비스의 동시 지원이 가능하다는 특징을 갖고 있다.

DAB 수신 단말기로는 가정용 라디오, 카 라디오, 워크맨 타입의 수신기, MP3 플레이어와의 통합 수신기, 유럽의 2세대 통신 방식인 GSM(Golbal System for Mobile Communications)과 DAB의 통합 단말기, PDA와의 통합 단말기, 유럽의 3세대 이동통신 방식인 UMTS(Universal Mobile Telecommunications System)와의 통합 단말기 등 다양한 형태의 차량용 및 휴대용 수신기가 사용되고 있다.

5. DAB 서비스

1) 프로그램 연동형 정보 서비스

DAB는 드라마나 뉴스, 스포츠, 오락 등의 기본 프로그램과 연동된 각종 프로그램 종속형 정보 서비스를 제공하게 된다. 가령 데이터 채널을 통해 음악과 함께 노래 가사나 출연자의 사진 혹은 신상 정보 등을 동시에 제공하거나 경기 득점 상황이나 선수를 소개하는 등 문자와 정지 영상, 그래픽 등을 결합한 각종 프로그램 관련 정보를 제공하게 된다. 또 MPEG-1, MPEG-2 또는 MPEG-4 등의 압축 방법을 사용해 프로그램과 관련된 다양한 동영상을 전송하게 된다.

2) 프로그램 독립형 정보 서비스

DAB는 프로그램 내용과 직접적인 관련은 없지만 데이터 채널을 통해 교통 및 여행 정보, 증권 정보, 날씨 정보, 교통편 예매 및 숙소 예약, 입장권 예매, 상품 구매 등 등 별도로 편성된 각종 정보 방송 프로그램을 제공할 수 있다. 이 가운데 DAB의 장점인 이동성을 최대한 활용할 수 있는 킬러 서비스(killer service)로 주목을 받고 있는 것이 교통 및 여행 정보 제공 서비스다. DAB는 CD 수준의 고음질 오디오 방송도 필요하지만 데이터 방송 등 타 매체와 차별화할 수 있는 다양한 부가 서비스의 제공이 중요하다고 할 수 있다. 특히 타 매체가 따라올 수 없는 킬러 서비스의 개발이 중요한데 이를 위해서는 이동 통신과의 결합을 통한 새로운 데이터 서비스의 개발 등 DAB만의 차별성을 부각시키는 것이 필요하다고 하겠다. 이런 관점에서 관심을 끌고 있는 것이 교통 및 여행 정보다. DAB는 데이터 채널을 통해 도로의 상황이나 해당 지역의 날씨, 호텔, 관광 명소 등 각종 교통 및 여행 정보를 음성이나 문자, 전자 지도 등의 형태로 전송할 수 있다. 소니의 경우 DAB와 유럽의 2세대 통신 방식인 GSM을 결합해 DAB 채널로 해당 지역의 날씨, 뉴스, 비행기 운행 시간, 주자창, 호텔, 관광지 등의 정보를 제공하는 한편 GSM 채널을 통해 호텔을 예약할 수 있도록 DAB와 이동 통신을 결합한 지능형 교통 정보 시스템을 개발한 바 있다. 라디오 방송의 경우 이동 청취의 비율이 급속도로 증가하고 있는 점을 감안할 때 이동 통신 혹은 GPS(Global Positioning System)와 결합한 이러한 교통 및 여행 정보 서비스는 DAB의 특성을 최대한 활용할 수 있는 서비스 가운데 하나라고 할 수 있다. 영국의 BBC,

프랑스의 TDF 등이 이러한 교통 및 여행 정보 서비스를 제공하는 대표적인 방송사라고 할 수 있다.

[참고문헌]

1. 김평호(2002). "이동성, 그리고 사인주의: 이동전화의 사회적 함의", <한국언론정보학보> 18.
2. 나은영(2001). "이동전화 채택에 영향을 미치는 이동전화 커뮤니케이션의 매체적 속성에 관한 연구", <한국언론학보> 45-4.
3. 박승관 · 김대호 · 김은미(2003). "한국사회에서의 DMB 도입과 그 의의", 한국언론학회 위성 DMB 국제 세미나 보고서.
4. 방송위원회(2005). <뉴미디어 서비스 도입 및 디지털방송 활성화에 관한 계획>, 디지털방송추진위원회 종합보고서.
5. 이호규 · 이창현 · 윤태진(2003). "위성 DMB 서비스 도입에 따른 사회문화적 효과", 한국언론학회 위성 DMB 국제 세미나 보고서.
6. 최 영(2004). "DMB 환경에서의 수용자 복지", 동서언로.
7. 채태준(2005). "이동휴대수신 방송의 종류 및 개념", <뉴미디어 서비스 도입 및 디지털방송 활성화에 관한 계획>, 방송위원회.
8. 한국전산원(2005). "통계로 본 2010년 유비쿼터스사회 조망", 유비쿼터스 사회 연구 시리즈 제5호.

제7장 무선 인터넷과 모바일 미디어

1. 무선 인터넷이란?

1) 무선 인터넷의 개념

무선 인터넷은 디지털화된 정보와 콘텐츠를 인터넷과 무선 네트워크를 이용해 최종 사용자의 정보 단말기에 제공하는 서비스 방식을 말한다. 즉 무선 인터넷은 무선 단말기로 이동 중에 무선 네트워크를 통해 인터넷에 접속하여 정보를 제공받을 수 있도록 하는 환경과 기술을 말한다. 디지털 기술에 기반한 PC의 눈부신 발전과 세계를 월드와이드웹(World Wide Web)으로 통합시킨 인터넷의 보급은 이제 이동 전화와 같은 휴대형 무선 단말기를 통해 인터넷에 접속함으로써 이동 중에 데이터 통신이나 인터넷 서비스를 이용할 수 있는 무선 인터넷 시대로 진입케 하였다. 이러한 무선 인터넷은 단순히 유선 인터넷을 무선으로 옮겨놓은 것과는 다른 차원의 것으로 무선 인터넷은 기존 인터넷 환경의 공간적 제약을 극복하고 휴대 전화나 개인 휴대용 정보 단말기(PDA), 노트북과 같은 모든 휴대용 단말기를 이용해 언제, 어디서나 인터넷에 접속해서 정보 검색은 물론 멀티미디어 메시지, TV, 전자 신문, 전자책(e-book), 전자 결재, 쇼핑 등의 서비스를 이용할 수 있게 된 새로운 환경을 의미한다.

무선의 의미는 '선이 없다(Wireless)'와 '이동할 수 있다(Mobile)'는 의미를 함축하고 있는데 대개 무선 인터넷은 좁은 의미에서 무선보다는 접속 시간과 공간이 자유로운 이동성(Mobility)에 더 의미를 두고 있는 모바일 인터넷(Mobile Internet), 즉 이동형 인터넷 서비스를 말한다. 일반적으로 무선 인터넷은 무선 고정 인터넷과 무선 이동 인터넷으로 구분되는데 전자가 이동성이 제한된 환경에서 블루투스(Bluetooth)나 무선 랜(Wireless LAN)에 의해 인터넷에 접속하는 방법이라면 후자는 이동성이 높은 휴대 전화나 PDA를 이용해 인터넷에 접속하는 경우로 흔히 무선 인터넷이라 하면 후자를 지칭한다. 그러나 보다 넓은 의미에서 무선 인터넷은 휴대 전화 단말기로 웹(Web)이나 왑(WAP) 브라우저를 통해 인터넷에 접속하는 것뿐만 아니라 다양한 형태의 이동형 단말기로 인터넷 접속이 가능한 무선 랜(Wireless LAN) 서비스나 와이브로(WiBro)와 같은 휴대 인터넷 서비스 등 광대역 무선 통신 기술로 인터넷에 접속하는 방식을 모두 포괄하는 무선 서비스, 즉 말 그대로 선이 없음을 기반으로 하는 모든 무선 인터넷(Wireless Internet)의 총체적 개념이라고 할 수 있다.

2) 유선 인터넷과 무선 인터넷 비교

휴대성과 이동성을 중요한 특징으로 하고 있는 무선 인터넷은 다음 표에서 보여주듯이 유선 인터넷과는 다른 인터페이스와 기술, 사업 형태를 갖고 있다. 유선 인터넷의 구현은 기본 플랫폼인 PC의 경우 막강한 내부 연산 처리 기능을 갖고 있는데 반해 무선 인터넷 구현 기기인 이동 통신 단말기, 즉 휴대 전화는 고도의 프로세싱 기능이 거의 없는 일종의 터미널이다. 따라서 휴대 전화는 독립 기기로서의 존재는 무의미하며 네트워크에 대한 의존이 절대적이라고 할 수 있다. 접속이나 전송 속도 개선 등도 네트워크 측, 즉 망사업자의 선행적인 투자나 서비스에 의존하고 있으며 단말기에서의 성능 업그레이드는 무의미하다.

그러나 휴대성과 이동성은 무선 인터넷이 성장할 수 있는 무한한 장점이

〈표 24〉 유선 인터넷과 무선 인터넷 특성 비교

구 분	유선 인터넷	무선 인터넷
전송 속도	56K~ 1Mbps	14.4Kbps~56Kbps
화 면	640 *480 화소 이상	4 * 16문자(일반 휴대폰), 8 * 16문자(스마트 폰)
인터페이스	키보드, 마우스, 펜 , 모니터, 프린터 등의 입출력 장치	액정 화면, 소프트 버튼
통신 에러율	낮음	높음
휴대성	불편함	편리함
프로토콜	TCP/IP	TCP/IP, WAP
콘텐츠 형태	HTML	C-HTML,s-HTML, WML
접근 형태	쌍방향	단방향
응용 소프트웨어	다양함. 추가 변경 용이	한정됨. 추가 변경 불편
저장성	데이터 저장이 용이	데이터 저장에 제한
통신망 의존도	개방망 구조	폐쇄망 구조
기술 표준	사용자 그룹이 주도	망사업자가 주도

라고 할 수 있으며 무선 인터넷은 유선 인터넷의 포털처럼 모든 가능성의 대안들을 설계해 푸시하는 것이 아니라 조금 더 진화한 강력한 개인의 관계형 커뮤니케이션이라고 할 수 있다. 유선 인터넷의 경우 인터넷에 연결된 PC가 있어야 하지만 무선 인터넷은 이러한 공간적 제약 없이 언제 어디서나 자유롭게 이용할 수 있어 정보에 대한 접근성이 뛰어나다. 또 무선 인터넷은 단말기 사용자를 대상으로 차별화된 서비스의 제공이 가능하고 푸시형 서비스를 용이하게 제공할 수 있다는 점에서 좀 더 개인화된 서비스라고 할 수 있다.

3) 무선 인터넷 기반 기술

이동 통신 시스템은 1세대(1G)라 일컫는 주파수분할다중접속(Frequency Division Multiple Access: FDMA) 방식을 이용한 아날로그 방식, 그리고 시분할다중접속(Time Division Multiple Access: TDMA) 방식 혹은 GSM(Global System for Mobile Communication) 방식과 코드분할다중접속(Code Division Multiple Access: CDMA) 방식을 이용한 디지털 셀룰러 전화와 개인휴대통신(Personal Communication System: PCS) 등 2세대(2G)의 디지털 이동통신을 거쳐 3세대(3G)인 IMT-2000으로 발전하였다.

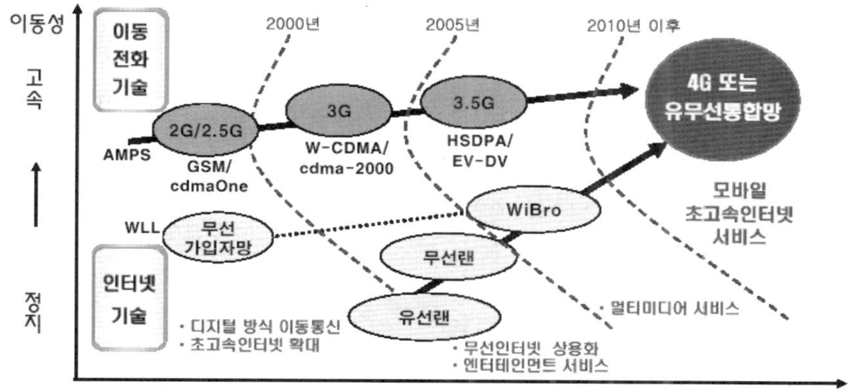

* 'WiBro 및 HSDPA 기술 및 시장 동향' 자료(ETRI, 2005.6) 재작성

출처: 한국전산원(2005). "유비쿼터스 사회의 발전 추세와 미래 전망", p.9.

(그림 17) 이동통신 기술 발전 방향

2012년경에는 꿈의 이동통신으로 불리는 4세대(4G)의 광대역 무선 이동통신 서비스가 도입되어 유비쿼터스 사회의 핵심 통신 인프라로 자리 잡을 것으로 예상되고 있다. 국제전기통신연합 차세대이동통신협력체(ITU-R WP8F)는 2005년말 핀란드 헬싱키에서 제17차 회의를 개최해 차세대 이동통신 명칭을 IMT 어드밴스트(IMT-Advanced)로 확정짓고, 2007년 4G 주파수 확정, 2009년 표준화 완료, 2012년 상용화 등 4G 로드맵을 확정한바 있다. 4G는 저속이동 사용자에게 1Gbps, 고속 이동 사용자에게 100Mbps 이상의 모바일 초고속 인터넷 서비스가 제공되는 환경을 제공하게 되는데 미국은 과학재단(NSF) 주도로 이동중인 차량에 100Mbps 급의 전송 속도를 제공하는 4G 통신망을 2010년경까지 구축할 계획이다.

1) 무선 접속 기술 표준

(1) TDMA

2G 이동 통신 기술인 디지털 이동 통신은 무선 접속 방식에 따라 시분할다중접속(TDMA) 방식과 코드분할다중접속(CDMA) 방식으로 구분된다. TDMA 방식은 일정한 주파수 대역을 여러 개의 시차별 구간(Time Slot)으로

나누어 보내고자 하는 정보를 시간 차이로 전송하고 복원함으로써 원래 신호를 재생하는 방식이다. TDMA 방식은 각 사용자에게 특정의 주파수와 시 구간이 할당되기 때문에 사용자가 특정 시간에 주어진 주파수 채널만을 사용할 수 있다. 따라서 한 가입자가 채널을 사용하고 있을 때는 다른 사람이 이 채널을 사용할 수 없다. TDMA 방식은 유럽과 미국 일부에서 2G 디지털 이동 통신 표준으로 채택되었다.

(2) GSM

유럽에서는 ETIS(European Telecommunications Standards Institute)에 의해 표준화된 GSM 방식이 2G 디지털 이동 통신 기술로 도입되었다. GSM은 TDMA를 변형한 유럽의 표준으로 하나의 무선 주파수 채널에 8개의 시 구간으로 구성된다. GSM은 처음에는 900MHz 대역만을 사용하였으나 이후 1800 MHz 대역과 1900MHz 대역으로 상향 설계한 DCS 1800(Digital Cellular System 1800)과 DCS 1900(Digital Cellular System 1900)으로 발전하였다.

(3) CDMA

CDMA(Code Division Multiple Access)는 미국과 한국, 호주 등지의 아태 지역에서 채택한 2G 표준으로 하나의 주파수 대역을 일정한 시 구간으로 나누는 것이 아니라 각각의 데이터에 고유의 코드를 붙여 전송하고 복원하는 코드 분할 다중 접속 방식의 디지털 이동통신 시스템이다. 주파수 대역 확산 기술을 응용해 개발한 CDMA 방식은 여러 이용자가 시간과 주파수를 공유하면서 신호를 송수신할 수 있기 때문에 TDMA보다 주파수 효율이 높다. 우리나라는 미국의 퀄컴사가 제안한 CDMA 방식을 이용해 1996년 1월 세계에서 처음으로 전국적인 규모의 CDMA 이동 전화 상용 서비스를 시작함으로써 CDMA 기술 주도국으로 부상하게 되었다. 이때 도입된 CDMA 기술은 1997년 10월에 선 보인 PCS뿐만 아니라 3세대인 IMT-2000 기술의 근간이 되었다.

(4) IMT-2000

2G 이동 통신 방식은 지역 혹은 국가 간의 서로 다른 무선 접속 표준으로 인해 이용 범위가 특정 지역 혹은 국가로 제한되는 단점을 갖고 있었다. 또 데이터 전송 속도가 낮아 동영상 등의 멀티미디어 데이터 전송이 불가능하였다. 이러한 한계를 극복하고 전 세계적으로 언제 어디서나 음성은 물론 데이터와 동영상 등의 멀티미디어 정보를 자유롭게 주고받을 수 있도록 국제적으로 표준화된 이동 통신 시스템을 구축하기 위해 등장한 것이 IMT-2000이다. 즉 IMT-2000은 2000MHz 대의 동일 주파수를 활용해 전 세계 어디서나 인터넷 접속은 물론 고품질의 멀티미디어 정보를 실시간으로 주고받을 수 있도록 범세계적인 이동 통신 시스템으로 구상된 3G 이동통신이다. IMT-2000은 유럽과 일본을 중심으로 한 GSM(TDMA) 기반의 비동기식 WCDMA와 북미를 중심으로 한 cdma 2000 양대 진영으로 나뉘어 기술 개발이 진행되었다

2) 프로토콜

우리가 PC로 인터넷에 접속할 때 TCP/IP(Transmission Control Protocol/Internet Protocol)라는 공통의 커뮤니케이션 규약(Protocol)을 사용하듯이 이동 전화로 인터넷에 접속할 때 사용하는 공통의 무선 접속 프로토콜로는 WAP, i-Mode, ME 등이 있다.

(1) WAP

WAP은 무선응용통신규약(Wireless Application Protocol)의 약자로 이동전화나 PDA 등 소형 무선 단말기 상에서 인터넷을 이용할 수 있도록 해주는 프로토콜이다. WAP은 모뎀을 이용해 데이터를 변환하는 것이 아니고 무선통신 사업자에 설치된 서버를 경유해 직접 인터넷의 패킷 통신을 이동전화망에 적합한 간이 통신으로 변환하는 방식이다. WAP은 인터넷 상의 표준언어인 HTML을 무선 인터넷 언어인 WML로 전환하여 이동 전화로 전송하

거나 수신하는 경우 발생하는 속도 문제 등을 해결하여 주는데 기존 유선 인터넷 프로토콜과의 비호환성 문제로 WAP 게이트웨이(Gateway)가 필요하다.

(2) i-Mode

i-Mode는 일본의 이동통신 사업자인 NTT 도코모(NTT DoCoMo)사가 유선 인터넷에서 사용하고 있는 HTML과 HTTP 등의 인터넷 표준을 기반으로 독자적으로 개발한 무선 인터넷 접속 프로토콜로 일본의 무선 인터넷 서비스 성장에 많은 기여를 하였다. i-Mode는 HTML 4.0을 수정한 c-HTML이라는 언어를 사용하며 유선과 무선이 연결되는 곳에 i-Mode 게이트웨이가 존재한다.

(3) ME

모바일 익스플로러(Mobile Explorer)는 마이크로소프트사가 뒤늦게 뛰어들어 개발한 무선 인터넷 접속 프로토콜이다. ME는 기존의 유선 인터넷에서 사용하고 있는 TCP/IP나 HTTP 등의 인터넷 표준을 무선에서 그대로 활용하고 있으며 무선 인터넷 언어로 m-HTML을 사용한다. ME는 게이트웨이의 구현이 필요 없고 기존 HTML 콘텐츠의 사용이 가능하다는 장점을 갖고 있다.

2. 무선 인터넷 서비스

무선 인터넷 서비스의 대표적인 예로 전술한 것처럼 이동 전화 시스템에서 발전한 IMT 2000과 인터넷 분야 특히 무선 인터넷 분야에서 발전한 와이브로를 들 수 있다.

1) IMT-2000

(1) IMT-2000의 개요 및 특징

기존 휴대 전화가 음성 위주의 저속 데이터 서비스를 제공하는데 비해 IMT-2000(International Mobile Telecommunication-2000)은 음성은 물론 데이터와 동영상 등 고품질의 멀티미디어 정보를 고속으로 주고받을 수 있는

3G 서비스다. IMT-2000은 동일 주파수를 활용해 국경의 제약을 벗어나 전 세계 어디서나 무선 송·수신이 가능하기 때문에 국내 혹은 제한적 국제 로밍 서비스에 국한됐던 기존 휴대 전화에 비해 범세계적인 단말 이동성 또는 개인 이동성을 지원하는 글로벌 멀티미디어 이동통신이라는 점에서 그 사용 가치가 훨씬 높다고 할 수 있다. IMT-2000은 원래 1985년 국제전기통신연합(ITU-R)에서 전 세계적으로 표준화된 이동통신 방식의 필요성을 인식해 워킹그룹(Working Group) 8/13에서 미래공중육상이동통신(Future Public Land Mobile Telecommunications System: FPLMTS)이라는 프로젝트를 추진하면서 공식 태동하였다. 그러나 ITU-R은 인지도와 발음상의 문제 때문에 1997년 FPLMTS를 IMT-2000으로 개칭하였다. 2000이라는 숫자는 1992년 세계전파주관청회의(WARC-92)에서 전 세계가 공통으로 사용할 수 있는 FPLMTS의 주파수 대역을 2GHz 즉 2000MHz대(1885-2025MHz, 2110- 2200MHz)에 할당해 2000MHz 주파수 대역을 사용하게 되었고, 또 2000년부터 서비스를 시작할 수 있을 것으로 생각해서 붙여진 것이다.

개인성과 이동성, 글로벌 로밍, 고속 멀티미디어 전송 등을 중요한 특징으로 하고 있는 IMT-2000은 원래 전 세계 이동통신을 하나로 묶어 세계 어디서나 사용이 가능하도록 단일 무선 접속 규격을 만드는 것이었다. 그러나 IMT-2000 시장은 유럽과 일본을 중심으로 한 GSM(TDMA) 기반의 비동기식 WCDMA와 북미를 중심으로 한 cdma 2000 양대 진영으로 나뉘어 기술개발이 진행되었다. 2GHz 대역의 주파수를 이용해 음성뿐 아니라 고속의 영상, 데이터 서비스가 가능한 비동기식 IMT-2000 서비스인 광대역코드분할다중접속(Wideband Code Division Multiple Access: WCDMA) 방식 서비스는 유럽과 한국, 일본을 비롯한 많은 국가에서 3G 이동 통신 기술로 채택되어 전세계를 하나의 통화권으로 묶고자 하는 IMT-2000의 근본적 취지에 가장 부합하는 규격이라고 할 수 있다. WCDMA는 유럽과 일본 등 많은 나라가 채택한 대표적인 3G 이동 통신 서비스로 자동적으로 국제 로밍이 이루어져 해외 대부분의 국가에서 자신의 휴대 전화로 곧바로 서비스를 이용할 수 있는 특징을 갖고 있다. 3G 이동 통신의 주류인 WCDMA는 2.5세대의 cdma

〈표 25〉 2G 이동 통신과 IMT-2000의 비교

구분	2G(셀룰러/PCS)	3G(IMT2000)
서비스	음성 위주의 저속 데이터 서비스	멀티미디어 위주의 고품질 서비스
사용 개체	고객 to 고객	고객 to 콘텐츠, 고객 to 고객
주요 투자 대상	무선망/중계전송망	무선망/중계전송망, 유선망 정보 제공 기반(콘텐츠 제공)
이동성	국내 및 제한적 국제 로밍	글로벌 로밍
주파수 대역	이동전화: 824-849MHz 869-894MHz PCS: 1,750-1,780MHz 1,840-1,870MHz	1,885-2,025MHz 2,110-2,220MHz
무선 접속 표준	CDMA, TDMA	WCDMA, cdma2000
최소 채널 폭	30KHz-1.25MHz	5MHz-20MHz

2000 1x EV-DO(Evolution Data Only)보다 양호한 고품질의 음성 서비스뿐만 아니라 휴대 전화로 인터넷에 접속해 화상 통화나 MP3 음악, 동영상 등의 멀티미디어 콘텐츠를 쉽고 편리하게 이용할 수 있어 와이브로(WiBro)와 경쟁 관계를 형성하고 있다.

WCDMA는 기술 발전이 예상보다 빨라 화상 통화가 가능한 3.5세대 이동통신 서비스인 고속하향패킷접속(High Speed Downlink Packet Access: HSDPA) 방식 서비스로 발전하였다. HSDPA는 기존 WCDMA보다 전송 속도가 향상돼 유선 인터넷 못지않은 빠른 데이터 전송이 가능하기 때문에 3차원 동영상을 끊김없이 안정적으로 제공하는 등 멀티미디어 서비스 제공이 훨씬 용이해 졌다. HSDPA는 특히 고속 주행 중에도 이용이 가능하고 화상통화와 국외 로밍에 있어서 다른 차세대 모바일 기기에 비해 우위를 보이는 등 많은 장점을 갖고 있다. HSDPA는 그러나 CDMA에 비해 다운로드 속도는 5-7배 이상 빠르지만 개인이 단말기로 네트워크에 정보를 올리는 업로드 속도는 상대적으로 느린데다 이용료가 비싸다는 단점을 갖고 있다.

(2) IMT-2000 동향

IMT-2000은 일본의 최대 이동통신사인 NTT 도코모(NTT DoCoMo)사가

2001년 10월 WCDMA 방식의 비동기식 IMT-2000 상용 서비스를 처음 개시함으로써 진정한 의미에서 세계 최초로 IMT-2000을 상용화하였다. 이어 이듬해인 2002년 4월에는 KDDI가 cdma2000 1x 시스템을 이용해 동기식 IMT-2000 서비스를 시작하였다. 유럽의 경우 영국의 브리티시텔레콤(British Telecom)의 자회사인 맹크스 텔레콤(Manx Telecom)이 2001년 12월 2000MHz 주파수 대역에서 WCDMA 방식의 비동기식 IMT-2000 서비스를 시작한 이후 프랑스, 핀란드, 독일, 스웨덴 등 다른 유럽 나라들도 가세하였다. 1996년에 IMT-2000용 주파수의 절반 정도를 PCS용으로 할당해 사용함으로써 PCS를 진화시켜 2.5G, 3G로 발전시키려는 의도를 보였던 미국은 2001년 모넷(Monet)이 1,900MHz 주파수 대역에서 동기식(cdma2000 1x) IMT-2000 서비스를 개시한 이후 이듬해 스프린트PCS(SprintPCS) 등이 같은 방식으로 서비스에 나섰다.

우리나라의 경우 2000년 12월 SK텔레콤이 주도한 컨소시엄(SK IMT)과 KT가 주도한 컨소시엄(KT ICOM)이 비동기식(WCDMA) IMT-2000 사업자로 선정된데 이어 2001년 8월 LG텔레콤이 동기식(cdma 2000) 사업자로 추가 선정되는 등 총 3개 사업자가 선정되었다. 동기식 IMT-2000 서비스는 SK텔레콤이 2000년 12월 기존의 2세대 CDMA 시스템을 업그레이드한 중간적 성격의 cdma2000-1x 시스템을 이용해 IMT-2000 서비스를 개시한 이후 KTF, LG 텔레콤 등의 CDMA 사업자들이 2001년 5월 1,800MHz 주파수 대역의 cdma2000-1x 서비스에 나섰다. 그러나 일본과 유럽에서 본격화된 WCDMA, 즉 비동기식 IMT-2000의 상용화는 당초 기대에 부응하지 못하는 상황을 보여 왔다. 여기에는 WCDMA가 2.5세대인 EV-DO(Evolution Data Only) 서비스에 비해 데이터 전송 속도나 서비스에서 큰 차이가 없는데다 WCDMA를 능가하는 한국형 휴대 인터넷 서비스인 와이브로(WiBro)의 등장이 그 요인으로 지적되기도 하였다. 무선 인터넷 중심의 서비스라는 점에서 WCDMA와 중복되고 있는 와이브로는 WCDMA보다 2-3배 가량 빠른 1-1.5Mbps급의 데이터 전송 능력을 갖고 있는데다 인터넷 전화 솔루션을 이용해 전화 착발신도 가능하다는 장점을 갖고 있다. 이에 따라 국내 이동통신 서비스는 3세대 기술인 WCDMA를 사실상 건너뛰고 현행 2.5세대 EV-DO에서 곧바로 WCDMA 보다 더 발전된 3.5세대 기술인 HSDPA 상용화에 더 관심을 가져왔다.

2) 와이브로(WiBro)

(1) 와이브로란?

와이브로(WiBro)는 휴대 전화 뿐만 아니라 PDA, 노트북, MP3플레이어 등 다양한 형태의 휴대형 단말기를 이용해 실외의 정지 및 이동 환경에서도 고속으로 인터넷에 접속해 필요한 정보나 멀티미디어 콘텐츠를 이용할 수 있는 휴대 인터넷 서비스다(한국인터넷진흥원, 2005). 즉 와이브로는 언제 어디서나 이동 중에도 초고속 인터넷을 자유롭게 이용할 수 있는 서비스를 말한다. 와이브로라는 명칭은 Wireless-Broadband의 약자로 원래는 고속 데이터 통신 기술을 지칭하는 용어였지만 서비스 명칭으로 굳어졌다. 와이브로는 기존 이동 전화 및 무선 LAN의 한계를 극복하고 이동 중에도 자유롭게 무선 초고속 인터넷 서비스를 제공받고자 하는 이용자들의 욕구를 충족시켜 주기 위해 순수 국내 기술로 개발된 서비스다. 물론 기존의 CDMA(Code Division Multiple Access)나 무선 랜(Wireless LAN)을 통해서도 무선 인터넷을 이용할 수 있지만 기존의 CDMA 무선 인터넷은 높은 서비스 요금과 느린 전송 속도, 불편한 인터페이스 등이 문제로 지적된다.

SK텔레콤의 준(JUNE)이나 KTF의 핌(FIMM)과 같이 휴대 전화로 무선 인터넷을 이용할 수 있는 2.5세대 cdma 2000 1x EV-DO(Evolution Data Only)의 경우 사용 범위는 넓지만 요금이 비싸다는 지적을 받고 있다. 무선 랜 역시 협소한 커버리지와 전파 간섭 등의 단점을 갖고 있으며 도달 거리가 짧아서 이동 중일 때나 무선중계기(Access Point)가 멀어지는 실외에서는 이용할 수 없다. 이에 따라 와이브로가 기존 이동 전화와 무선 랜의 이 같은 한계를 극복하고 상대적으로 저렴한 요금으로 이동 중에도 높은 수준의 전송 속도를 보장하는 새로운 서비스로 등장하게 된 것이다. 와이브로는 초고속의 무선 랜과 중저속의 EV-DO의 중간에 위치하면서 요금이나 서비스 영역, 속도, 이동성 등의 측면에서 무선 랜과 EV-DO의 장점을 비교적 균형 있게 갖추고 있다고 할 수 있다. 2.3 GHz 대역의 주파수를 이용하는 와이브로는 시속 100km 이상의 고속 주행 중에도 인터넷을 이용할 수 있고 Kbps 단위의 중저속 서비스를 제공하는 EV-DO보다 훨씬 빠른 Mbps급의 전송 속도를 제공한다. 와이브로는 핫스팟(Hotspot)이라는 구내 지역에서만 사용이 가능한 무선 랜에 비해 서비스 반경이 10배 이상 넓어 훨씬 넓은 영역에서 서비스가 가능하다. 와이브로는 또 개방형이기 때문에 기존의 CDMA 무선 인터넷에 비해 콘텐츠의 선택폭도 넓다. 와이브로는 노트북이나 PDA, 차량용 수신기 등에 와이브로 단말기를 설치하면 휴대 전화처럼 언제 어디에서나 장소에 구애받지 않고 자유롭게 무선 인터넷을 통해 다양한 정보와 콘텐츠를 이용할 수 있는 서비스로 휴대 전화와 무선 랜의 중간 영역에 속한다고 할 수 있다. 특히 2010년에 상용화 될 것으로 예상되는 와이브로-II는 이미 개발된 기존 와이브로에 비해 통신 속도가 40배 이상 빠를 것으로 기대되어 앞으로 휴대 인터넷 시장이 상당한 주목을 끌 것으로 보인다.

정보통신부는 2005년 1월 KT, SK텔레콤, 하나로텔레콤 등 3사를 와이브로 사업자로 선정했는데 한국국전자통신연구원(ETRI)에 따르면 와이브로는 서비스 개시 6년 후 최대 6조1000억원의 생산 유발 효과와 최대 3조3000억

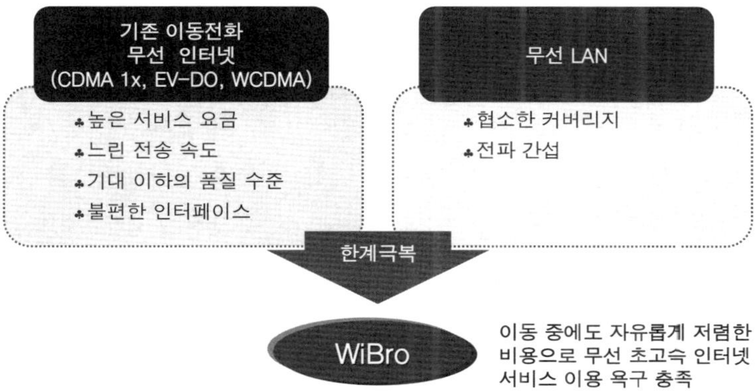

(그림 18) 와이브로 서비스 개념

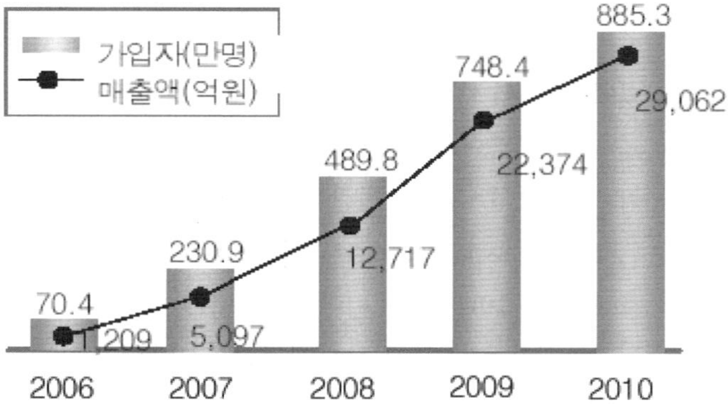

출처: KISDI, 2004.6

자료: 한국전산원(2005). "통계로 본 2010년 유비쿼터스사회 조망", p.10

(그림 19) 국내 휴대 인터넷 가입자 및 매출액 전망

원의 부가가치 창출 효과를 낳을 것으로 예상되고 있다. 또 정보통신정책연구원(KISDI)에 따르면 휴대 인터넷 시장은 장기적으로 885만 명의 가입자를 확보할 수 있을 것으로 예측되고 있고 2010년에 이르면 WCDMA(HSPDA)와 함께 제4세대 이동 통신으로 발전할 수 있는 가교 역할을 할 것으로 기대되고 있다. 특히 와이브로는 그동안 통신 기술을 수입해 응용하는 단계에만 머물러왔던 한국이 처음으로 독자적인 통신 기술을 개발해 선보인 서비스라는 점에서 의미가 크다.

(2) 와이브로의 특성

와이브로의 최대 장점은 유선 초고속 인터넷 수준의 빠른 전송 속도와 이동성이다. 와이브로는 기존 이동 전화에 비해 고속 이동이 보장되는 것은 아니지만 전송 속도는 중저속의 이동 전화에 비해 강점을 갖고 있다.

와이브로는 또 무선 랜에 비하면 데이터 전송 속도는 조금 떨어지지만 정지 또는 준정지 상태에서만 사용이 가능한 무선 랜의 한계를 극복하고 이용 지역을 옥내외로 확장시켜 이동성을 확보하였다는 장점을 갖고 있다. 즉 와이브로는 기존 초고속 인터넷 서비스와 비교해 볼 때 이동성을 보장하면서도

〈표 26〉 와이브로 특성 비교

구분	휴대 인터넷	초고속 인터넷	무선 LAN	이동 전화 무선 인터넷
이용지역	옥내외(Hot Zone)	옥내	옥내 (Hot Spot/구내)	옥내외(전국망)
전송속도	고속	초고속	초고속	중저속
이동성	유목형(Nomadic)	없음	정지 또는 준정지	고속 이동
콘텐츠	유무선 콘텐츠	유선 콘텐츠	유무선 콘텐츠	무선 콘텐츠
요금	상대적 저렴	상대적 저렴	저렴	높음
단말 형태	PDA, 노트북, 스마트폰 등	데스크톱, 노트북	PDA, 노트북	휴대 전화, PDA

출처: 최 영(2005). 한국방송학회 세미나 발표자료

높은 속도의 데이터 전송이 가능해 이동성과 속도가 적절하게 균형을 이루고 있다는 특징을 갖고 있다. 다만 와이브로는 데이터 전용 서비스이기 때문에 음성 통화의 경우에는 기존 이동 통신 서비스와의 결합을 통해 서비스를 제공해야 한다는 단점이 있다. 와이브로는 또 전파를 통해 데이터가 오가는 무선 인터넷이라는 점에서 유선 인터넷에 비해 해킹에 취약해 보안 문제가 제기될 수 있다는 단점을 갖고 있다.

(3) 와이브로 서비스

와이브로는 와이브로만의 장점이 부각될 수 있는 차별화된 서비스와 콘텐츠의 개발이 무엇보다 중요하다고 할 수 있는데 와이브로는 그 특성상 멀티미디어 메시지 서비스(Multimedia Messaging Service: MMS), IP 기반의 다양한 네트워크 게임, 맞춤형 멀티미디어 콘텐츠, 다자간 영상 전화, 3차원 지도(3D Map)를 이용한 지역 정보 서비스, 주문형 비디오, 텔레매틱스, 모바일 뱅킹, CDMA 혹은 DMB와의 결합을 통한 서비스 등 다양한 형태의 서비스 제공이 가능하다. 또 집안의 방범과 가스, 난방 등을 조절할 수 있는 홈 네트워크 서비스와의 결합은 물론 와이브로를 통해 차를 타고 다니면서 IPTV를 즐기는 등 실시간 TV 방송도 가능하다.

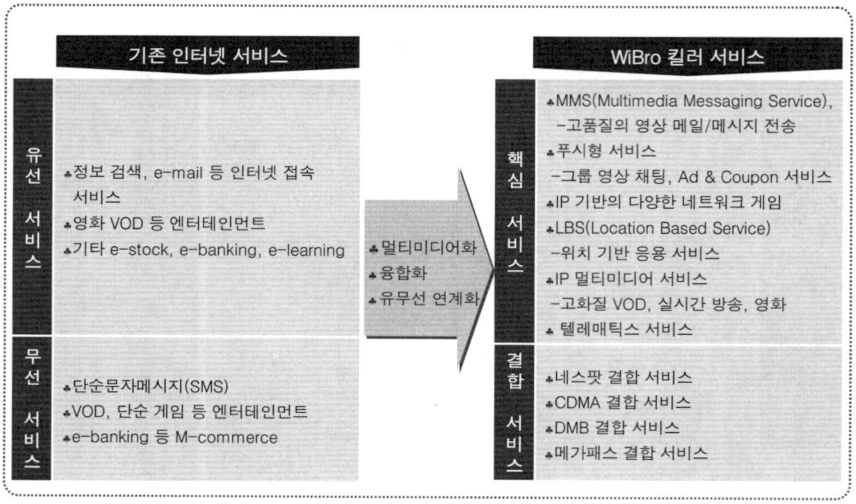

(그림 20) 와이브로 서비스 유형

3. 모바일 미디어

1) 모바일 미디어란?

이동통신과 인터넷이 하나로 융합된 모바일 인터넷(Mobile Internet) 서비스가 확산되면서 휴대 전화를 이용해 뉴스를 보고 메시지를 주고받는 모바일 미디어가 관심을 끌고 있다. 휴대 전화와 PDA(Personal Digital Assistance)로 대표되는 모바일 미디어(Mobile Media)는 모바일 인터넷, 즉 무선 인터넷 기술의 발전과 더불어 이동 통신 특유의 편리성과 이동성이 결합된 차별화된 시장을 형성해 나갈 것으로 예상되고 있다. 이제 컴퓨터 앞에 앉아있을 필요가 없이 휴대 전화 하나만 들고 나가면 언제, 어디서나 뉴스와 정보를 받아 볼 수 있고 쇼핑이나 은행 업무까지 처리할 수 있는 모바일 시대가 눈앞의 현실이 된 것이다. 모바일 미디어는 이처럼 우리의 일상에 깊숙이 침투한 대표적인 미디어로 자리매김하고 있지만 모바일 미디어는 다른 디지털 미디어와 마찬가지로 커뮤니케이션 기능뿐만 아니라 카메라, 게임기, MP3 플레이어, 방송 등 복합적이고 다원적인 속성을 갖고 있고, 또 기술 발전과 더불어 새로운 기능이 계속 추가되면서 빠르게 변화, 발전하고 있기 때문에 그 개념 정의가 쉽지가 않다.

일반적으로 무선 인터넷은 무선 고정 인터넷과 무선 이동 인터넷으로 구분할 수 있는데 전자가 이동성이 제한된 환경에서 블루투스(Bluetooth)나 무선 랜(Wireless LAN)에 의해 인터넷에 접속하는 방식이라면 후자는 이동성이 높은 휴대 전화나 PDA를 통해 인터넷에 접속하는 경우로 흔히 무선 인터넷이라고 하면 후자를 지칭한다(이재현(2004), p.4). 모바일 인터넷은 무선 인터넷이라는 용어와 동일한 개념으로 사용되기도 하는데 엄밀한 의미에서 모바일 인터넷은 후자의 무선 이동 인터넷 서비스를 말한다고 할 수 있다.

모바일 미디어는 이러한 무선 이동 인터넷 즉 모바일 인터넷을 기반으로 한 미디어 다시 말해 휴대 전화나 PDA 혹은 입는 컴퓨터(Wearable Computer) 등과 같이 휴대와 이동이 가능한 무선 인터넷 기반의 미디어를 지칭한다. 즉 모바일 미디어란 '간편하게 휴대할 수 있는 기기를 통해 이동 중에도 다양한 정보 처리와 무선 통신이 가능하도록 인터페이스가 고안되어 독특한 상호작용 및 커뮤니케이션 양식을 만들어내고 있는 디지털 멀티미디어'(이재현(2004). p2)라고 할 수 있다. 그런데 모바일 미디어의 개념을 너무 폭넓게 규정할 경우 모바일 인터넷을 통해 유통되는 모든 형태의 정보 제공 서비스와 우리가 통상적으로 생각하고 있는 언론 혹은 저널리즘간의 구분이 애매모호할 수 있다. 따라서 저널리즘의 원칙을 적용해 협의의 개념으로 모바일 미디어를 정의해 보면 모바일 미디어란 정치, 경제, 사회, 문화, 시사 등에 관한 보도, 논평 및 여론 등을 전파하기 위한 목적으로 휴대와 이동이 가능한 무선 이동 인터넷 기반의 기기를 통해 전문적으로 정보를 제공하는 미디어라고 정의할 수 있겠다.

2) 모바일 미디어의 특징

모바일 미디어는 기존 미디어와는 다른 많은 특징을 갖고 있는데 무엇보다도 가장 두드러진 특징은 이동성과 개별성이라고 할 수 있다.

(1) 이동성

모바일 미디어의 가장 큰 특징 가운데 하나는 이동성(Mobility)이다. 인터넷 신문이나 인터넷 방송과 같은 디지털 미디어의 경우 전통적인 의미의 기존 매스 미디어와는 달리 24시간 언제 어디서나 편리한 시간과 장소에서 원하는 정보와 뉴스를 받아볼 수 있다는 점에서 시간과 공간의 제약을 극복한 실시간 뉴스의 제공이 가능하다는 특징을 갖고 있다. 그러나 인터넷 신문이나 인터넷 방송은 뉴스의 전달 혹은 배포에 있어 기존 매스 미디어가 갖고 있던 시간적 공간적 제약을 극복하긴 하였지만 수용자들이 뉴스를 보기위해서는 여전히 컴퓨터 앞에 앉아있어야 하는 물리적인 제약에서 자유롭지 못하다. 즉 인터넷 신문이나 인터넷 방송의 경우 지리적 경계가 없어진 범지구적인 실시간 뉴스 서비스가 가능해졌지만 뉴스를 보기 위해서는 여전히 한정된 공간에 묶여있어야 한다. 그러나 모바일 미디어는 이처럼 고정된 장소에 묶여있지 않고 네트워크와 접속을 유지하면서 자유롭게 원하는 장소로 이동하면서 24시간 언제, 어디서나 뉴스를 보고 들을 수 있도록 수용자의 이동성을 극대화시켰다는 점에서 기존 미디어와는 또 다른 특성을 보여주고 있다.

(2) 개별성

이동성과 더불어 모바일 미디어의 가장 중요한 특징 가운데 하나는 개별성(Individuality)이다. 모바일 미디어는 수용자 개개인의 취향에 맞춰 뉴스를 제공하는 개인화된 미디어라는 점에서 기존의 전통적인 미디어와는 다르다. 여기서 개인화되었다는 것은 혼자 소비한다는 차원을 넘어서 나만을 위한 콘텐츠를 각자 소비한다는 점에서 기존 미디어와는 질적으로 다르다고 할 수 있으며 궁극적으로 모바일 미디어의 가장 큰 강점은 이처럼 콘텐츠의 개인화가 가능하다는 것이다(박소라(2004), p.14). 기존 매스 미디어와 비교해 볼 때 모바일 미디어는 나만의 미디어, 즉 수용자들의 입맛에 맞춰 한 사람만을 지원하는 특화된 형태의 맞춤 뉴스를 제공해주는 개인 미디어(Personal Media)라는 점에서 전통적 미디어와는 다른 방식으로 뉴스가 수용되고 이용된다는 특징을 갖고 있다.

3) 국내외 모바일 뉴스 서비스 현황

일본의 경우 NTT 도코모가 1999년 2월 패킷망을 이용한 세계 최초의 상용 무선 인터넷 서비스인 아이모드(i-Mode)를 개시하였다. 아이모드는 이동전화기의 웹 브라우저를 통해 인터넷 접속이 가능하기 때문에 뉴스, 스포츠, 게임, 무선 뱅킹 등 다양한 서비스를 제공하고 있는데 아사히신문, 마이니치신문 등 많은 언론사가 NTT 도코모에 모바일을 위한 정보 제공을 하는 등 모바일 뉴스 서비스를 하고 있다. 유럽의 경우 독일이 1999년을 기점으로 모바일 뉴스 제공 서비스를 시작해 현재 T-모바일(T-Mobile), 보다폰(Vodafone), E-플러스(E-Plus) 등이 모바일 뉴스 서비스를 제공하고 있다. 허치슨(Hutchison) 등 영국의 주요 이동통신 업체도 2002년 초부터 본격적으로 모바일 뉴스 서비스를 시작해 현재 BBC가 휴대 전화, PDA 등을 통해 BBC 종합뉴스, BBC 스포츠, 날씨 등을 제공하고 있고 파이낸셜타임스(Financial Times)도 2004년 9월부터 세계 뉴스 속보를 중심으로 모바일 뉴스를 제공하는 등 모바일 뉴스 서비스가 활성화되고 있다(한국언론재단(2004), p.51-53, p.84).

우리나라의 경우 SK텔레콤, KTF, LG텔레콤 등이 각각 네이트(Nate), 매직엔(Magicⓝ), 이지아이(EZ-1)라는 브랜드로 모바일 인터넷 서비스를 제공하고 있다. SK텔레콤은 2001년 PC는 물론 휴대 전화, PDA, 차량 장착 단말기(VMT) 등 각종 유무선 기기를 통해 인터넷에 접속할 수 있는 유무선 통합 포털인 네이트를 개설함으로써 유무선 통합 서비스 기반을 마련하였다. KTF는 1999년 10월 마이크로소프트의 모바일 브라우저인 ME를 채택해 유무선 포털 사이트인 퍼스넷(PersNet)을 개설한데 이어 2001년 1월부터는 매직엔(Magicⓝ)이라는 브랜드로 모바일 인터넷 서비스를 제공하고 있다. LG텔레콤은 1999년 휴대 전화로 웹사이트를 검색할 수 있는 이지아이(EZ-1)라는 모바일 인터넷 서비스를 개시한 이후 같은 해 휴대 전화를 이용한 방송 서비스를 시작한데 이어 2002년 최첨단 모바일 방송인 MI-TV 서비스를 개시하는 등 모바일 인터넷 서비스를 확대하고 있다.

국내 언론사들의 모바일 뉴스 제공 현황을 보면 2001년 중앙일보가 20여명의 인원으로 모바일 콘텐츠 전문 회사인 중앙M&S를 설립한 뒤 2004년 중앙EMT로 명칭을 바꿔 SK텔레콤, KTF 등의 채널을 이용해 뉴스와 인물 정보 등의 서비스를 제공하고 있는 것을 비롯해 동아닷컴, 디지털조선, 한경닷컴, 연합뉴스, KBS 등 많은 언론사들이 SK텔레콤, KTF, LG텔레콤 등에 모바일 뉴스를 제공하고 있다. 그러나 해외 언론사들의 성공적인 모바일 뉴스 서비스 제공 사례와는 달리 국내 모바일 인터넷 서비스의 경우 벨소리, 음악, 영화 등의 엔터테인먼트 서비스를 주로 이용하고 있고 모바일 뉴스에 대한 이용률은 낮은 편이어서 모바일 뉴스 활성화를 위해서는 모바일을 염두에 둔 차별화된 콘텐츠 개발과 뉴스 생산 방식의 도입, 즉 콘텐츠의 기획 및 개발, 제작, 제공 등 모든 단계에서 모바일을 이용한 고객 접근을 염두에 둔 발상의 전환이 필요하다고 하겠다(한국언론재단(2004), p.146-149).

[참고문헌]

1. 박소라(2004). "모바일 미디어의 확산 모델과 새로운 유형화", 한국언론학회 모바일 콘텐츠 이론 및 제작 연구 세미나.
2. 이재현(2004). "모바일 미디어와 모바일 사회", 한국언론학회 모바일 콘텐츠 이론 및 제작 연구 세미나.
3. 장범진(2005). "융합화 현상의 이론적 고찰 및 WiBro, WCDMA, DMB 시장 사례 연구", <방송연구> 2005년 여름호.
4. 최 영(2005). 한국방송학회 세미나 발표 자료
5. 한국언론재단(2004). <모바일 뉴스: 콘텐츠, 서비스, 비즈니스 모델>, 한국언론재단 연구서 2004-09.
6. 한국인터넷진흥원(2005). <2005년 대한민국 모바일 연감>.
7. 한국전산원(2005). "유비쿼터스사회의 발전 추세와 미래 전망", 유비쿼터스 사회 연구 시리즈 제1호.
8. 한국전산원(2005). "통계로 본 2010년 유비쿼터스사회 조망", 유비쿼터스 사회 연구 시리즈 제5호.

제8장 IPTV

1. IPTV의 개념 및 특징

IPTV(Internet Protocol Television)는 디지털 기술 및 콘텐츠의 발전으로 기술적으로나 서비스 형태에 있어 통신과 방송이 거의 같아지면서 등장하게 된 새로운 융합형 매체로 제공하는 서비스의 수준과 형태는 다양하지만 인터넷 방송처럼 초고속 인터넷망, 즉 IP망을 통해 스트리밍 방식으로 방송 프로그램 등 다양한 멀티미디어 콘텐츠를 가입자에게 보내주는 다채널 방송을 말한다. 기존의 인터넷 방송과 다른 점이 있다면 컴퓨터 모니터가 아닌 TV 브라운관을 통해 방송을 본다는 것이다. 즉 IPTV는 방송용 전파가 아닌 초고속 인터넷망을 기반으로 IPTV 전용 셋톱박스(STB)를 이용해 일반 TV 수상기로 동영상 및 방송을 비롯한 각종 부가 서비스를 제공하는 또 다른 형태의 방송·통신 융합형 서비스라고 할 수 있다. IPTV는 인터넷 프로토콜을 이용해 스트리밍 방식으로 콘텐츠를 제공하기 때문에 정보 전송 방식은 통신이지만 콘텐츠는 방송과 유사하다. 즉 IPTV는 인터넷을 기반으로 한 TV 서비스로 방송 콘텐츠와 통신 기술을 모두 필요로 한다.

IPTV는 QoS(Quality of Service) 기술과 멀티캐스트 기술을 기반으로 기존의 인터넷망에 멀티캐스팅 기능과 QoS가 보장되는 양질의 방송 프로그램을 제공한다. IPTV의 QoS 기술은 하나의 망으로 들어오는 패킷들을 식별하여

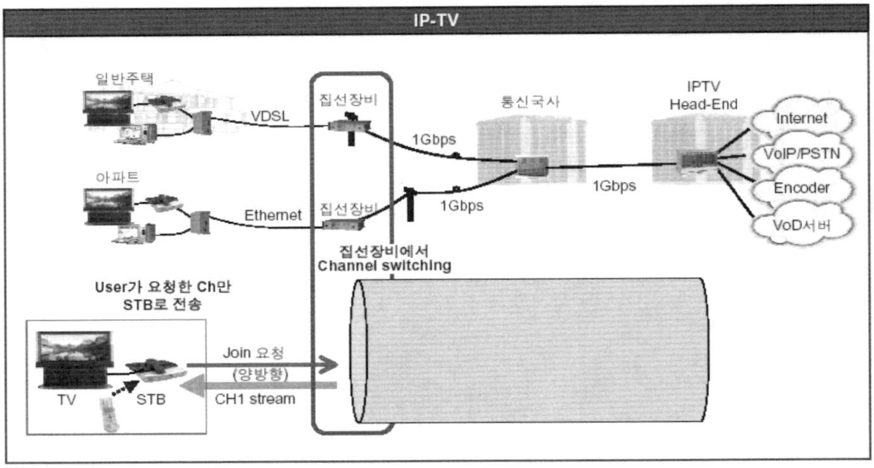

출처: 변동식(2005). "IPTV 서비스 개요", 〈뉴미디어 서비스 도입 및 디지털방송 활성화에 관한 계획〉, 디지털방송추진위원회 종합보고서, 방송위원회, p.365.

(그림 21) IPTV 방송 개념

각 응용 서비스의 품질을 보장할 수 있도록 제어하는 기술을 말한다. 기존 인터넷 방송의 경우에는 QoS가 보장되지 않아 패킷 손실 혹은 지연으로 인한 방송 시간 지연 현상이 발생해 방송 품질을 보장하기가 어려웠다. IPTV의 멀티캐스트 기술은 중복된 패킷 전송을 방지해 망 자원의 효율을 높여주게 된다. 멀티캐스트는 특정 클라이언트가 요구한 특정 정보의 한 카피(copy)를 정보를 원하는 개개의 클라이언트들에게 계속해서 보내줘야 하는 유니캐스트나 모든 클라이언트에게 보내주는 브로드캐스트와는 달리 특정 정보를 해당 정보를 원하는 일정한 수의 클라이언트 집단에게만 보내기 때문에 방송의 효율성을 높여주게 된다. 기존 인터넷 방송의 경우에는 유니캐스트로 인한 동시 시청자 수 제한 등의 문제로 효율적인 방송을 하지 못하였으나 IPTV는 전술한 멀티캐스트 기술을 통해 사용자 제한 문제를 해결함으로써 망 자원의 효율성을 높일 수 있게 되었다.

IPTV는 유선 인터넷망을 통해 공중에게 다채널의 방송 서비스를 제공한다는 점에서 기존의 종합 유선 방송, 즉 케이블 TV 방송과 서비스 제공 형태나 사업 모델이 유사한 측면이 있다. 시청자 입장에서 볼 때 IPTV는 기존

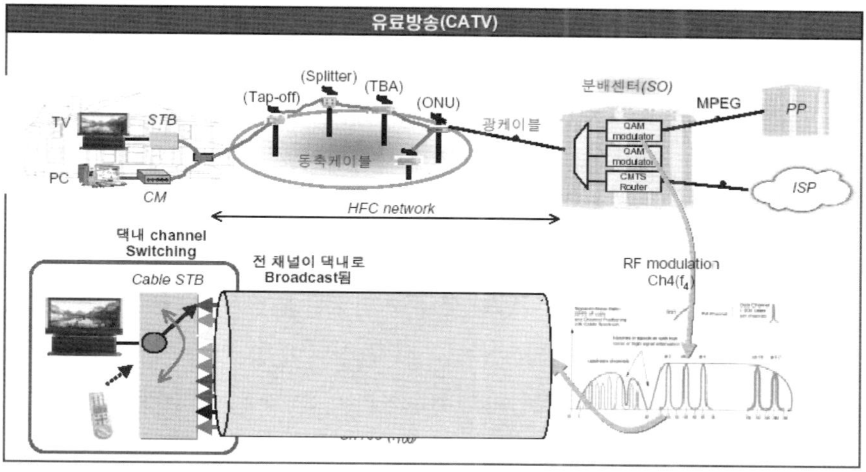

출처: 변동식(2005). "IPTV 서비스 개요", 〈뉴미디어 서비스 도입 및 디지털방송 활성화에 관한 계획〉, 디지털방송추진위원회 종합보고서, 방송위원회, p.364.

(그림 22) 케이블 TV 방송 개념

TV에 전용 STB를 설치하면 일반 TV를 시청하듯이 이용할 수 있기 때문에 케이블 TV와 IPTV간에 별다른 차이가 없다. 다만 IPTV는 이용자 요구 방식에 의해 콘텐츠가 전달된다는 점에서 콘텐츠 접근 방식이 조금 다르다. 즉 IPTV는 헤드엔드(Head-End)에 존재하는 콘텐츠 가운데 사용자가 요청한 콘텐츠만 STB로 전송되는 이용자 요구 방식에 의한 콘텐츠 제공 구조를 갖는 반면 케이블 TV는 기본적으로 헤드엔드에서 기획, 편성된 프로그램이 모두 단말까지 전달되며 STB의 수신 제한 장치를 통해 시청 여부를 제한하는 구조를 갖고 있다.

IPTV가 기존 방송과 다른 가장 두드러진 특징은 수용자의 참여가 가능한 쌍방향 서비스의 제공이다. 기존 TV 방송의 경우 방송 사업자가 편성한 채널이나 프로그램을 수용자가 수동적으로 선택하였던데 비해 IPTV의 경우 수용자가 원하는 대로 프로그램을 선택할 수 있는 쌍방향 서비스를 중요한 특징으로 하고 있다. 즉 IPTV는 VOD(Video On Demand) 서비스 등을 통해 수용자들이 원하는 프로그램을 자신이 원하는 시간에 선택해서 볼 수 있고 실시간 프로그램에 대해서는 시청 도중 수용자들이 자신의 의견을 곧바로 전달할 수 있다. 또 TV 시청 도중 원하는 정보를 검색하거나 상품을 구매할 수 있는 등 인터넷 상의 온라인 쇼핑과 TV의 홈 쇼핑을 결합한 다양한 형태의 T-커머스(T-Commerce)의 구현이 용이하다. 두 번째로 IPTV는 IP망을 기반으로 하고 있어 인터넷을 이용한 개인화된 서비스의 제공이 가능하다는 특징을 갖고 있다. 즉 IPTV는 포인트 투 포인트(point to point) 방식으로 개인화된 채널을 볼 수 있을 뿐만 아니라 각종 정보의 이용이 가능한 개인화된 TV 포털이 가능하다는 점에서 수용자의 다양한 욕구를 반영한 맞춤형 미디어를 구현할 수 있다. 세 번째로 IPTV는 방송은 물론 초고속 인터넷 및 전화 서비스를 동시에 제공할 수 있는 트리플플레이서비스(Triple Play Service: TPS)의 제공이 가능해 다양한 형태의 번들 서비스를 제공할 수 있다는 특징을 갖고 있다.

2. IPTV의 도입 배경 및 의의

공중파나 케이블 TV를 통하지 않고 초고속 인터넷망을 이용하는 서비스인 IPTV는 케이블 방송 업체들의 VoIP(Voice over Internet Protocol)를 이용한 음성 통신 시장 진출 등 통신 시장 진입에 맞서 통신 사업자들의 방송 진출을 위한 전략적 시도에서 비롯된 것이라고 할 수 있다. 즉 IPTV는 초고속 인터넷, 전화, 방송의 3가지 서비스를 동시에 제공하는 TPS(Triple Play Service)를 위한 통신 사업자들의 현실적인 대안으로 부각된 서비스다. TPS는 단일 네트워크 또는 이종 네트워크를 통해 초고속 인터넷, 전화, 방송 등 3가지 서비스를 동시에 제공하는 방송·통신 융합형 서비스를 말하는데 이러한 TPS는 급격한 기술 발전으로 서비스 제공 매체 간 경계가 사라지면서 기존 방송 또는 통신 사업자의 사업 영역 확대 수단으로 도입되기 시작하였다. 통신 사업자 입장에서 볼 때 IPTV는 기존의 통신 서비스를 기반으로 방송 콘텐츠를 제공함으로써 TPS를 실현할 수 있는 전략적인 방송·통신 융합형 서비스 모델이라고 할 수 있다. 일본의 야후 BB(Yahoo! BB), 영국의 브리티시텔레콤(British Telecom), 이탈리아의 패스트웹(FastWeb), 홍콩의 PCCW 등 많은 통신 관련 업체들이 IPTV 시장에 속속 진출하고 있는 것은 초고속 인터넷 시장이 포화 상태에 도달함에 따라 새로운 수익 모델 개발 및 부가 서비스 확대를 통해 매출을 늘릴 수밖에 없는 절박한 상황이 됐기 때문이다. 특히 무선 전화 이용자의 증가로 인해 유선 통신 업자들의 가입자 당 매출(Average Revenue Per User: ARPU)이 감소하고 있는 상황에서 케이블 TV 사업자들의 초고속 인터넷 및 음성 서비스 시장에 대한 진출은 유선 통신 사업자들의 위기감을 고조시켜왔다. 이에 따라 유선 통신 사업자들도 케이블 TV 사업자들의 TPS 도입에 대한 대응책으로 TPS 서비스가 가능한 IPTV 시장에 대한 투자를 통해 케이블 TV로의 가입자 이탈을 막고 ARPU를 늘려 수익을 증대시킴으로써 새로운 활로를 모색하고 있는 것이다.

통신 사업자의 이러한 방송 진출은 기술적인 측면에서 볼 때 네트워크의 광대역화 및 콘텐츠 압축 기술 등의 발전으로 전송 속도가 증가해 HD급 동영상 콘텐츠를 스트리밍 형태로 자유롭게 제공하는 것이 가능해졌기 때문이다. 알다시피 기존의 커뮤니케이션 환경에서는 통신과 방송의 영역이 확실하게 구분되었다. 이는 기술적으로 각각의 매체에 대한 접근 방법이 다르고 또 법적으로도 이를 명확하게 분리시켜놓았기 때문이었다. 그러나 통신 기술의 발달로 전화선으로도 영상 서비스가 가능해짐에 따라 기술적으로 분리되었던 기존의 영역들이 이제는 그 의미가 퇴색하게 되었다. 전화 회사도 자사의 통신망을 통해 영상 서비스, 즉 방송 서비스를 할 수 있는 기술적 기반이 완성됨에 따라 통신과 방송의 경계를 넘나드는 새로운 경계 영역 서비스가 태동하게 된 것이다. IPTV는 기술적으로나 사업적으로 방송과 통신의 융합을 가능케 한다는 점에서 통신 산업과 방송 산업 간의 경계를 무너뜨리면서 산업 전반에 걸쳐 상당한 파급 효과를 불러오고 있다. 즉 IPTV라는 융합형 플랫폼을 통해 통신 산업과 방송 산업의 영역 경계가 사라지게 됨에 따라 IPTV와 기존 매체와의 경쟁이 심화되는 것은 물론이고 또 다른 형태의 제휴 및 협력 관계를 통해 기존 산업 구조의 변화를 초래하는 등 방송 및 통신 산업 전반에 걸쳐 상당한 영향을 미치고 있는 것이다. 특히 IPTV는 케이블 TV와 가장 유사한 매체로써 TPS 시장에서의 경쟁을 한층 가열시키고 있다. IPTV가 제공하는 서비스는 하나의 케이블로 디지털 케이블 TV와 초고속 인터넷, 유선 전화 등 3가지 서비스를 한꺼번에 제공하는 케이블 TV 업계의 TPS와 별 차이가 없어 한정된 유료 시장에서 서비스의 중복으로 인한 경쟁이 불가피하기 때문이다.

그러나 IPTV의 등장이 종합유선방송사업자(System Operator: SO)에게는 경쟁 관계를 의미하지만 방송채널사용사업자(Program Provider: PP) 입장에서는 자신들의 콘텐츠를 소비할 새로운 창구의 출현을 의미한다는 점에서 PP의 위상 강화라는 긍정적 의미를 내포하고 있기도 하다. IPTV가 시장에서 성공할 수 있는 가장 중요한 요소 가운데 하나는 다른 매체와 차별화할 수 있는 양질의 콘텐츠 확보 및 공급이다. 따라서 다채널을 제공하는 IPTV의 출현은 콘텐츠에 대한 수요 증가와 콘텐츠 소비 창구의 다원화를 의미한다는 점에서 방송 시장의 PP 및 인터넷 시장의 CP(Contents Provider) 등 콘텐츠 산업의 활성화를 가져올 수 있다. 나아가 각종 IPTV 관련 설비 및 장비, 인프라, 단말기 등 관련 산업의 발전을 통해 생산 및 고용 촉진이라는 경제적인 파급 효과도 예상된다.

다른 한편으로 IPTV는 IP망을 기반으로 하고 있어 쌍방향 및 개인화된 서비스의 제공이 용이하다는 점에서 수용자들의 미디어 소비 패턴은 물론 일상적인 삶에도 많은 변화를 가져올 수 있다. IPTV는 특히 TV 단말의 지능화를 통해 다채널 방송은 물론 원하는 시간에 원하는 프로그램을 자유롭게 선택해서 볼 수 있는 VOD, T-커머스, T-뱅킹, T-거번먼트, VoIP 등으로 TV 단말의 활용 범위를 확대시켜 수용자들의 일상적인 생활 패턴에 상당한 변화를 초래할 수 있다. IPTV는 특히 지금까지 수동적 시청자의 위치에 머물렀던 수용자들로 하여금 능동적으로 정보를 소비하고 나아가 정보를 창조하는 이른바 생비자(Prosumer)로 탈바꿈시킴으로써 사회 문화적으로 많은 파급 효과를 가져올 수 있다.

3. IPTV 동향

IPTV는 유럽과 일본의 유선 통신 사업자들을 중심으로 지난 2003년부터 상용화가 시작돼 점차 서비스가 확대돼왔는데 가령 일본의 경우 KDDI, 소프트뱅크, NTT 등의 거대 통신 사업자가 IPTV 서비스를 제공하고 있다. 소프트뱅크의 BBTV는 2003년 3월부터 야후 BB(Yahoo!BB)의 네트워크를 사용해 영화, 음악, 스포츠 등 다양한 장르의 다채널 방송 및 VOD 서비스를 비대칭디지털가입자망(ADSL)으로 일반 가정에 제공하고 있다. KDDI는 댁내광가입자망(Fiber to the Home: FTTH)을 통해 2003년 10월부터 공동 주택 단지를 대상으로 히카리플러스넷(초고속인터넷), 히카리플러스 전화(VoIP), 히카리플러스 TV(IPTV) 등 일본 최초의 TPS 서비스를 제공하기 시작하였다. 히카리플러스 TV의 경우 기본 채널 25개와 유료 채널 5개 등 30여개의 다채널 방송과 VOD 서비스를 제공하고 있다.

홍콩의 최대 종합 통신 사업자인 PCCW 커뮤니케이션 그룹도 실시간 방송 서비스를 위해 유료 텔레비전 서비스 허가를 취득해 2003년 8월부터 초고속 인터넷 가입자들을 대상으로 나우 브로드밴드 TV(Now Broadband TV)라는 이름으로 IPTV 서비스를 제공하기 시작하였다. 나우 브로드밴드 TV는 비대칭디지털가입자망(Asymmetric Digital Subscriber Line: ADSL)과 멀티캐스팅(Multicasting) 기술을 이용해 기존 케이블 혹은 위성 방송 서비스와 유사한 형태의 다채널 방송 서비스를 하고 있는데 12개의 TV 채널을 무료로 제공하고 있고 38개의 유료 채널은 이용자 각자가 맞춤형 채널 패키지를 구성하도록 해 채널별로 요금을 징수하는 PPC(Pay Per Channel) 방식의 비즈니스 모델을 채택하고 있다.

유럽의 경우 이탈리아의 통신업체인 이비스콤(e.Biscom)이 2003년 3월부터 IPTV 전담 자회사인 패스트웹(FastWeb)을 통해 IPTV 서비스를 제공하고 있다. 이비스콤은 VOD 서비스로 출발해 점차 방송 채널과 위성 채널로 영역을 확대했는데 FTTH와 ADSL을 이용한 초고속 인터넷과 IPTV, VOD, VoIP, 화상 회의 등의 TPS 제공과 더불어 네트워크 기반의 PVR(Personal Video Recorder) 서비스를 제공하고 있다. 이탈리아의 경우 다른 나라와는 달리 케이블 TV 시장이 존재하지 않는 방송 구조가 패스트웹의 성공적인 IPTV 시장 진입을 촉진시켰다. 프랑스의 경우에는 프랑스텔레콤(France

Telecom)이 2003년 리옹 지역에서 IPTV 사용 서비스를 시작한 이후 2004년 파리 지역으로 서비스 지역을 확대하였으며 같은 해 프리(Free)도 초고속 인터넷 가입자를 기반으로 IPTV 시장에 진출하였다. 영국의 경우에도 많은 통신 회사들이 IPTV에 관심을 가져왔는데 최초 사업자인 비디오 네트워크(Video Network)사의 홈초이스(HomeChoice)의 경우 IPTV를 통해 BBC 지상파 채널과 위성 방송 서비스인 BSkyB의 스포츠 및 영화 채널, 그리고 VOD 서비스 등 80개 채널을 제공하고 있다. 또 다른 IPTV 사업자인 킹스턴 커뮤니케이션(Kingston Communication)도 2003년 11월부터 VOD 서비스를 제공하고 있다. 영국의 대표적인 전화 회사인 브리티시텔레콤(British Telecom)도 2004년 IPTV 시장 진출 계획을 발표한 이후 2005년부터 시험 방송을 거쳐 본격적인 IPTV 상용 서비스 제공에 나섰다.

미국의 경우 기존의 전통적 의미의 통신과 방송은 상호간의 영역 침범이 불가능했으나 1996년 통신법(Telecommunication Acts) 개정을 계기로 통신 사업자도 방송 서비스를 할 수 있게 되고 방송 사업자도 통신 서비스를 할 수 있게 되었다. 이에 따라 케이블 사업자가 기존의 방송 및 인터넷 서비스에 IP 전화를 추가한 TPS를 제공하면서 통신 사업자들도 기존 서비스에 방송 서비스를 추가하는 등 통신과 방송의 융합 현상이 가속화되고 있다. 실례로 슈어웨스트(SureWest)의 경우 2004년 3월 FTTH와 ADSL을 이용해 IPTV 시장에 본격 진출했으며 버라이즌(Verizon), 벨사우스(Bellsouth) 같은 대규모 지역 통신 사업자들도 속속 IPTV 시장에 진출하면서 경쟁이 치열해 지고 있다. 2005년 11월 자회사인 SBC와 합병 작업을 마무리한 AT&T도 곧바로 IPTV 서비스에 나섬으로써 전화, 인터넷, 방송을 묶는 TPS를 차세대 성장 전략으로 본격 추진하는 등 종합 멀티미디어 기업으로 변신하기위한 패러다임의 변화를 꾀하고 있다. 이처럼 미국의 IPTV 서비스는 주로 소규모 사업자를 중심으로 추진되어 왔으나 위성 TV와 케이블 TV 사업자의 TPS 확대로 거대 통신 사업자들도 위협을 느끼게 되면서 본격적으로 IPTV 시장에 진출하고 있다.

우리나라의 경우 KT와 하나로텔레콤 등 유선 통신 사업자를 중심으로 광대역통합망(BcN) 사업 비즈니스 모델로서 IPTV 서비스가 추진돼왔는데 KT가 제공하는 IPTV 서비스인 홈엔 TV(HomeN TV)의 경우 VDSL 망을 통해 방송 프로그램과 영화, 건강, 교육 등의 다양한 콘텐츠를 스트리밍 방식으로 제공하고 있다. IPTV 시장 진출과 관련해 국내 통신 사업자들의 경우 방송 사업자들이 경쟁력을 확보하고 있는 디지털 TV 보다는 통신 사업자의 특성을 살려 양방향성을 살린 T-커머스와 T-뱅킹, 초고속 인터넷 서비스, VoIP, 홈 네트워크 등의 통신 서비스에 주력하는 경향을 보이고 있다.

4. IPTV 서비스

IPTV는 디지털화된 초고속 IP망을 이용해 원하는 시간에 원하는 콘텐츠 혹은 방송을 선택해서 볼 수 있는 다양한 쌍방향 서비스를 제공하고 있다. 또 고객의 취향을 반영한 개인화된 맞춤형 서비스의 제공이 가능하여 퍼스널 TV(Personal TV)로까지 발전할 수 있는 잠재력을 갖고 있다는 점에서 수용자들의 일상적인 삶에도 많은 변화가 예상된다. IPTV는 또 지금까지 초고속 인터넷, 전화, 방송 등의 서비스를 각기 다른 사업자들로부터 각기 다른 기술을 통해 제공받아왔지만 IPTV의 경우 방송과 통신의 융합형 플랫폼을 통해 3가지 서비스를 동시에 제공받는 TPS의 편리함을 만끽할 수 있다. IPTV는 이밖에도 PC에 비해 화면이 보다 큰 TV로 고화질의 동영상을 즐길 수 있고 또 키보드나 마우스 대신 리모콘을 사용하기 때문에 PC에 친숙하지 않은 노인이나 주부 등 다양한 연령층이 손쉽게 이용할 수 있는 높은 접근성을 갖고 있다는 장점을 갖고 있다. IPTV는 이처럼 초고속 인터넷망의 강점을 기반으로 통신 서비스의 장점인 쌍방향성이 가미된 다양한 콘텐츠 및 서비스를 통해 소비자들에게 이전과는 다른 새로운 경험을 제공하게 된다.

구체적으로 IPTV는 디지털화된 초고속 IP망을 이용해 원하는 시간에 영화 등 원하는 콘텐츠를 볼 수 있는 주문형 실시간 비디오 전송 서비스, 멀티캐스팅 방식으로 CP 콘텐츠를 TV를 통해 실시간으로 전송하는 CP형 멀티캐스팅 서비스, 공중파 혹은 유료 방송 채널 등 방송 콘텐츠를 전송하는 PP

<표 27> IPTV와 TPS

IPTV 서비스 유형

구분	내용
VOD	▫ TV를 통해 원하는 시간에 원하는 콘텐츠(영화, 교육 등)를 시청할 수 있는 주문형 비디오 서비스
CP형 멀티캐스팅	▫ 동영상 콘텐츠(CP 콘텐츠)를 IP망을 통해 실시간으로 제공하는 유사 방송 서비스
PP형 멀티캐스팅	▫ 동영상 콘텐츠(지상파, 유료 방송 채널)를 IP망을 통해 실시간으로 제공하는 방송 서비스
데이터 방송	▫ 생활 정보: 뉴스, 날씨, 교통 등 생활 정보 제공 서비스 ▫ T-Commerce: TV 뱅킹,TV 홈쇼핑 서비스 ▫ TV 포털, 게임, 노래방 서비스 등
기타	▫ PVR: STB내 저장 매체를 이용한 비디오 녹화 서비스 ▫ TV-SMS: TV를 통한 휴대폰 단문 메시지 전송 서비스

형 멀티캐스팅 서비스 등 다양한 서비스를 제공한다. 또 뉴스, 날씨, 교통 등 각종 생활 정보 제공은 물론 은행과 연계한 TV 뱅킹 혹은 홈쇼핑사와 연계한 TV 홈쇼핑 등 각종 전자 상거래(T-Commerce), 온라인 민원서류 발급이나 실시간 주민 투표 등을 위한 전자 정부(T-Government), TV에 인터넷을 연결해서 다양한 콘텐츠와 정보를 검색하고 활용할 수 있게 하는 TV 포털(TV Portal), TV를 이용한 쌍방향 교육 서비스(T-Learning), 게임과 노래방 등 각종 오락(T-Entertainment) 등 다양한 형태의 데이터 방송 서비스를 제공한다.

IPTV는 이밖에도 STB내 저장 매체를 이용한 비디오 녹화 서비스인 PVR, TV를 통한 휴대 전화 단문 메시지 전송 서비스인 TV-SMS, 화상 전화 서비스 등 다양한 형태의 통신 서비스의 제공이 가능하다. 그러나 IPTV가 성공하기 위해서는 무엇보다도 통신 사업자의 특성을 살려 통신과 방송 혹은 홈네트워크 융합형 서비스 등 기존 매체와 차별화된 독창적인 서비스의 개발을 통해 ARPU를 높이는 것이 필요하다고 하겠다. 아울러 경쟁력 있는 우수한 콘텐츠의 확보 등 소프트웨어적인 측면에서의 차별화가 IPTV 서비스의 성패를 좌우하는 중요한 요소가 될 수 있다는 점에서 국내 미디어 시장 및 소비자의 특성을 반영한 킬러 콘텐츠 혹은 서비스의 개발을 위한 창의적인 노력이 요구된다고 하겠다.

[참고문헌]

1. 권호영(2004). <IPTV의 동향과 전략>, KBI 연구 04-15, 한국방송영상산업진흥원.
2. 변동식(2005). "IPTV 서비스 개요", <뉴미디어 서비스 도입 및 디지털방송 활성화에 관한 계획>, 디지털방송추진위원회 종합보고서, 방송위원회발행.
3. KT경영연구소(2005). <해외 주요국의 IPTV 서비스 및 정책 규제 동향>.
4. FCC(2005). 11th Annual Assesment of the Status of Competition in the Market for the Delivery of Video Programming.

제9장 DMC

방송과 통신의 융합 현상은 21세기 매체 환경을 가장 잘 대변하는 개념이라고 할 수 있다. 디지털 기술의 본격적인 도입에 따른 방송과 통신 등 관련 산업간 융합으로 21세기 매체 시장이 새롭게 재편되어가고 있는데 이러한 융합 현상은 공급자 측면에서의 기술 혹은 산업 간의 융합만이 아니라 소비의 측면에서도 서비스의 융합으로 자연스럽게 나타난다. 방송 시장의 경우 기존 사업자 이외에 통신 회사가 제공하는 새로운 영역에서의 방송 서비스가 본격적으로 이루어지고 있으며 따라서 소비자의 측면에서 볼 때 사실상 매체의 구별보다는 주어진 환경 속에서 편리하게 매체를 이용할 수 있는 환경이 더욱 중요하게 인식되고 있다. 즉 소비자에게 매체나 전송 경로는 중요한 것이 아니라 언제든지 필요한 서비스를 이용할 수 있는 환경이 중요한 것이다. 장소의 제약이나 혹은 시간에 대한 제약에서 벗어난 새로운 매체 환경의 탄생을 의미하는 이른바 유비쿼터스 미디어(Ubiquitous Media) 시대로 접어들고 있는 것이다.

유비쿼터스 미디어 환경 하에서 새롭게 제공될 대표적인 미디어 서비스로 디지털미디어센터(Digital Media Center: DMC), 디지털멀티미디어방송(Digital Multimedia Broadcasting: DMB), 홈 미디어(Home Media) 등을 들 수 있다. DMC는 유선을 기반으로, DMB는 무선을 기반으로, 또 집안에서는 가전제품이 서로 연결된 홈 미디어를 바탕으로 새로운 매체 환경이 조성되고 있다. 이른바 유비쿼터스 환경을 통해 소비자는 실내건 옥외건 혹은 정지된 상태건 이동 중이건 간에 다양한 매체를 통해 원하는 서비스를 받을 수 있는 환경이 구축되고 있는 것이다. 이러한 유비쿼터스 환경 속에서 특히 DMC와 같이 유선을 기반으로 한 서비스는 매우 중요한 역할을 할 것으로 여겨진다.

무선에 비해 넓은 대역폭을 지닌 유선 기반 서비스는 다양한 멀티미디어 정보를 제공하는데 있어 상대적으로 별 어려움이 없다. 특히 리턴 채널의 확보가 위성 등 기타의 매체보다 용이한 DMC의 경우 뉴미디어의 가장 중요한 특성이라고 할 수 있는 상호작용성을 충분히 발휘해 주문형 비디오(Video on Demand: VOD) 서비스 등 뉴미디어의 다양한 서비스가 가능하기 때문이다.

1. DMC의 개념 및 도입 배경

디지털 유선방송 송출사업으로 일컬어지는 디지털미디어센터(DMC)는 '종합유선방송사업자(System Operator: SO)와의 계약에 의해, 자체적으로 또는 방송채널사용사업자(Program Provider: PP) 등이 제공하는 방송 콘텐츠를 디지털화해 종합 유선방송사업자에게 공급하는 사업'으로 정의할 수 있다(방송위원회(2003), p.12). 즉 DMC는 막대한 비용이 소요되는 케이블 TV의

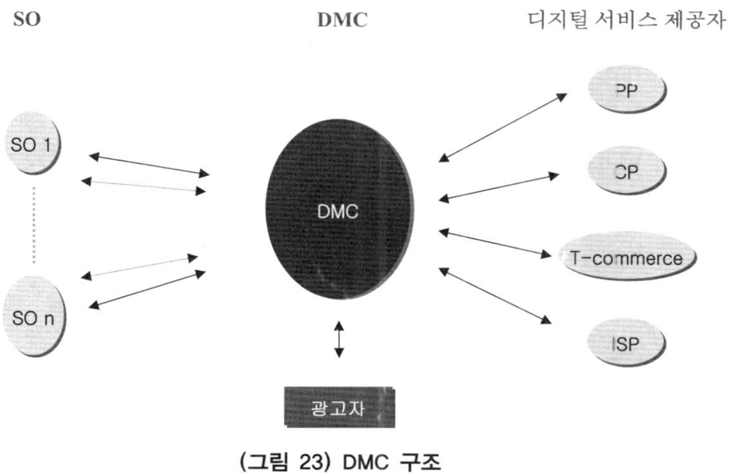

(그림 23) DMC 구조

디지털 전환 작업을 분담하기 위해 전국을 각 권역으로 나누어 각 권역의 중심에 미디어 센터를 두고 미디어 센터에서 디지털 프로그램을 각각의 개별 방송국에 전송하는 사업 혹은 사업자를 말한다.

DMC는 기존 케이블 TV 서비스의 디지털화 과정에서 자연스럽게 태동한 비즈니스 모델로 모든 매체 환경에서 디지털 기술의 전면적인 도입에 따른 기존 케이블 TV의 대응책이라고 할 수 있다. 디지털 위성 방송의 등장, 지상파 방송의 디지털 전환, DMB와 IPTV의 도입 등 국내 방송 환경이 디지털 방송으로 급속히 전환되고 있는 시점에서 케이블 TV의 디지털화는 타 방송 매체와의 경쟁에서 살아남기 위한 불가결의 선택이 되었다. 그러나 개별 SO별로 독자적으로 디지털 방송 시스템으로의 전환을 추진하기에는 재원과 인력, 콘텐츠 수급 등의 측면에서 현실적으로 상당한 부담 요인이 될 수밖에 없다. 즉 고품질의 디지털 방송과 인터넷 접속(Internet Service Provider: ISP), 인터넷 전화(Voice over IP: VoIP) 등 각종 부가 서비스를 제공하는데 필요한 디지털 방송 시스템 및 전송망 구축에 들어가는 비용 부담이 크기 때문에 경제적 효율성과 사업성 확보를 극대화하기 위해 다수의 SO들이 협력해서 통합 방송 센터를 함께 구축해 운용하자는 취지에서 추진된 것이 바로 DMC이다.

요컨대 DMC는 케이블의 디지털화 추진 과정에서 투자 비용의 절감을 위해 태동된 것으로 공통적으로 사용할 수 있는 A/V 인코더, 디지털 변조기, EPG 데이터 송출 장비 등의 디지털 방송 장비 및 부가 서비스 시스템을 하나의 센터에 구축해 운용하게 된다. 이를 통해 DMC는 PP들의 송출 프로그램과 EPG, VOD, NVOD 등의 각종 부가 서비스를 한데 묶어 1차 채널을 구성, 케이블망을 통해 다수의 SO에게 방송 서비스를 제공해주고 기타 VoIP 등의 통신 서비스도 함께 제공해주게 된다(방송위원회(2003), p.56).

DMC는 2000년부터 서울지역의 MSO를 중심으로 도입이 검토되면서 2003년 방송위원회의 디지털방송추진위원회 종합보고서를 통해 그 개념이 구체화됐는데 구체적으로 DMC가 도입된 배경을 살펴보면 다음과 같다.

첫째, 디지털 위성방송의 도입, 지상파 TV의 디지털 전환, DMB의 도입

〈표 28〉 DMC와 SO의 역할

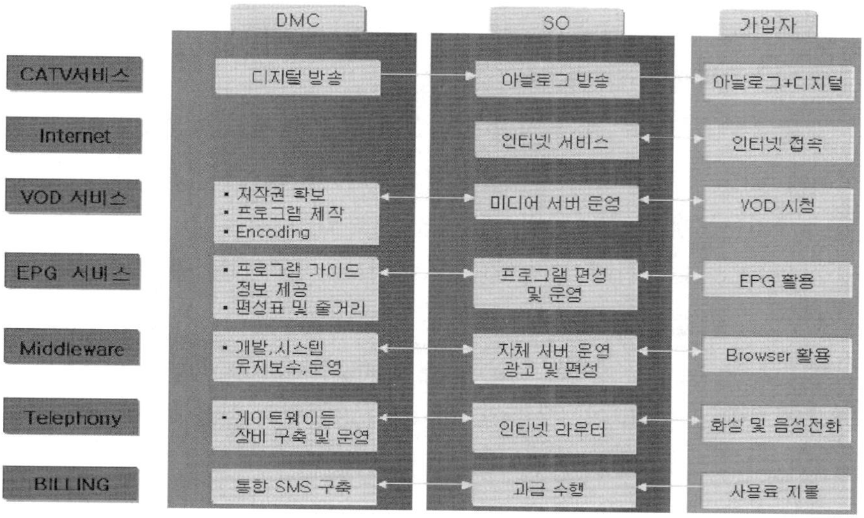

출처: 방송위원회(2003). 〈DMB·데이터방송 및 DMC 등 디지털방송에 관한 종합계획〉, 디지털방송추진위원회 종합보고서, p58.

등 다양하게 펼쳐지는 새로운 디지털 미디어 서비스의 확산은 케이블 TV 업계 전반에 걸쳐 위기감을 조성했고 이에 대한 자구 노력이 나올 수밖에 없는 상황이 되었다. 즉 매체 간 경쟁이 점점 심화돼가는 상황 속에서 케이블 TV의 경쟁력 확보를 위해 케이블 TV 산업의 디지털화를 주도할 DMC의 설립 등 대응책이 절실하게 된 것이다.

둘째, SO 통합을 통한 규모의 경제 실현을 들 수 있다. 기존의 백여 개가 넘는 소규모 SO들로서는 급속하게 변화하는 디지털 매체 환경에서 우위를 차지하기가 힘들다. 특히 스카이라이프(SkyLife)와 같은 위성방송이나 위성 DMB의 경우 국내 전역을 대상으로 한 서비스가 가능한 반면 케이블 TV는 지역 서비스의 한계를 넘어설 수가 없다. 따라서 DMC를 통한 사업 확대는 규모의 경제를 가져다 줄 수 있는 장점을 갖고 있다.

셋째, DMC의 도입으로 비용 절감을 꾀할 수 있다는 점이다. 전반적인 매체 환경이 디지털화되어가는 과정 속에서 케이블 TV의 디지털 전환에는 기존의 영세 SO들로서는 감당하기 어려운 비용이 발생한다. 예를 들면 1개 SO

의 헤드엔드 등의 평균 디지털 전환 비용이 최소한 약 30-40억원인 것을 감안할 때 독립적인 디지털 전환은 개별 SO만이 아니라 케이블 TV 전체 사업에도 많은 무리를 가져다준다.

넷째, 케이블 TV 업계가 직면하고 있는 기존 문제점 해결을 위한 방안을 제시해 줄 수 있다. 가입률은 증가하고 있지만 침투율은 정체하고 있고 가입자당 수익은 증가하지만 가입자당 수신료 수입은 감소하는 등 기존의 왜곡된 사업 구조 및 시장에서 케이블 TV의 미래는 불투명한 측면이 있다. 따라서 DMC를 바탕으로 신규 서비스의 도입과 새로운 수요 창출 및 기존 고객 이탈 방지를 통해 가입자당 평균 매출(Average Revenue Per User: ARPU)의 증대를 꾀할 수 있다. 이것은 결국 케이블 TV 산업의 시장 구조와 수익 모델의 정상화를 위한 필수 과정이라고 할 수 있다.

다섯째, 미래의 유비쿼터스 매체 환경을 지탱할 인프라로서 DMC의 역할과 의미가 크다고 할 수 있다. 넓은 대역폭과 쌍방향성이 뛰어난 매체의 특성은 향후 유비쿼터스 매체 환경 속에서 소비자가 원하는 모든 서비스를 제공할 수 있는 가능성을 높여준다. 이러한 가능성은 앞으로 도입될 여러 매체 중 DMC에서 가장 쉽게 확보될 수 있으며 결국 미래의 매체 환경을 주도해 갈 인프라로서의 DMC의 역할로 이어질 수 있기 때문이다.

2. DMC 동향

케이블 TV의 디지털화는 MSO와 DMC를 중심으로 이루어져왔는데 DMC는 SO의 출자에 의한 컨소시엄 형태의 DMC, MSO 중심의 DMC, 별도 법인에 의한 전문 DMC 등 몇 가지 형태로 추진되어 왔다. 국내의 대표적인 DMC 사업자로는 한국디지털케이블미디어센터(KDMC), 브로드밴드솔루션즈(BSI), CJ케이블넷, C&M 커뮤니케이션, 큐릭스 등을 들 수 있다.

2001년 9월 24개 SO들이 참여해 설립한 KDMC는 수도권을 메인 DMC로 하고 대구, 광주 등 전국 주요 지역에 서브 DMC를 설립, 각각의 지역 SO에 디지털 방송 서비스를 제공하고 있다. SO 주도의 컨소시엄 형태로 DMC 사

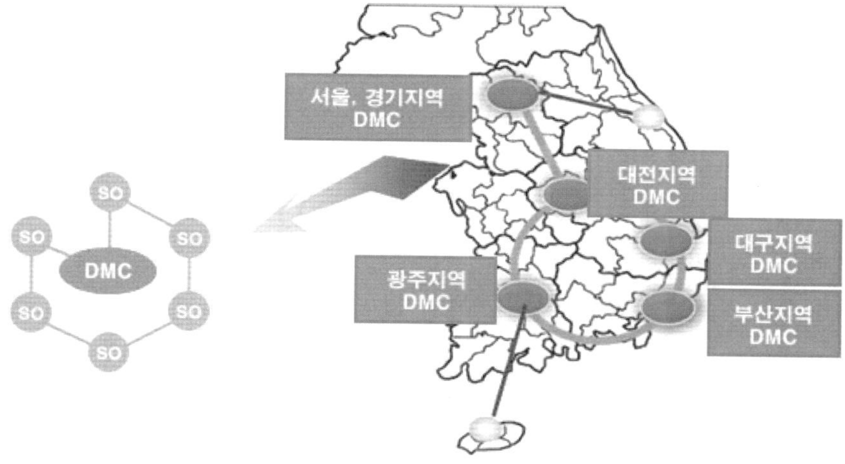

출처: KDMC(http://www.kdmctv.co.kr)

(그림 24) KDMC의 네트워크 구조

업을 추진해온 KDMC는 발족 이후 지속적으로 전국적인 네트워크 구축을 위해 SO 가입을 꾸준히 확대하는 한편 통신 사업자들과의 협력관계를 모색해왔다. KDMC는 이를 토대로 규모의 경제를 실현하여 디지털 방송은 물론 각종 쌍방향 서비스와 ISP, VoIP 등을 동시에 제공하는 TPS를 추구하고 있다.

2001년 2월에 설립된 브로드밴드솔루션즈(BSI)는 2004년 4월 DMC를 개국한 DMC 전문 업체다. 2005년 3월 강남 케이블 TV와 드림씨티를 중심으로 디지털 방송 상용 서비스와 데이터 방송 시범 서비스를 실시한 BSI는 KDMC와 마찬가지로 EPG, SVOD(Subscription VOD), RVOD(Real VOD), VoIP, T-커머스, T-뱅킹, T-거번먼트 등 다양한 방송·통신 융합 서비스의 제공을 통해 TPS를 추구하고 있다.

MSO 중심의 DMC인 CJ케이블넷은 계열 SO인 서울의 양천 방송 가입자를 대상으로 디지털 서비스를 시작한 이래 단계적으로 HELLO D라는 디지털 방송 브랜드로 서비스 대상 지역을 확대하여 왔다. 디지털 TV, PPV, VOD, EPG 등의 서비스를 최우선 순위로 추진해 온 CJ케이블넷은 디지털 A/V 방송과 데이터 방송, 오디오 방송, NVOD, SVOD 등 다양한 디지털 양방향 서비스를 제공하고 있다. CJ케이블넷은 기존의 텍스트 중심 EPG와는 달리 모자이크 방식의 EPG를 도입해 여러 채널의 동영상 화면을 하나의 화면에서 보다 쉽게 리모콘으로 이동할 수 있도록 하는 등 내비게이션 기능을 통해 기존 디지털 매체와의 차별화를 시도하여 왔다. C&M 커뮤니케이션과 큐릭스 역시 MSO 중심의 DMC로 C&M 커뮤니케이션의 경우 1단계로 DVD급 화질과 돌비 5.1 채널의 디지털 채널 및 VOD 서비스에 이어 2단계로 T-커머스, T-거번먼트, VoIP 등 다양한 디지털 서비스의 제공을 통해 디지털 서비스 권역을 확대하여 왔다. 2003년 11월 국내 최초로 정보통신부로부터 디지털 케이블 방송을 위한 시설 변경 허가를 받아 디지털 케이블 TV 시범방송에 나선 큐릭스는 초기 서비스로 100여개의 비디오 채널과 30개의 오디오 채널, 20개의 NVOD 서비스에 이어 T-커머스, T-뱅킹, T-거번먼트, 월드가든(Walled Garden) 등으로 서비스를 확대하여 왔다.

3. DMC 서비스

DMC에서 제공 가능한 서비스와 사업 범위는 구체적으로 방송 영역과 통신 영역으로 나누어 생각해 볼 수 있다. 우선 방송 영역에서는 아날로그 전송을 디지털 전송으로 전환하면서 QoS를 통한 서비스 질의 향상을 꾀할 수 있는데 케이블 TV의 이러한 기본적인 핵심 서비스에 대한 디지털화는 자연스럽게 미래의 방송 혹은 미래의 TV 서비스라고 할 수 있는 쌍방향 TV(Interactive TV: ITV)로의 변신을 가져온다. 상호작용성이 가미된 ITV 방송 서비스 환경에서는 기존의 PP(Program Provider)는 물론 CP(Contents Provider)의 역할이 매우 중요하게 된다. 주문형 비디오 서비스인 비디오 온디맨드(VOD), 인터넷의 다양한 정보와 서비스를 TV에 적합하게 재가공해서 온 디맨드(On Demand) 및 방송 방식으로 제공하는 서비스인 월드 가든(Walled Garden), TV를 보는 도중 리모콘으로 상품 주문을 할 수 있는 T-커머스(T-Commerce), TV를 통해 각종 행정 및 공공 업무를 처리하는 T-거번먼트(T-Government) 등이 이러한 ITV의 주요 서비스가 될 것이다. 특히 VOD는 가장 먼저 도입될 수 있는 서비스이며 월드 가든의 경우 게임이나

〈표 29〉 DMC 서비스

방송	디지털 TV	PP가 프로그램 제공
	ITV(Interactive TV)	CP가 다양한 부가 서비스 제공 ♣ 주문형 비디오(VOD) ♣ 월드 가든(Walled Garden) ♣ T-커머스(T-Commerce) ♣ T-거번먼트(T-Government)
통신	인터넷 서비스	인터넷 접속(ISP) 인터넷 전화(VoIP) IP 기반 방송

증권 등의 킬러 서비스(Killer Service) 제공 환경을 ITV에서 조성할 수 있다. T-커머스 즉 TV 전자 상거래는 이미 기존 케이블 TV에서 가장 수익성이 많은 영역으로 디지털 케이블 TV의 경우 또 하나의 킬러 서비스의 역할을 할 수 있다. 전자 정부의 중요한 축을 이루는 T-거번먼트 역시 미래 매체 환경의 중요한 서비스 가운데 하나라고 할 수 있다. 이와 같이 다양한 ITV 서비스가 이루어지기 위해서는 셋톱박스(STB)의 고기능화와 표준화가 이루어져야 한다. 미국의 경우 DVR(Digital Video Recorder) 기능을 내재한 STB가 점점 확산되는 추세인데 DVR이 VOD의 영역을 침범할 것이라는 우려와는 달리 소비자의 반응이 매우 좋을 뿐만 아니라 디지털 위성 방송에 대적할 중요한 킬러 서비스의 하나로 떠오르고 있다.

DMC에서 제공되는 서비스는 두 번째로 통신의 영역을 생각해 볼 수 있다. 전술한 방송 영역에서의 서비스가 아날로그 케이블 TV에서 디지털 케이블 TV로 전환하면서 서비스의 질과 수준 그리고 범위를 높이는 차원이었다면 통신 영역에서의 서비스는 DMC가 진정한 의미에서 방송과 통신 융합의 대표적인 매체라고 불릴 수 있는 이유를 제공한다. 이는 기본적으로 기존 방송의 영역에서는 다루어지지 않았던 인터넷과 통신 서비스 등 다양한 서비스를 디지털 케이블 TV에서 제공할 수 있기 때문이다.

통신 영역에서의 DMC 서비스는 크게 세 가지로 나누어 볼 수 있다. 우선 일반적인 인터넷 서비스 제공 사업자(Internet Service Provider: ISP) 영역의 서비스를 들 수 있다. 물론 현재에도 케이블 네트워크를 통해 인터넷 서비스가 제공되고 있지만 통신 사업자들에 의해 주로 제공되었던 ISP 관련 서비스가 750Mhz의 광동축혼합망인 광대역 HFC(Hybrid Fiber Coaxial Cable) 네트워크를 통해 이루어질 수 있기 때문에 기존 자원의 효율적인 사용이라는 측면에서 바람직한 결과를 가져올 수 있다. 또 별정 통신사업으로 분류되는 인터넷 전화(VoIP) 서비스 또한 DMC를 통해 가능하다. VoIP 서비스는 ISP 관련 서비스와 마찬가지로 일반 전화선보다 전송폭이 큰 HFC망을 통해 더욱 원활하고 쉽게 이루어질 수 있다. 케이블 네트워크를 통한 VoIP 서비스는 현재 미국에서 매우 활발히 진행되고 있는 중요한 서비스 가운데 하나다.

이 밖에도 DMC의 인터넷 분야 서비스로 스트리밍과 멀티캐스팅을 바탕으로 한 IP 기반 방송을 들 수 있다. 웹 캐스팅의 근간이 되는 스트리밍 서비스, 그리고 동시에 다수의 접속자에게 동일한 내용을 전달함으로써 인터넷의 방송화(Internet Based Broadcasting)를 가능하게 하는 멀티캐스팅 서비스는 인터넷의 대중 매체화를 가능하게 하는 기반이라고 할 수 있는데 이러한 인터넷 서비스의 플랫폼으로서 DMC의 역할은 매우 확대될 것으로 보인다. 인터넷 보급률이 세계적으로 상위권에 속하고 특히 초고속통신망 보급률은 세계 최고 수준임에도 불구하고 주부 혹은 노년층에서의 인터넷 사용은 아직 제한적이라고 할 수 있다. 기존 환경에서 인터넷에 접근하려면 대개의 경우 컴퓨터를 통해서 접근할 수밖에 없기 때문에 컴퓨터에 익숙하지 않은 세대에게 인터넷은 쉽게 다가갈 수 없는 매체이다. 반면 DMC는 쉽고 편리한 매체라고 할 수 있는 TV를 통해 인터넷에 접근할 수 있는 환경을 제공하는 장점이 있기 때문에 규모의 경제를 바탕으로 조성되는 DMC 환경에서의 인터

〈표 30〉 DMC 비즈니스 모델

비즈니스 모델	방송		통신
	디지털 TV	ITV	ISP
B to C (가입자)	수신료	VOD 시청료	ISP, VoIP 사용료
B to B (광고자/CP)	광고	광고(일부)	

넷에 대한 접근은 과거보다 훨씬 쉽게 이루어질 수 있다.

DMC의 수익은 주로 DMC 시스템을 사용하게 될 SO와의 계약을 통해 이루어지는 디지털 서비스에 대한 SO 매출에서 일정 부분을 나누는 형태가 될 것이다. 이는 디지털 가입자에 대한 수신료와 VOD 시청료, 그리고 B to B 방식의 광고 수입을 통해 이루어지겠지만 ISP, VoIP 등 다양한 연관 상품과의 통합 판매를 통한 수익 창출도 중요하다고 할 수 있다. 특히 케이블 설비에 기반한 VoIP 서비스는 상대적으로 취약한 케이블 TV의 ARPU에 비해 차지하는 비중이 크다고 할 수 있으며 통신 회사의 IPTV를 기반으로 한 방송통신 융합형 서비스에 대한 대응 전략 차원에서도 관심의 대상이 되고 있다고 하겠다.

4. DMC와 방송 환경

DMB가 통신 분야에서 방송으로 접근하는 방송과 통신의 융합이라면 DMC는 방송에서 통신으로 다가가는 융합의 한 예라고 할 수 있다. 특히 넓은 대역폭과 상하향 대역을 모두 가지고 있는 DMC는 DMB와 같이 독자적인 리턴 채널의 확보에 있어 매우 제한적인 여타 전송 매체에 비해 쌍방향 서비스를 구현하는 데 있어 매우 유리한 위치에 있다고 할 수 있다. 따라서 디지털 케이블 TV의 위상을 좌우할 성패 요인 가운데 하나로 쌍방향성을 부각시킨 서비스의 개발 여부를 들 수 있다.

케이블 TV는 지상파 방송이나 위성 방송과 비교해서 고도의 쌍방향성을 실현시킬 수 있는 매체이므로 쌍방향성을 기반으로 한 서비스야말로 여타 디지털 방송 매체와 차별성을 가질 수 있기 때문에 이러한 특성을 극대화할 필요가 있다. 가령 영화나 드라마, 교육, 스포츠, 레저, 게임 등 다양한 장르의 실시간 VOD 서비스뿐만 아니라 각종 시청자 참여형 콘텐츠와 T-커머스, T-거버먼트 등 차별화된 쌍방향 방송 환경의 구축이 필요하다고 하겠다. 또 DMC 환경에서는 기존 방송의 디지털화만이 아니라 ITV와 인터넷을 비롯한 새로운 영역에서의 융합 서비스가 적극 개발되어야 할 것이다.

〈표 31〉 방송 사업 분류와 DMC

구분		특성	사례
TV 기반	♣지상파	콘텐츠 절대 우위, 높은 진입 장벽	KBS, SBS, MBC 등 30여개 사
	♣위성	커버리지/화질 우수, 콘텐츠 제한	스카이라이프
	♣케이블	커버리지 제한, 양방향성 우수	77개 사업권역 100여개 사
	♣유사 방송	양방향성 우수, 방송 통신 융합 기반	
	– SCN/SMATV	네트워크 활용도 극대화	
	– IPTV	방송(광대역성)+ 양방향성	통신 사업자 위주
PC 기반	♣인터넷 방송	양방향성 우수, 특화 콘텐츠 (특화 실패로 감소 추세)	교육, 뉴스, 성인 방송 등
모바일 기반	♣위성 DMB	유료, 전국 방송, 통신 사업자 중심	TU 미디어
	♣지상파 DMB	무료, 지역 방송/지상파 중심	6개 지상파 및 비지상파 사업자
	♣휴대 전화 방송	CP 형태의 지상파 재전송 및 VOD	SK Telecom, KTF
기타	♣전광판	뉴스/광고 위주, 제한적 커버리지	동아닷컴 등 20여개 사
	♣지하철/철도 방송	제한적 콘텐츠 및 커버리지	코모넷 (철도/지하철) 에드벨 (버스)

출처: 하나로 텔레콤(2004). 하나로 텔레콤 내부 보고서

나아가 DMC는 단순히 케이블 TV의 디지털화를 떠나서 미래의 유비쿼터스 매체 환경 속에서 유선 네트워크의 한 축을 담당할 인프라로서 접근되어야 할 것이다. 가령 케이블 BcN 망은 방송망으로서의 활용을 넘어서서 디지털 컨버전스의 고도화를 통해 장소나 시간, 기기에 구애받지 않고 언제, 어디서나 각종 멀티미디어 정보를 주고받을 수 있는 유비쿼터스 환경의 핵심 인프라로 접근돼야 할 것이다. 이러한 유비쿼터스 환경의 구축을 위해서는 케이블 BcN망을 이용한 홈 네트워킹의 구현이 선행돼야 하는데 이는 결국 홈 네트워킹의 디지털 게이트웨이가 될 셋톱박스(STB)의 고도화를 의미한다. 즉 단순히 아날로그 셋톱박스를 대체하는 수준에서 그치는 것이 아니라 PVR 기능은 물론 유무선 네트워크와의 연동을 통해 집안의 모든 디지털 가전을 통합 조정할 수 있는 셋톱박스로의 발전을 의미한다. 셋톱박스와 케이블 TV망의 고도화를 통한 이러한 유비쿼터스 환경 구축은 각종 장비 및 콘텐츠 산업 등 관련 산업의 활성화를 가져와 상당한 경제적 파급 효과도 기대할 수 있을 것이다.

[참고문헌]

1. 김무곤 · 김관규(2005). "방송 통신 융합에 따른 케이블TV의 경쟁력 제고 방안", 케이블TV 10주년 기념 세미나.
2. 방송위원회(2003). <DMB 데이터방송 및 DMC 등 디지털방송에 관한 종합계획>, 디지털방송추진위원회 종합보고서.
3. 하나로 텔레콤(2004). 하나로 텔레콤 내부 보고서.

제10장 인터넷 신문

초창기의 인터넷 신문들은 대부분 기존 인쇄 신문의 이미지 제고를 위한 홍보 차원의 역할에 그쳤으며 그 내용 또한 인쇄 신문에 게재된 내용을 그대로 전재하는 수준에 머물렀다. 그러나 인터넷을 대중화시키는데 결정적 기여를 한 월드와이드웹(World Wide Web)의 등장과 함께 인터넷 이용자 수가 폭발적으로 늘어남에 따라 인터넷이라는 가상 공간을 통해 뉴스를 제공하는 인터넷 신문도 양과 질적으로 급속한 성장세를 보이면서 기존의 매스 미디어와는 다른 독자적인 특성을 갖는 별개의 미디어로 인식되는 경향을 보이게 되었다.

1. 인터넷 신문의 개념

인터넷 신문은 1992년 3월 미국의 <시카고 트리뷴>이 세계 최초로 인터넷 신문을 창간한 이래 빠른 속도로 그 수가 증가하고 있으며 현재 전 세계적으로 거의 모든 신문사가 인터넷 신문을 만들고 있다. 우리나라도 1995년 3월 <중앙일보>가 처음으로 인터넷 신문 서비스를 시작한 이래 많은 일간지들이 인쇄 신문 종속형 형태의 인터넷 신문 서비스에 나서기 시작하였으며 2000년 이후에는 <오마이뉴스>와 같은 순수 독립형 인터넷 신문이 속속 창간되면서 본격적인 인터넷 신문 시대를 맞게 되었다.

인터넷 신문이 21세기 미디어 패러다임의 혁명적 전환을 가져올 수 있는 많은 가능성을 갖고 있는 이유 가운데 하나는 전통적인 매스 디디어와 차별화되는 중요한 특징인 상호작용성(Interactivity) 때문이다. 전통적인 의미의 신문이나 방송과 같은 기존 매스 미디어의 커뮤니케이션 양식은 수용자가 송신자의 메시지를 일방적으로 받아들이는 일방향적 커뮤니케이션이었다. 그러나 인터넷 신문은 이러한 일방향적 커뮤니케이션과는 달리 사용자에 의해 메시지와 정보가 선택되고 피드백되는 상호작용 커뮤니케션을 중요한 특징으로 한다. 뿐만 아니라 인터넷 신문은 소비자가 직접 생산 과정에 참여하는 수용자 위주의 뉴스 생산 구조를 통해 생산자와 소비자의 경계를 허무는 새로운 커뮤니케이션 패러다임 혹은 언론 패러다임의 변화를 이끌어내고 있다는 점에서 주목을 끌고 있다.

그런데 PC 통신이나 인터넷과 같은 가상 공간에서 전개되는 새로운 형태의 미디어는 그 서비스 주체와 형태가 매우 다양할뿐더러 지금도 지속적으로 변화 발전하고 있기 때문에 한마디로 정의를 내리기가 쉽지 않다. <월스트리트인터액티브>나 <동아닷컴> <디지털조선> <조인스닷컴>과 같이 기존 신문사가 자사의 인쇄 신문과 병행해서 제공하는 형태의 인터넷 신문이 있는가 하면 미국의 <드러지리포트>나 우리나라의 <오마이뉴스> <프레시안>과 같이 개인 혹은 단체가 제공하는 독립적인 형태의 인터넷 신문, 그리고 소수의 네티즌을 중심으로 운영되는 단순한 홈페이지 수준의 온라인 서비스 등 서비스의 형태나 수준도 매우 다양하다. 그 명칭도 인터넷 신문, 온라인 신문, 전자 신문, 사이버 신문 등 다양하게 사용되고 있다.

인터넷 신문에 대한 기존 개념 정의를 종합해 볼 때 인터넷 신문은 '정치, 경제, 사회, 문화, 시사 등에 관한 보도, 논평 및 여론 등을 전파하기 위한 목적으로 인터넷이라는 가상 공간을 통해 전문적으로 텍스트 중심의 정보를 제공하는 온라인 미디어'라고 정의할 수 있다.

2. 인터넷 신문의 종류

인터넷 신문의 종류는 태동 배경 혹은 발달 과정을 중심으로 크게 두 가지로 생각해 볼 수 있는데 하나는 미국의 <월스트리트인터액티브>나 우리나라의 <동아닷컴> <디지털조선> <조인스닷컴> 등과 같이 기존 신문사가 자사의 인쇄 신문과 병행하여 제공하는 오프 앤드 온라인 형태의 신문(off and online newspaper) 즉 종속형 인터넷 신문이다. 다른 하나는 <드러지리포트>나 <오마이뉴스> <프레시안> 등과 같이 개인 혹은 단체가 제공하는 독립적인 형태의 순수 온라인 신문(only online newspaper), 즉 기존 인쇄 신문을 모태로 하기보다는 처음부터 온라인상에서 출발한 순수 독립형 인터넷 신문이다. 이러한 순수 독립형 인터넷 신문의 경우 <오마이뉴스>처럼 처음에는 순수하게 온라인상에서만 존재하였으나 이후 오프라인 형태의 인쇄 신문인 <주간 오마이뉴스>를 창간하는 등 오프라인으로까지 영역을 확대한 경우도 있다.

이러한 종속형 인터넷 신문과 순수 독립형 인터넷 신문에 하나를 더 추가한다면 <야후>나 <다음>과 같은 검색 사이트 혹은 포털 사이트가 기존 신문사나 방송사 혹은 통신사가 제공하는 뉴스를 재편집하여 전달하는 재매개 형태의 신문(remediated online newspaper), 즉 정보의 2차적 제공자가 정보의 1차적 제공자인 기존 매체로부터 뉴스를 공급받아 이를 다시 편집해서 전달하는 형태의 매체를 들 수 있다. 이러한 형태의 신문은 독자적으로 뉴스를 취재해서 제공하는 기존의 언론 보도 활동 혹은 저널리즘과는 거리가 있지만 뉴스를 가치별로 분류, 정리하는 의제 설정 과정은 뉴스를 수집하는 행위와 더불어 신문사의 핵심이 되는 업무라는 점에서 특화된 형태의 신문으로서 넓은 의미에서 인터넷 신문의 범주에 포함시킬 수 있다고 하겠다. 이러한 재매개 형태의 뉴스 사이트는 대개 기존 미디어로부터 뉴스를 공급받아 이를 수용자에게 다시 전달해주는 역할에 그치고 있지만 일부 사이트의 경우에는 자체적으로 별도의 미디어 조직을 두고서 직접 독자적으로 기사를 취재해서 제공하기도 한다.

3. 인터넷 신문 동향

1) 인터넷 신문의 등장과 발전

▶미국

- 1992년 3월 시카고 트리뷴이 세계 최초로 인터넷 신문 창간
- 1995년 7월 세계 최초의 독립형 인터넷 신문인 살롱(www.salon.com) 창간
- 1995년 9월 USA투데이
- 1996년 4월 월스트리트저널
- 1996년 6월 뉴욕타임스
- 1996년 7월 워싱턴포스트

▶일본

- 1995년 4월 니혼게이자이 신문이 인터넷 신문 서비스 시작
- 1995년 6월 요미우리 신문
- 1995년 8월 1일 마이니치 신문
- 1995년 8월 10일 아사히 신문

▶한국

- 1995년 3월 중앙일보가 인터넷을 통해 이용자들이 신문을 볼 수 있는 국내 최초의 인쇄신문 종속형 인터넷 신문 발간.
- 1995년 11월 조선일보가 디지털조선이라는 법인체를 설립 한 뒤 1996년 3월 인터넷 신문 서비스 개시.
- 1996년 9월 동아일보가 동아 마이다스라는 이름으로 웹 사이트를 구축하고 11월부터 인터넷 신문 서비스를 시작하면서 2000년 1월 동아닷컴으로 명칭 변경.
- 2000년 1월 증권 및 금융 전문 인터넷 신문인 머니투데이가 인터넷 뉴스

를 제공하기 시작하면서 본격적인 독립형 전문 인터넷 신문 시대 개막.
- 2000년 2월 독립형 종합 인터넷 신문인 오마이뉴스 창간.

우리나라의 경우 1986년 <한국경제신문>이 데이콤에 신문 기사를 제공하는 온라인 뉴스 서비스를 처음 시작한 것으로 알려져 있다. 그러나 <한국경제신문>의 온라인 뉴스 서비스는 엄격히 말해 전 세계에 퍼져 있는 인터넷망을 이용한 것이 아니라 국내 PC 통신망을 이용하였다는 점에서 유통 및 배포 범위의 제한으로 인해 인터넷 신문이라기보다는 포괄적인 의미의 전자 신문이라고 보는 것이 정확하다고 할 수 있다. 우리나라에서는 순수 독립형 인터넷 신문이 등장하기에 앞서 1995년 3월 <중앙일보>가 인터넷을 통해 신문을 볼 수 있는 최초의 인터넷 신문을 발간하였다. 이후 1995년 10월 <조선일보>가 디지털 조선일보라는 법인체를 설립한 뒤 1996년 3월 인터넷 신문 서비스를 시작하였다. <동아일보>도 1996년 9월 <동아 마이다스>라는 이름으로 웹사이트를 구축한 뒤 11월부터 신문 서비스를 개시하였으며 2000년 1월 <동아닷컴>으로 명칭을 변경하였다. 이후 많은 일간지들이 인쇄 신문 종속형 형태의 인터넷 신문 서비스에 속속 나서기 시작하였으며 현재 거의 대부분의 일간지들이 이러한 형태의 인터넷 신문을 발간하고 있다.

국내의 독립형 인터넷 신문은 2000년 1월 <머니투데이>가 온라인상에서 증권 및 금융 관련 뉴스를 제공하는 전문지 형태의 인터넷 신문을 처음 선보이면서 독립형 인터넷 신문들이 창간되기 시작하였다. 특히 2000년 2월 종합 일간지 형태의 인터넷 신문인 <오마이뉴스>가 창간된 이후 2001년 9월 <프레시안>이 창간되는 등 종합 일간지 형태의 순수 독립형 인터넷 신문이 속속 창간되면서 본격적인 인터넷 신문 시대를 열게 되었다. 2006년 기준으로 한국언론재단이 제공하고 있는 뉴스 검색 사이트인 카인즈(www.kinds.or.kr)에 링크돼 있는 인쇄 신문 종속형 형태의 인터넷 신문은 종합 일간지 51개, 경제지 7개, 영자지 10개, 스포츠지 5개, 지역 신문 88개, 학교 신문 49개, 해외지사/동포신문 12개 등 모두 232개에 달한다. 독립형 인터넷 신문은 <오마이뉴스> 등 21개가 링크되어 있다.

2) 인터넷 신문 현황

2002년 전 국민적 관심을 모았던 한·일 월드컵 축구 대회와 16대 대통령 선거를 계기로 인터넷 언론이 급부상하면서 기존 미디어 판도에 변화가 일어나기 시작하였다. 지금까지 우리 사회의 여론을 주도해왔던 인쇄 매체에 비해 인터넷 신문 등 인터넷 미디어의 영향력이 커지면서 우리 사회의 의제 설정과 여론 형성의 패러다임이 변화되는 모습을 보여주기 시작한 것이다. 여기에다 <다음>을 비롯한 대형 포털 사이트가 자본력을 바탕으로 미디어 사업 부문을 대폭 강화하면서 기존의 인쇄 매체들도 조직 개편과 함께 인터넷 뉴스 분야를 대폭 강화하는 등 매체 간 경쟁이 한층 가열되는 양상을 보이게 되었다. 이에 따라 인터넷 신문 시장은 언론사닷컴으로 불리는 기존의 인쇄 신문 종속형 인터넷 신문과 <오마이뉴스>, <프레시안>과 같은 순수 독립형 인터넷 신문, 그리고 <다음>을 필두로 한 포털 혹은 검색 사이트가 3파전을 펼치며 치열한 주도권 다툼을 벌이는 가운데 이들 간에 상호 제휴 혹은 결합을 통한 새로운 생존 전략을 모색하는 등 다양한 양상을 보여주고 있다.

(1) 순수 독립형 인터넷 신문의 약진

2002년 한·일 월드컵 축구대회 거리 응원과 미군 장갑차 여중생 사망 사건 및 광화문 촛불 시위, 16대 대통령 선거 등 일련의 뉴스 보도 과정에서 <오마이뉴스> <프레시안>과 같은 순수 독립형 인터넷 신문이 기존의 주류 언론에 맞서 여론 형성의 또 다른 중심축으로 부상하는 판도 변화를 가져왔다. 특히 뉴스 게릴라로 불리는 시민 기자 제도의 도입을 통해 일반 시민들이 기사의 소비뿐만 아니라 생산의 주역이 되는 시민의 언론을 표방한 <오마이뉴스>의 경우 기존 언론이 접근하기 어려운 주제나 내용을 정면으로 조명하는 접근 방식과 함께 뉴스의 소재에 있어서도 수용자가 관심을 갖는 내용 위주로 구성함으로써 일반 독자들의 큰 관심을 끌면서 비약적인 발전을 하게 되었다.

특히 <오마이뉴스>는 2002년 4월 <주간 오마이뉴스>를 창간하면서 종이 신문으로 영역을 확장한데 이어 2002년 11월 인터넷 방송인 <오마이TV>를 개국하는 등 인터넷 방송으로까지 진출하였다. <오마이뉴스>는 시사 주간지 <사시저널>이 10개 분야 전문가 1,040명을 대상으로 실시한 가장 영향력 있는 언론 매체에 대한 여론 조사에서 2003년에 이어 2004년에도 6위를 차지했으며 <프레시안> 역시 10위를 기록하는 등 인터넷 신문의 영향력이 갈수록 커지하고 있다. 그러나 <오마이뉴스>와 <프레시안> 같은 순수 독립형 인터넷 신문의 경우 취약한 자본력과 수익 모델 부재 등으로 자립 경영 기반이 취약하다는 점, 그리고 이른바 '앙마 사건'에서 보여줬듯이 종종 인터넷 신문 기사의 신뢰성이 도전받고 있다는 점 등 풀어야 할 숙제도 많다. 자신이 촛불 시위에 대한 제안을 게시판에 올려놓고 마치 제3자의 글을 인용한 것처럼 기사를 써서 논란을 불러일으킨 앙마 사건은 인터넷 언론의 신뢰성에 대한 문제 제기와 함께 인터넷 매체의 신뢰도에 대한 많은 논의와 공방을 불러일으킨 바 있다.

(2) 인쇄 신문 종속형 인터넷 신문의 인터넷 뉴스 강화

<중앙일보>가 인터넷 신문을 처음 선보인 1995년 이후 인터넷 언론의 주류를 이루어왔던 인쇄 신문 종속형 인터넷 신문은 2002년 한·일 월드컵 축구대회와 16대 대선을 계기로 언론 판도에 변화가 일어나면서 조직 개편과 함께 인터넷 뉴스 분야를 강화하는 등 다각적인 전략을 펼치고 있다. <오마이뉴스> 등 순수 독립형 인터넷 신문의 약진과 <다음>을 비롯한 대형 포털사이트의 인터넷 뉴스 시장 진출에 맞서 <조선일보>의 경우 2003년 3월 인터넷 뉴스를 강화한다는 방침에 따라 <디지털조선일보>와 별도로 조선일보 편집국에 인터넷 뉴스부를 신설하기도 하였다. <조인스닷컴>이나 <동아닷컴> 등 여타 인쇄 신문 종속형 인터넷 신문들도 본사 편집국과 인터넷 자회사간 온·오프라인 연계 방안을 모색하거나 독자적인 인터넷 취재팀을 가동해 종이 신문에 실리지 않는 인터넷 전용 기사를 제작, 새로운 형태의 콘텐츠를 제공하는 등 인쇄 매체 종속형 인터넷 신문의 한계를 극복하기 위한 다양한 시도를 하고 있다.

(3) 포털 사이트의 언론 진출 가속화

<다음>을 비롯한 대형 포털 사이트는 2002년 월드컵과 대선을 계기로 자본력을 바탕으로 미디어 분야 진출을 가속화하면서 기존 매체를 위협하는 또 다른 매체로 부상하였다. <다음>은 2002년 11월 임시 조직이었던 미디어팀을 미디어 본부로 승격시키고 중앙 일간지 기자 출신을 본부장으로 영입하는 등 미디어 진출을 본격화하기 시작하였는데 2003년 3월 독자적으로 자체 뉴스를 생산하는 조직을 가동, '우리가 움직이는 세상'이라는 모토로 뉴스 전문 서비스인 <미디어다음>을 오픈 하였다. <다음>의 이러한 공격적인 전략은 다른 포털 사이트에도 영향을 미쳐 인터넷 뉴스 서비스의 선발 주자인 <야후>를 비롯, <네이버> <엠파스> 등도 경쟁적으로 미디어 사이트를 구축하면서 뉴스 부문 인력 확충, 제휴 언론사 확대 등 뉴스 서비스를 강화하기 시작하였다. 포털 사이트의 이 같은 미디어 분야 진출 강화는 인터넷 뉴스 시장 주도권을 놓고 포털 사이트 간 경쟁은 물론 기존 인터넷 언론사와의 경쟁을 한층 가열시키게 되었다.

인터넷 사이트 평가 및 분석 기관인 인터넷매트릭스에 따르면 지난 2002년 초만 해도 인쇄 신문 종속형 인터넷 신문 사이트 방문자 수가 포털 사이트 뉴스 채널을 훨씬 앞질렀으나 2002년 하반기 이후 포털 사이트 뉴스 채널의 순방문자 수가 인쇄 신문 종속형 인터넷 신문 사이트를 앞지르기 시작하였다. 또한 지난 2002년 6월까지 언론사 사이트 가운데 1위였던 <디지털조선>은 <야후> 뉴스 채널에 비해 순방문자 수가 50만-180만 명 이상 많았고 <다음>이나 <네이버> 뉴스 채널에 비해서는 2-3배 가량 많았다. 그러나 2002년 한·일 월드컵 축구 대회 이후 하강 곡선을 그리면서 2002년 7월 <야후>에 역전당함으로써 인터넷 뉴스 서비스 판세가 뒤집혔다. 인터넷매트릭스에 따르면 2003년 상반기 이후부터 포털 사이트 뉴스 채널의 순수 방문자 수가 인쇄 신문 종속형 인터넷 신문의 순수 방문자 수를 본격적으로 앞지르기 시작한 것으로 집계되고 있다. 특히 <미디어다음>은 2004년 시사 주간지 <사시저널>이 10개 분야 전문가 1,040명을 대상으로 실시한 가장 영향력 있는 언론 매체에 대한 여론 조사에서 9위로 올라서는 등 포털의 미디어 분

야 진출이 본격화된 2003년 이후 포털 사이트가 기존 언론사를 위협하는 최대 위협 요인으로 부상하고 있다.

(4) 인터넷 언론 단체의 창립 및 활동

한국온라인신문협회는 지난 97년 1월 9개 중앙 일간지의 뉴미디어 담당 책임자들이 결성한 한국멀티미디어뉴스협회의 후신으로 2000년 11월 지금의 이름으로 협회명을 바꾸었다. 온라인신문협회는 동아닷컴, 디지털조선일보, 문화일보인터넷신문, 미디어칸, 세계닷컴, 인터넷한겨레, 조인스닷컴, 한경닷컴, 한국아이닷컴 등 인쇄신문 종속형 인터넷 신문이 회원으로 참여하고 있으며 종속형 인터넷 신문 업계 공통의 문제를 해결하기 위한 해결책 모색 등 다양한 활동을 펼치고 있다.

2002년 10월 한국프레스센터에서 창립총회를 갖고 공식 출범한 한국인터넷신문협회는 2001년 10월 발족된 인터넷뉴스미디어협의회를 확대 발전시킨 단체이다. 한국온라인신문협회가 인쇄신문 종속형 인터넷 신문들의 단체라면 한국인터넷신문협회는 이데일리, 아이뉴스24, 오마이뉴스, 이비뉴스, 프레시안, 데일리팜, 머니투데이, 이원컴, 조세일보 등 순수 독립형 인터넷 신문들을 회원사로 하고 있으며 업계 공통의 문제 해결 및 위상 제고 등을 위해 노력하고 있다.

2002년 9월 30여개 인터넷 언론사 소속 기자들에 의해 창립된 한국인터넷기자협회는 인터넷 기자들의 취재 활동과 권익 보호를 위한 연대 모임으로 발족됐으며 인터넷 시대에 걸맞는 관련 법률 개정과 인터넷 언론의 법적 지위 향상 등을 위해 노력하고 있다.

4. 인터넷 신문과 커뮤니케이션 패러다임의 변화

1) 수용자 개념의 변화

기존 매스 미디어의 커뮤니케이션 양식은 수용자가 송신자의 메시지를 일방적으로 받아들이는 일방향적 커뮤니케이션이었다. 미디어 수용자는 생산 과정에 대한 직접적인 참여가 불가능하였으며 생산자가 보내는 메시지를 수동적으로 받아들이는 정보 소비자에 불과하였다. 즉 커뮤니케이션을 주도하는 자는 언제나 송신자이며 수용자는 송신자가 의도적으로 보내는 메시지를 받아들일 수밖에 없는 수동적인 존재에 지나지 않았다. 수용자가 자신의 욕구나 필요에 따라 선별적으로 정보나 메시지를 선택할 수 있는 이용과 충족의 패러다임에 따라 수용자의 능동성과 선택권을 확대하는 경우에도 수용자는 역시 송신자가 보내는 정보에 대한 소비자의 범주를 넘어서지 못한다. 그러나 인터넷 신문과 같은 인터넷 미디어의 출현은 기존의 매스 미디어에 적용되던 수용자 모델에 근본적인 변화를 가져왔다. 인터넷 신문의 커뮤니케이션 과정은 기존 매스 미디어의 일방향적인 커뮤니케이션과는 달리 수용자에 의해 메시지와 정보가 선택되고 피드백되는 상호작용적인 커뮤니케이션을 특징으로 한다. 가령 인터넷을 이용한 검색과 항해 즉 내비게이션을 통해 스스로 정보를 찾아 나설 뿐만 아니라 취재 기자와 직접 이메일을 주고받거나 게시판이나 토론방 등을 통해 자신의 의견이나 정보를 전달함으로써 기자와 수용자 혹은 수용자와 수용자간에 활발한 상호작용 커뮤니케이션이 가능하다.

이러한 상호작용 커뮤니케이션은 기존의 수동적인 수용자 개념을 적극적이고 능동적인 정보 탐색자(information seeker) 혹은 이용자(user) 개념으로 변화시키고 있다(K. Kawamoto, 2003). 뿐만 아니라 송신자가 보내는 메시지에 대한 피드백의 차원을 넘어서서 수용자가 직접 기사를 작성해 게재하는 등 뉴스 생산 과정에 대한 직접적인 참여를 통해 미디어에 대한 무한한 참여의 자유를 누릴 수 있도록 하고 있다. 이에 따라 인터넷 신문 수용자는 기존의 매스 미디어 수용자처럼 단순히 주어진 정보를 일방적으로 받아들이는 수동적 존재가 아니라 미디어를 이용해 쌍방향 혹은 상호작용적으로 정보를 생산하고 교환하고 소비하는 생산자이자 소비자가 된다. 이에 따라 인터넷 신문과 같은 인터넷 미디어는 전통적인 의미의 기자와 수용자라는 이분법적인 구분이 무의미해지고 있으며 뉴스 생산자와 소비자 간의 관계를 근본적으로 변화시킴으로써 생산자와 소비자의 경계를 허무는 새로운 커뮤니케이션 패러다임 혹은 언론 패러다임의 변화를 이끌어내고 있는 것이다.

2) 상호작용성

인터넷 신문과 같은 인터넷 미디어의 중요한 특징 가운데 하나인 상호작용성에 대한 논의는 1980년대 초반 이후 학자들에 의해 뉴미디어 커뮤니케이션의 새로운 개념으로 주목받기 시작하면서 활발하게 이루어져 왔다. 그러나 학자들 간에 상호작용성 개념에 대한 인식과 접근 방식이 서로 다를 뿐만 아니라 무엇이 진정한 상호작용성인지에 대한 뚜렷한 합의점도 없어 상호작용성에 대한 개념 정의가 쉽지 않다.

뉴미디어의 초기형태라고 할 수 있는 케이블 TV가 지상파 방송 프로그램을 재전송하는 수준에서 벗어나 다양한 채널을 제공하기 시작한 1970년대에는 채널의 선택성이 상호작용성에 대한 개념 정의에 있어 매우 중요한 요소였다. 그러나 컴퓨터 통신망을 이용한 초기형태의 온라인 서비스가 가능하였던 1980년대에는 피드백이 상호작용성 개념 정의에 있어 중요한 요소로 등장하게 되었다(오택섭 외, 1999). 이후 1980년대 말부터는 상호작용성에 대한 개념정의가 다차원적으로 확대되기 시작하였으며 매체 자체의 기술적 속성보다는 이용자의 능동적 역할에 초점을 맞춰 정보 송신자와 이용자간의 메시지 교환 및 공유를 통해 공동으로 의미를 창출해가는 과정으로 상호작용성의 개념이 확대되었다.

히터(Heeter)는 상호작용성을 멀티미디어의 가장 중요한 특성으로 간주하여 이를 매체 이용자의 다양한 선택, 매체 이용자에 대한 시스템의 반응 정도, 매체 이용에 대한 지속적인 모니터링, 시스템에 대하여 정보를 추가할 수 있는 정도, 개인 커뮤니케이션의 활성화 등 여섯 가지 차원에서 분석하고 있다(Heeter, 1989). 최환진은 웹상에서의 상호작용성은 수신자와 송신자간의 관계 외에도 사람과 메시지, 사람과 컴퓨터 간에도 일어나므로 대면 커뮤니케이션 시각의 제한된 개념으로는 웹을 상호작용적인 매체로 보기 어려우며 웹의 상호작용성을 정확히 규정하기 위해서는 기존의 대면 커뮤니케이션이나 매스 커뮤니케이션 상황과는 다르게 보아야 한다고 설명하고 있다(최환진, 2000). 최영은 미래의 커뮤니케이션 현상을 설명할 수 있는 네트워크 커뮤니케이션의 가장 중요한 요소로 상호작용성을 들고 있으며 이같은 상호작용 커뮤니케이션은 능동적 정보 이용자, 신속한 상호작용, 다양한 정보의 선택 가능성, 정보를 전달하는 채널의 선택 가능성, 시스템에 대한 통제·조절의 기능 등의 특징을 갖고 있는 것으로 설명하고 있다(최영, 1998).

라파엘리(Rafaeli)는 상호작용성을 비상호작용적인 쌍방향 커뮤니케이션, 유사상호작용적인 반응 커뮤니케이션, 완전한 상호작용적 커뮤니케이션 등 세 가지 수준으로 구분하여 설명하고 있다(Rafaeli, 1988). 라파엘리는 이후 일방향 커뮤니케이션(one way communication), 쌍방향(반응) 커뮤니케이션(two way(reactive) communication), 상호작용 커뮤니케이션(interactive communication) 등 세 가지 커뮤니케이션 모델을 제시하게 된다.

여기서 일방향 커뮤니케이션은 대부분의 TV나 라디오 방송처럼 메시지 전달 방향이 일방향적이어서 피드백의 기회가 제한돼 있거나 지연되는 커뮤니케이션 즉 송신자로부터 수신자에게로 일방적으로 메시지가 흐르는 커뮤

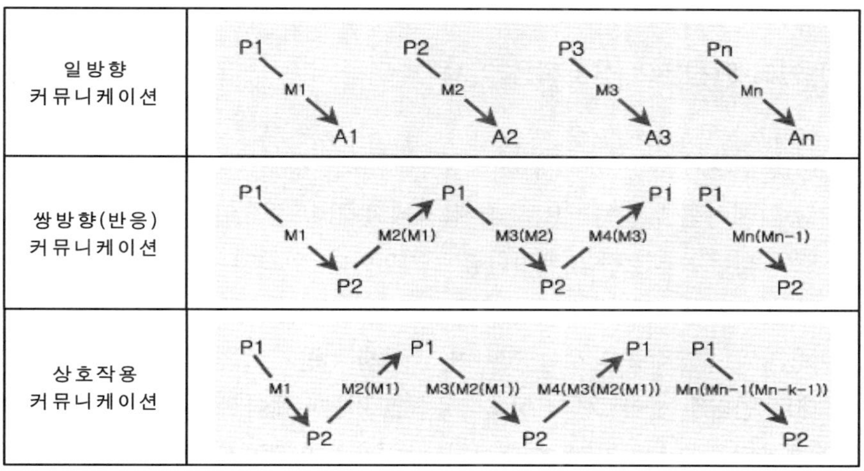

P: Person M: Message A: Audience

출처: Rafaeli, S. & Sudweeks, F., "Networked Interactivity", JCMC, 2(4), 1997, p.5

(그림 25) 라파엘리의 상호작용 커뮤니케이션 모델

니케이션을 말한다. 라파엘리는 반응 커뮤니케이션을 쌍방향 커뮤니케이션과 동일한 커뮤니케이션 과정으로 설명하고 있는데 라파엘리에 따르면 반응 커뮤니케이션에서는 단순히 한편에서 다른 한편에 대해 반응하는 형식으로 커뮤니케이션이 이루어진다. 그러나 상호작용 커뮤니케이션에서는 후행 메시지(later messages)가 선행 메시지(earlier messages)를 반영할 뿐만 아니라 선행 메시지들 간의 관계성(relatedness)까지 고려할 것을 요구한다. 상호작용성은 이러한 커뮤니케이션 과정을 통해 참여성(engagement)과 사회성(sociability)을 유도하게 되며 사회적 실재(social reality)를 형성하게 된다. 라파엘리는 또 상호작용성을 미디어의 종류에 따라 상호작용의 정도가 다른 연속 변인으로 간주하고 있으며, 이용자들의 특성에 따라 영향을 받는 관계 변인으로 규정하고 있다(S. Rafaeli, 1997).

상호작용성에 대한 이러한 기존 개념 정의를 종합해 볼 때 상호작용성은 '면대면 혹은 매스 커뮤니케이션 등 다양한 형태의 커뮤니케이션 과정에 참여하는 커뮤니케이션 주체들이 서로 대등한 입장에서 직접적으로 혹은 매개 수단을 통해 메시지를 교환하고 공유하며 서로 의미를 창출해가는 반복적인 순환 과정'이라고 정의를 내릴 수 있다.

3) 인터넷 신문의 상호작용 기제

인터넷 신문과 같은 매체가 갖고 있는 중요한 특징 가운데 하나인 상호작용 커뮤니케이션은 일차적으로 매체 자체의 기술적 요인 즉 상호작용을 가능하도록 해주는 상호작용 메커니즘에 기인한다. 인터넷 신문과 같은 인터넷 미디어 이용자는 기본적으로 인터넷이라는 매개 환경을 통해 기자 혹은 다른 이용자와 상호작용을 하는 것이며, 따라서 사용자 입장에서 볼 때 자신의 의도대로 인터넷 사이트에서 상호작용적인 커뮤니케이션을 할 수 있는 기제들이 제공되고 있는가가 매우 중요하다. 사용자가 인터넷 신문 사이트를 방문하고 상호작용 커뮤니케이션을 하는 것은 사용자의 접속을 통해서만 가능한 것이기 때문에 인터넷 신문의 시스템 자체가 얼마나 상호작용성의 가능성을 제공하고 있는가가 인터넷 신문의 상호작용성을 평가하는 중요한 기준의 하나가 될 수 있다.

요컨대 인터넷 신문과 같은 미디어가 저널리즘 영역에서 상호작용성을 증대시킬 수 있는 많은 가능성을 갖고 있는 것은 분명하지만 인터넷을 매개로 한 커뮤니케이션이라고 해서 모두 상호작용적인 커뮤니케이션이라고 말할 수는 없다. 수용자들로 하여금 상호작용이 가능하도록 해주는 이메일이나 채팅룸, 토론포럼과 같은 특별한 기제들을 제공하지 않는다면 인터넷의 상호작용적인 특성은 많이 희석될 수밖에 없다. 물론 상호작용 기제들을 제공하였다고 해서 송신자나 수신자가 실제적으로 활발한 상호작용 커뮤니케이션을 한다고 단정 지을 수는 없다. 그러나 매체 자체의 기술적 요소가 인터넷 신문 이용자의 활발한 상호작용을 이끌어내는 일차적인 유발 요인이라는 점에서 상호작용 커뮤니케이션을 가능케 해주는 이용자 중심의 상호작용 기제들을 제공해주는 것이 중요하다. 이런 관점에서 인터넷 신문과 같은 인터넷 미디어의 경우 이메일이나 채팅룸, 온라인 투표·설문조사, 토론 포럼, 게시판과 같은 기제들을 활용함으로써 활발한 상호작용 커뮤니케이션을 유도할 수 있다.

(1) 이메일

이메일은 독자들의 질문에 대해 신속하게 답변해주는 Q&A 기능뿐만 아니라 기자와 독자간의 상호작용을 활성화시켜줄 수 있는 많은 가능성을 가진 중요한 상호작용 기제다. 현재 대부분의 인터넷 신문들이 자사의 인터넷 웹 사이트를 통해 기자들의 이메일 주소를 제공하고 있지만 실질적으로 얼마나 많은 인터넷 신문들이 어떠한 형태로 기자들과 상호작용 커뮤니케이션이 가능한 이메일 주소를 제공하고 있는지 그리고 이메일을 통해 실제로 활발한 상호작용 커뮤니케이션이 이루어지고 있는지 실증적이고 체계적으로 분석해 볼 필요가 있다.

(2) 채팅룸

채팅룸 역시 상호작용 커뮤니케이션을 가능케 해주는 중요한 기제 가운데 하나로 가령 기자나 해당 전문가가 호스트가 돼서 특정 주제를 중심으로 채팅을 이끌어 간다거나 채팅의 주제와 관련된 특정 정보를 링크시켜 줌으로써 보다 진지하고 논리적인 대화 혹은 토론을 유도할 수 있다.

(3) 온라인 투표·설문 조사

일반적으로 온라인 투표나 설문 조사의 경우 한사람이 두 번 이상 투표에 참가함으로써 결과를 조작하거나 왜곡시킬 가능성이 있고 과학적인 통계 기준을 만족시켜주지 못한다는 단점이 있지만 사전에 이러한 점들에 대해 충분히 주지시켜준다면 온라인 투표나 설문 조사 역시 수용자들의 참여를 유도할 수 있는 좋은 상호작용 기제이다. 또 온라인 투표나 설문 조사 결과를 토론이나 포럼의 주제로 삼을 경우 라파엘리가 언급한 상호작용 커뮤니케이션 수준에까지 도달할 수 있는 좋은 도구가 될 수 있을 것이다. 그러나 일반적으로 온라인 투표나 설문 조사는 반응 커뮤니케이션 수준에 머물고 있다고 볼 수 있다.

(4) 토론 포럼

토론 포럼은 공동 관심사를 가진 참여자들이 상호 간에 개방형 메시지(open message)를 주고받는 토론 그룹을 의미하며, 인터넷상에서는 종종 뉴스그룹(newsgroup) 혹은 회의(conference)로 불리기도 한다. 토론 포럼은 기자와 독자간은 물론 독자와 독자간의 상호작용 기회를 확대시켜 줄 수 있는 강력한 상호작용 기제라고 할 수 있다. 토론 포럼은 익명의 운영자 혹은 관리자가 다양한 토론 주제를 제공하며 토론 포럼을 유지해 나가기도하지만 특정 분야의 해당 전문가나 기자 혹은 일반 이용자들이 포럼의 관리자 혹은 매개자가 되어 포럼을 이끌어가기도 한다. 보통 포럼지기로 불리는 이러한 포럼 매개자들은 개방형 토론 포럼을 통해 누구나 포럼에 참여할 수 있도록 유도하기도 하지만 회원제 형식을 통해 참여자들을 스스로 결정하기도 하며 게재된 글을 삭제 또는 수정하거나 글을 마감하는 권한 등을 통해 토론의 방향을 유도하기도 한다. 즉 포럼지기는 해당 포럼의 구성원인 동시에 리더로서 토론을 이끌어내기 위한 논제 혹은 기조 제언을 제시하고 토론을 유지해나가는 한편 토론 주제에 대해 충분한 토론이 이루어졌거나 일정한 토론의 결과를 얻게 되었다는 참여자들의 동의를 이끌어냈을 경우 토론을 종료 혹은 마감하게 된다.

(5) 독자 투고

독자 투고 역시 한사람의 투고가 연속적으로 제2 혹은 제3의 투고를 유발할 수 있다는 점에서 상호작용 커뮤니케이션이 가능한 기제라고 할 수 있다.

(6) 전자 게시판

종종 BBS(Bulletin Board System) 혹은 단순히 게시판으로 불리는 전자 게시판은 불특정 다수의 이용자들이 자유롭게 접속해 원하는 내용을 읽거나 자신의 의견을 업로드하거나 다른 사람의 의견에 동의 혹은 반박하는 의견을 제시함으로써 공개 토론을 하기도 하는 공개 게시판으로 토론 포럼이나 채팅 기능을 통해 실시간으로 상호작용 커뮤니케이션을 유도하기도 하는 강력한 상호작용 기제이다.

(7) 네티즌 리포트

명예 기자 혹은 사이버 기자 등의 이름으로 네티즌들이 직접 기사를 작성해서 온라인으로 제공하고 있는 네티즌 리포트 시스템의 경우 사이버 상에서 서로 정보를 공유하면서 기자들에게 또 다른 뉴스 소스를 제공해준다는 점에서 상호작용 커뮤니케이션이 가능한 기제라고 할 수 있다.

5. 인터넷 신문과 공론장

인터넷은 개인과 개인이 의사소통하고 정보를 교환하는 사적인 공간인 동시에 불특정 다수를 대상으로 방대한 정보가 유통되고 그 안에서 다양한 의견 교환을 바탕으로 토론이 이루어지는 공적 공간이기도 하다. 인터넷은 또

대인 커뮤니케이션과 매스 커뮤니케이션의 속성을 모두 갖고 있으며 일방향 커뮤니케이션과 쌍방향 커뮤니케이션, 상호작용 커뮤니케이션을 모두 포괄하는 다차원적 커뮤니케이션이 이루어지기도 한다. 인터넷의 이러한 기술적 특성으로 인해 1990년대 중반 이후 인터넷의 대중화가 본격적으로 이루어지는 과정에서 많은 학자들이 정치 과정에서의 시민적 참여와 공적 숙의의 구현이 가능한 새로운 영역으로서 사이버 공간에 대한 관심을 갖기 시작하였다. 인터넷에 의해 형성되는 사이버 공간이 합리적 숙의와 공적 시민을 형성할 수 있는 새로운 토론 공간 즉 공론장(public sphere)으로서의 가능성이 있다는 점에 주목한 것이다.

인터넷 신문과 같은 디지털 미디어는 인터넷의 이러한 기술적 장점을 바탕으로 게시판이나 토론 포럼과 같은 다양한 상호작용 기제들을 활용해 이용자들로 하여금 서로 공공의 문제에 대해 토론하고 해결책을 찾도록 유도하는 한편 여론 형성을 통해 정책 입안자들에게 일정한 영향을 미칠 수 있는 가능성을 제시하고 있다. 인터넷 신문은 기존의 전통적인 매스 미디어와는 다른 중요한 특징 가운데 하나인 상호작용성을 바탕으로 기사에 대한 독자 의견 달기와 같은 토론 공간을 통해 이용자들로 하여금 사회적 이슈나 공공의 문제 해결을 위한 토론에 적극적으로 참여하는 참여적 이용자로 변모시키고 있다. 이는 지금까지 소비자 혹은 수동적 수용자의 위치에 머물러왔던 일반 시민으로 하여금 사회적 쟁점이나 공공의 문제 해결을 위한 토론에 적극적으로 참여해 의견을 개진하고 교환하는 능동적 주체로 변모시킴으로써 인터넷 신문에서 제공되고 있는 토론 공간이 여론 형성을 위한 새로운 공론장으로서의 역할을 수행할 수 있는 가능성을 보여주고 있다는 점에서 많은 관심을 끌고 있다. 그러나 인터넷 신문과 같은 디지털 미디어가 기존의 매스 미디어로부터 소외돼온 일반 시민들에게 자신의 의견을 개진할 수 있는 새로운 토론 공간을 제공해줌으로써 민주주의 발전에 기여할 수 있을 것이라는 당초의 낙관적 기대와는 달리 인터넷 토론 공간이 즉흥적이고 비이성적인 말다툼의 공간에 지나지 않는다는 비판적 주장이 제기되고 있기도 하다. 특히 이용자들의 익명성으로 인해 인터넷 토론 공간은 아무런 책임감이나 윤리의식 없이 인신공격이나 욕설, 비방 등과 같은 언어폭력이 난무하는 배출구 혹은 쓰레기장에 지나지 않는다는 극단적인 주장도 제기되고 있다.

1) 공론장 개념의 변화

하버마스(Habermas, 1962)는 공론장을 이성의 공적 사용을 전제로 모든 시민들이 아무런 제한 없이 자유롭게 토론에 참여함으로써 공공의 이익과 관련된 문제들을 논의하고 여론을 형성하는 사회적 삶의 한 영역으로 규정하고 있다. 하버마스의 분석에 의하면 시민 사회의 부르주아들은 한 곳에 모여 자유롭고 개방적인 대화와 토론을 통해 공공의 관심사를 논의하였으며 여기서 형성된 여론은 왕이나 군주가 장악하고 있던 절대주의 국가를 견제하고 비판하는 기능을 수행하였다. 하버마스는 그러나 17세기에서 19세기 전반까지의 부르주아 공론장의 발전 과정을 추적하면서 국가 권력의 개입과 함께 자본의 논리에 의해 지배되는 매스 미디어의 등장으로 인해 공론장의 비판적 기능이 상실됐으며 공중은 방관자로 전락하였다고 주장한다. 처음에는 공공의 문제가 논의되는 토론의 장에 개인들이 참여할 수 있는 기회를 제공하여줌으로써 공론장의 성장에 기여하였던 매스 미디어가 이제는 그것을 억압하는 역기능을 하게 되었다는 것이다. 하버마스는 이와 같은 공론장의 변형을 공론장의 재봉건화(refeudalization)라고 규정하고 있다.

요컨대 하버마스의 공론장 개념은 토론에 참여하는 공중들의 합리적이고 비판적인 이성을 전제로 하고 있으며 이러한 이성적 토론 공간으로서의 공론장이 정치 권력과 자본 논리가 개입된 상업주의 언론에 의해 위축되고 있는 현상을 공론장의 재봉건화라는 개념으로 설명하고 있다. 그러나 하버마스의 공론장 개념은 료타르(Lyotard, 1984)와 같은 후기 구조주의 학자들에 의해 하버마스가 상정하고 있는 자율적이고 이성적인 주체는 계몽주의의 이상에 지나지 않는다는 비판을 받으면서 이론적 타당성에 대한 의문 제기와 함께 공론장 개념에 대한 다양한 재해석이 시도되었다. 후기 구조의자들은 하버마스의 공론장 개념이 포스트모던 사회로 대표되는 현대 사회, 즉 이성적인 측면과 함께 비이성적인 측면이 혼재되어 나타나는 현대 사회에서는 설명력이 부족하다고 비판하고 있다. 후기 구조주의자들에 이어 네트와 클루게(Negt & Kluge, 1993) 같은 학자들은 프롤레타리아 공론장 개념을 도입해 하버마스의 공론장 개념을 비판하고 있다. 이들은 공론장을 합의를 위한 공간이라기보다는 사회 현실의 모순을 폭로하고 투쟁하는 대립의 공간으로 보고 있으며 이러한 헤게모니적 투쟁 속에서 계급의 역할이 강조되는 프롤레타리아 공론장 개념을 제시하고 있다. 즉 하버마스의 공론장에 대한 논의는 부르주아 공론장에만 초점이 맞추어져 있으며 프롤레타리아 공론장과 프롤레타리아 공론장의 수많은 지류 즉 공장 공론장, 학생 공론장, 어린이 공론장 등을 무시하고 있다고 주장하고 있다.

한편 페미니즘적 관점에서 하버마스의 공론장 개념을 비판하고 있는 학자도 있다. 프레이저(Fraser, 1990)는 하버마스의 공론장 개념은 가부장적 편견에 빠져 있으며 여성을 공론장에서 배제시키고 있다고 비판하고 있다. 프레이저는 부르주아 공중 외에도 엘리트 여성 공중, 농민 공중, 육체 노동자 공중 등 일련의 경쟁 관계에 있는 공중들이 존재하고 있지만 하버마스는 이를 공론장에서 제외하는 우를 범하였다고 지적하고 있다. 이러한 후기 구조주의자들과 페미니스트들의 공론장 개념을 종합한 학자로는 펠스키를 들 수 있다. 펠스키(Felski, 1989)는 네트와 클루게, 페미니스트, 후기 구조주의자들의 비판을 종합하여 공론장은 정치적 저항의 경험에 기반을 두어야 하며 주체의 다중성을 고려해야 할뿐만 아니라 성별의 차이도 설명할 수 있어야 한다고 강조한다.

한편 달그린(Dahlgren, 1995)과 포스터(Poster, 1997)는 하버마스의 공론장 개념이 전제로 하고 있는 이성적인 측면 외에 비이성적인 측면까지 고려한 새로운 공론장 개념을 정립하고 있다. 즉 포스터는 하버마스의 공론장 개념이 전제로 하고 있는 이성적인 토론을 토대로 한 합의 도출에 대해 의문을 제기하면서 사람들의 일상적 담론이 항상 이성적일 수는 없으며 또 토론 과정을 거친다고 해서 반드시 합의에 이르는 것은 아니라고 주장한다. 비합리적인 담론도 나름대로 중요성을 갖고 있다는 것이다. 달그린은 전자 미디어의 등장에 따른 공론장의 탈공간화와 참여의 확대로 인해 공사간의 경계가 불명확해지면서 과거에는 사적 영역 내에 귀속되었던 내용들이 공적인 영역으로 흡수되는 경향을 보이게 된다고 주장하면서 현대 사회의 미디어는 하버마스가 강조하고 있는 이성적 측면 외에도 비이성적인 측면에 대한 배려를 통해 보다 완벽한 공론장으로서의 기능을 수행할 수 있다고 강조한다. 즉 그는 이성적인 측면 외에도 포스턴 모던 이론가들이 주장하고 있는 비이성적인 측면들까지도 고려해 현대 사회의 공론장 개념을 재정립하고 있다. 공론장에 대한 이같은 최근의 논의를 종합해 보면 많은 학자들은 하버마스가 제시했던 이성적이며 합의 지향적인 공론장의 개념을 이성적인 측면과 탈이성적인 측면이 혼재하는 포스트 모던적 공간으로 재정립하고 있으며 파편화된 다양한 사회 집단들의 견해가 충돌하고 투쟁하는 갈등과 대립의 공간으로 새롭게 개념화하고 있다.

2) 인터넷 신문의 공론장 모델

카츠(Katz, 1992)에 따르면 하버마스(Habermas)의 공론장 개념의 토대를 제공한 프랑스의 사회학자 가브리엘 타르드(Gabriel Tarde)는 공론장을 (1) 신문이 대화를 촉진하고, (2) 대화가 의견을 형성하고, (3) 의견이 행동을 유발하는 선형 모델로 보고 있다. 여기서는 이러한 선형 모델 대신 전술한 라파엘리의 상호작용 커뮤니케이션 모델과 벌로(David Berlo)의 S-M-C-R 모델을 토대로 인터넷 신문의 여론 형성 과정을 설명할 수 있는 다음과 같은 공론장 모델을 생각해보고자 한다.

이 모델은 송신자(S)인 동시에 수신자(R)인 커뮤니케이션 주체가 언제 어디서나 24시간 자신이 편리한 시간에 원하는 상호작용 기제를 클릭해 끊임없이 메시지와 정보를 반복적으로 주고받는 상호작용 커뮤니케이션을 통해 상호 공유된 의미를 창출해가면서 인터넷 신문과 같은 가상 공간에서 혹은 가상 공간 밖의 실제 세계에서 결집된 여론을 구체적인 행동으로 표출하는 순환 개념을 적용한 것이다. 이러한 인터넷 신문 공론장 형성 과정을 보면

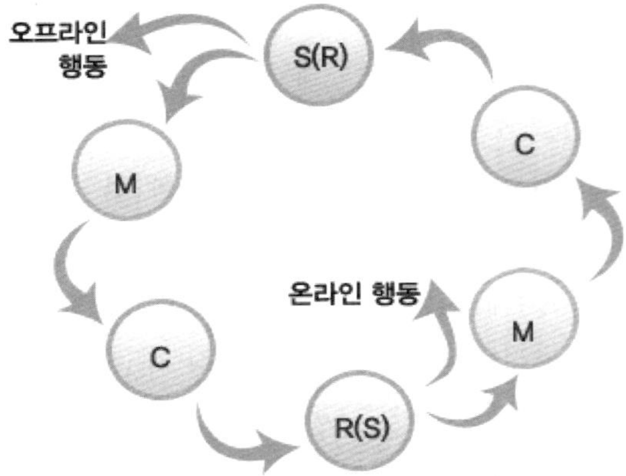

S : 송신자 M : 메시지 C : 채널 R : 수신자

(그림 26) 인터넷 신문 공론장 모델

첫째, 인터넷 신문 이용자들이 공론장에 참여하기 위해서는 무엇보다도 인터넷 신문에 접속해 메시지를 주고받으며 토론을 할 수 있는 상호작용 기제가 제공돼야 한다. 둘째, 단순히 기술적 차원의 상호작용 기제를 제공하는 것만으로는 불충분하며 이용자들이 실제적으로 상호작용 기제를 통해 서로 메시지를 주고받음으로써 온라인 미디어 이용자들 간에 구체적인 상호작용 커뮤니케이션이 이루어져야 한다. 이러한 상호작용 커뮤니케이션은 이용자들 간에 상호 공유된 의미(shared meaning)를 창출하게 된다. 셋째, 이러한 의미의 공유는 경우에 따라서는 온라인 혹은 오프라인 상에서 온라인 서명 운동이나 사이버 시위 등과 같은 실제적인 행동으로 표출될 수 있다.

그런데 인터넷 신문과 같은 이러한 디지털 미디어 공론장에서 이루어지는 상호작용 커뮤니케이션은 긍정적인 측면과 부정적인 측면을 동시에 갖고 있다는 점에서 극단적인 낙관론이나 비관론 보다는 앞서 얘기한 것처럼 인터넷 신문을 비롯한 디지털 미디어 이용자들의 토론을 이성적인 측면 외에 비이성적인 측면까지 고려한 보다 차원 높고 책임 있는 수준의 것으로 향상시킴으로써 인터넷 토론 공간이 갖고 있는 민주적 토론의 장으로서의 가능성을 극대화하기 위한 다양한 시도와 노력이 필요하다고 하겠다.

[참고문헌]

1. 오택섭 외(1999). "인터넷신문 발전방안에 관한 연구 : 인터넷신문 법제화를 중심으로", 문화관광부 연구용역 보고서.
2. 최 영(1998). <뉴미디어 시대의 네트워크 커뮤니케이션>, 커뮤니케이션북스.
3. 최환진(2000). "웹사이트의 상호작용성을 중심으로 본 인터넷 광고의 효과 과정", 한국광고교육학회 제3회 미니컨퍼런스 주제 발표.
4. Dahlgren, P.(1995). *Television and the Public Sphere*, Sage Publication.
5. Felski, R.(1989). *Beyond Feminist Aesthetics: Feminist Literature and Social Change*, Cambridge: Harvard University Press.
6. Fraser, N.(1990). "Rethinking the Public Sphere: A Contribution to the Critique of Actually Existing Democracy," *social text*, 25/26, 1990.
7. Habermas, J.(1962) *The Structural Transformation of the Public Sphere*, Trans. Thomas Burger, MIT Press, Cambridge, Massachusetts, 1989.
8. Heeter, C.(1989). "Implications of new interactive technologies for conceptualizing communication", In Salvaggio, J. & J. Bryant, eds., *Media Use in the Information Age*, NJ: Lawrence Erlbaum Associates.
9. Katz, J(1997). Media rants. San Francisco: Hardwired.
10. Kawamoto, K.(2003). "Digital Journalism: Emerging Media and the Changing Horizons of Journalism", in *Digital Journalism: merging Media and the Changing Horizons of Journalism* ed. Kevin Kawamoto, MD: Rowman & Littlefield Publishers, Inc.
11. Lyotard, J.(1984). *The Postmodern Condition*, trans. Brian Massumi et al, Minneapolis: University of Minnesota Press.
12. Negt O. & Kluge A.(1993). *Public Sphere and Experience: Toward an Analysis of the Bourgeois and Proletarian Public Sphere*, trans. Peter Labanyi et al, Minneapolis: University of Minnesota Press.
13. Poster, M.(1997). "Cyberdemocracy : Internet and Public Sphere," in David Porter(ed.), *Internet Culture*, London: Routledge.
14. Rafaeli, S.(1988). "Interactivity: From New Media to Communication," in R. Hawkins et al.(eds.), *Advancing Communication Science: Merging Mass & Interpersonal Processes*, Newbury, CA: Sage.
15. Rafaeil, S., & F. Sudweeks(1997). "Networked interactivity", *Journal of Computer Mediated Communication.*

제11장 블로그

1. 블로그란?

블로그(blog)는 인터넷 월드와이드웹을 의미하는 웹(web)과 항해 일지를 뜻하는 로그(log)가 합쳐져 만들어진 웹 항해 기록이라는 뜻의 신조어인 웹로그(weblog)의 약자로 웹로그가 점차 대중화되면서 블로그(blog)라고 줄여 부르게 되었다. 블로그를 통해 자신의 생각이나 느낌을 전달하는 사람, 즉 블로그 사용자를 블로거(blogger)라고 부르고 이러한 블로거들이 자신의 블로그에 접속해서 글을 쓰는 행위를 블로깅(blogging)이라고 부른다.

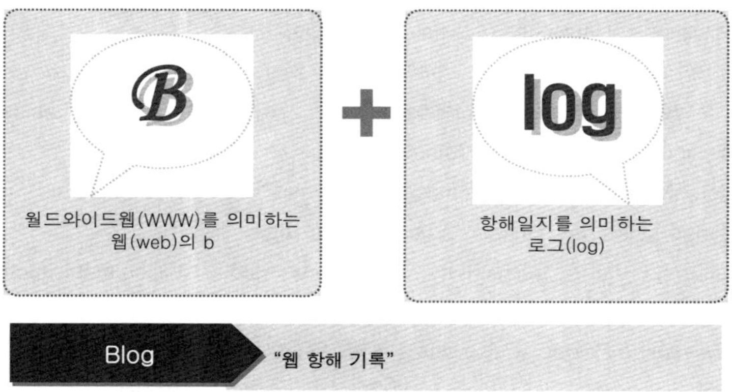

(그림 27) 블로그의 의미

블로그의 전형적인 초기 형태는 인터넷을 항해하다가 발견한 흥미로운 링크에 짧은 코멘트를 덧붙이는 것이었는데 지금은 그 내용이나 성격이 무척 다양해졌다. 현재 블로그는 웹을 통해 자신의 일상사에서부터 특정 주제에 대한 견해나 주장 혹은 전문적인 정보에 이르기까지 자유롭게 서로 의견을 교환하고 공유하는 새로운 커뮤니케이션 공간으로 자리매김하고 있다. 블로그는 또 블로그의 주인인 블로거가 발행인이자 편집국장이고 기자이기도한 1인 미디어의 성격도 갖고 있다.

블로그는 이처럼 웹 게시판과 개인 홈페이지 혹은 커뮤니티나 미디어의 기능이 혼재되어 있고 따라서 블로그에 대한 정의나 개념도 매우 다양하다. 가령 레베카 블러드(Rebecca Blood)는 '블로그는 커피숍에서 나누는 대화를 화자의 참조문과 함께 텍스트상으로 옮겨온 것이다'라고 정의하고 있다 (Blood(2002); 정명진 역(2003), p.12). 에반 윌리엄즈(Evan Williams)는 블로그를 '일기처럼 정기적으로 업데이트되는 짧은 글로 이루어진 웹 페이지'라고 정의하고 있고 데이브 와이너(Dave Winer)는 '한 개인의 편집되지 않은 목소리'라고 정의하고 있다(김중태(2004), p.50 재인용). 블로그는 이처럼 주기적으로 업데이트되는 짧은 글들로 이루어진 웹 페이지 또는 웹 저널 혹은 1인 미디어 등 다양한 표현으로 정의되고 있다.

그러나 이러한 표현은 블로그가 갖고 있는 몇가지 중요한 특징을 반영하고 있기는 하지만 블로그가 갖고 있는 모든 특징을 다 담아내고 있지는 못하다는 점에서 블로그를 명확하게 설명하고 있는 표현은 아니라고 할 수 있다. 즉 블로그는 매우 다양한 모습을 갖고 있는데다 블로그 자체가 계속 변화 발전하고 있기 때문에 블로그에 대한 개념 정의 역시 상당히 유동적일 수 있다. 블로그는 원래 웹에서 출발하였으나 지금은 웹 이외에 특정 이동 통신사의 자체 서비스를 통해서도 접할 수 있고 또 컴퓨터뿐만 아니라 휴대 전화나 PDA 등을 통해서도 블로그에 접속할 수 있다. 또 한 개인이 아니라 여러 사람이 블로그 사이트를 운영하면서 글도 번갈아 가면서 올리는 그룹 블로그 혹은 팀 블로그를 비롯해 블로그의 유형이나 기능도 계속 확장 발전되고 있다. 따라서 블로그에 대한 개념 정의는 포괄적인 의미에서 용어 자체에 담겨있는 원래의 말 뜻 그대로 웹 일지 또는 이를 위한 도구라는 보다 넓은 의미의 정의가 보다 적합할 수 있다. 요컨대 블로그는 커뮤니케이션 주체가 집단 또는 조직이라기보다는 개인이며 주로 웹을 통해 일지 형태로 자신의 기록을 남긴 것 혹은 이를 위한 도구라고 정의할 수 있겠다.

2. 블로그의 역사 및 현황

누가 블로그를 처음 만들었는지 혹은 언제 블로그가 처음 등장하였는지에 대해서는 의견이 분분하기 때문에 확실치가 않은데 웹 로그라는 용어 자체는 1997년 11월 로봇위즈덤닷컴(www.robotwisdom.com)을 개설한 미국의 존 바거(Jorn Barger)가 처음 사용한 것으로 알려져 있다.

블로그는 2001년 9월 미국의 세계무역센터에 대한 9.11 테러 사건을 계기로 미국에서 크게 주목을 받기 시작하였으며 이라크전 때 이라크의 수도 바

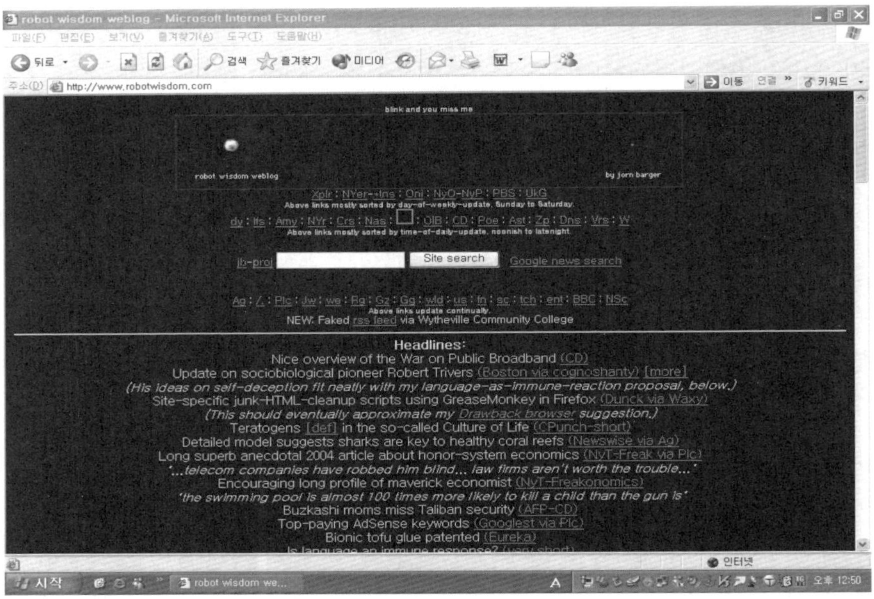

출처: www.robotwisdom.com

(그림 28) 로봇위즈덤닷컴 초기 화면

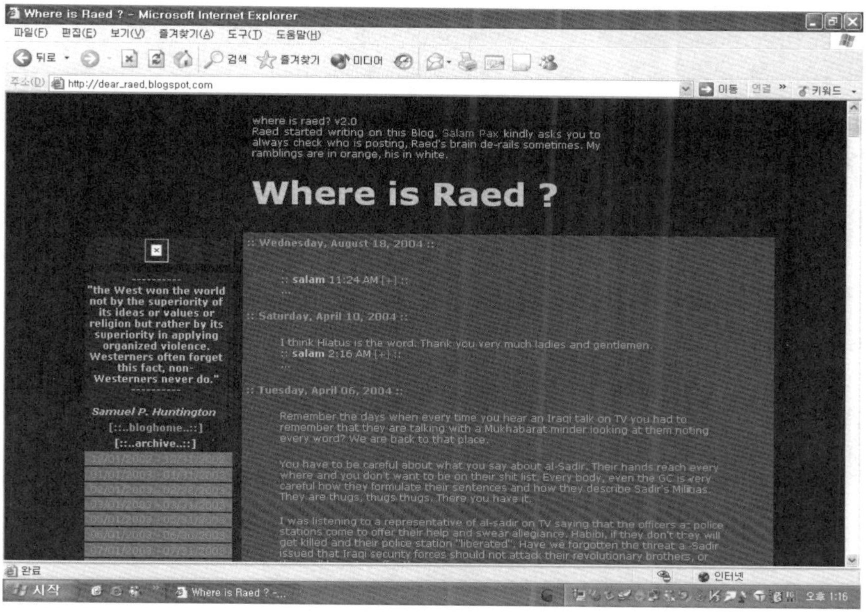

출처: http://dear_raed.blogspot.com

(그림 29) 살람 팍스의 블로그

그다드에 살고 있는 살람 팍스(Salam Pax)라는 필명의 블로거가 자신의 블로그 사이트(http://dear_raed.blogspot.com)에 미국의 CNN이나 아랍계 알자지라 방송으로는 볼 수 없는 바그다드의 일상을 생생하게 기록한 사진과 글을 올리면서 전 세계적인 관심을 끌게 되었다.

우리나라의 경우 2001년 12월 유학생과 대학생들이 만든 비영리단체인 웹로그인코리아(WIK)가 개설한 사이트(http://wik.ne.kr)가 국내 최초의 블로거들의 모임으로 알려져 있다. 이후 2002년 10월 에이블클릭이란 회사가 개설한 국내 최초의 블로그 전문 사이트인 블로그(www.blog.co.kr)가 등장하면서 블로그에 대한 일반인들의 관심을 촉발시켰다. 이어 2003년 4월 포털 사이트인 한미르(www.hanmir.com)가 블로그 서비스를 시작하는 등 포털 사이트들이 경쟁적으로 블로그 서비스를 제공하기 시작한데 이어 신문사 등 기존 미디어 사이트들도 블로그 운영에 적극 나서면서 본격적인 블로그 붐을 가져왔다.

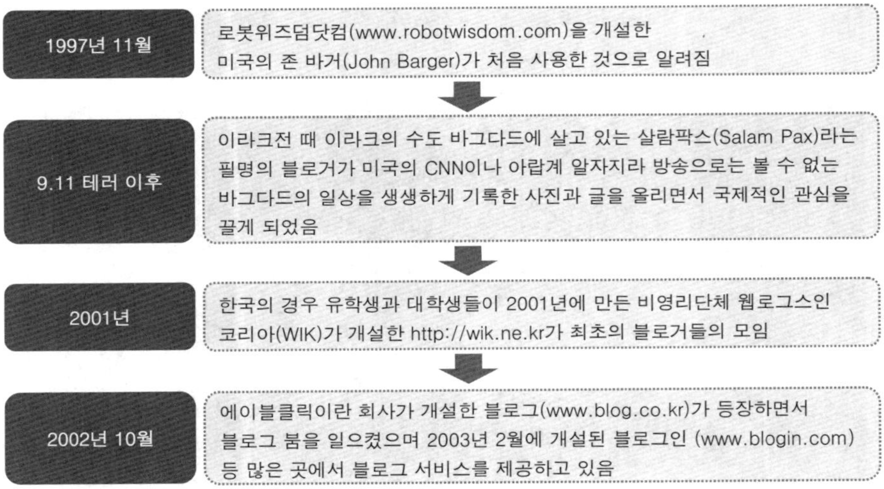

(그림 30) 블로그 연혁

3. 블로그의 특징 및 장점

1) 블로그의 특징

블로그 사용법에는 두 가지가 있는데 첫 번째는 블로그 전문 사이트에 가입해 블로그 계정을 받아 사용하는 방법이다. 초기에는 블로그 전문 사이트에서만 블로그 계정을 제공했지만 지금은 네이버, 야후, 한미르 등의 포털 사이트에서도 블로그 계정을 제공하고 있어 회원 가입 후 신청만 하면 곧바로 몇 분만에 손쉽게 블로그를 사용할 수 있다. 그러나 사용법이 간단하고 편리하긴 하지만 해당 사이트에서 제공하는 기능 외에는 사용할 수 없다는 단점이 있다. 두 번째 방법은 직접 자신의 홈페이지에 블로그 프로그램을 설치해 사용하는 것인데 설치형 블로그 혹은 독립 블로그로 불리는 이 방식은 설치나 운영이 까다롭기는 하지만 원하는 형태로 블로그를 운영할 수 있다는 장점이 있다(김중태(2004), p.38).

블로그 서비스를 제공하는 전문 블로그 사이트의 경우 사이트마다 조금씩 그 특성이 다를 수 있지만 일반적으로 블로그는 형식적인 측면에서 다음과 같은 몇 가지 특징을 갖고 있다.

(1) 엔트리(entry)의 역시간순 배열

블로그는 엔트리(entry)라고 부르는 블로그로 작성한 글들이 날짜와 시간에 따라 역시간 순서로 배열된다. 즉 블로그는 새로 올린 최근의 글 혹은 최신의 자료가 항상 웹 페이지 화면의 맨 위에 위치하게 된다. 또 각각의 엔트리마다 게시된 시점의 시간이 기록되고 공개되기 때문에 이를 통해 게시물이 최신의 정보인지를 알 수 있다.

(2) 링크(link)와 고유링크(permalink)

블로그는 일반 커뮤니티에서는 볼 수 없는 링크(link) 방식을 통해 블로거들끼리 그물망처럼 하나의 거대한 네트워크를 형성하고 있다. 블로그가 개인 홈페이지나 기존의 게시판과 다른 점은 블로거들이 다른 블로그 사이트와 링크돼 수평적 관계로 이루어진 개인을 중심으로 매우 광범위한 온라인 커뮤니티를 만든다는 것이다. 블로그는 또 고유링크(permalink)라는 게 있어서 블로거가 자신이 대응코자 하는 엔트리에 쉽게 링크할 수 있는데 고유링크란 블로그에 올려진 엔트리 즉 게시물의 고유 주소에 대한 링크를 말한다.

블로그는 HTML 문서 형태로 글이 저장되기 때문에 블로그에 올려진 엔트리는 각각 하나의 독립적인 HTML 문서로 저장이 되고 저마다 고유한 주소를 갖게 된다. 기존 게시판의 경우에는 게시물이 중간에 삭제되면 게시물 번호가 바뀌게 되지만 블로그의 엔트리는 변하지 않는 자신의 고유 주소를 계속 갖게 되며 따라서 엔트리에 대한 정확한 참조가 가능해 블로거는 자신이 관심을 갖고 있는 특정 게시물에 쉽게 링크할 수 있다.

(3) 트랙백(trackback)

블로그에는 트랙백(trackback) 기능이라는 것이 있는데 특랙백이란 쉽게 말해 원격 코멘트 기능을 말한다. 이는 다른 블로거의 글을 읽고 댓글이나 덧글을 쓸 때 해당 사이트에 직접 쓰는 것이 아니라 내 사이트에서 글을 쓰더라도 다른 블로거의 고유 트랙백 주소를 통해 해당 사이트로 글이 전송되는 기능을 말한다. 즉 A 사이트의 블로거가 '블로거도 기자다'라는 제목의 글을 올렸을 경우 B 사이트의 블로거가 이 글을 보고 트랙백 기능을 통해 자신의 블로그, 즉 B 사이트에 코멘트를 달더라도 A 사이트에 동시에 글이 올라가게 된다. 이러한 트랙백 기능은 각각의 글이 개별적으로 분리되지 않고 서로 연결될 수 있도록 해준다.

2) 블로그의 장점

블로그가 각광을 받고 있는 이유는 기존의 홈페이지나 커뮤니티 사이트에 비해 사용하기가 훨씬 쉽고 편리할 뿐만 아니라 정보의 표현이나 확산이 매우 자유롭고 빠르기 때문이다.

(1) 사용하기 쉽다

지금까지의 개인 홈페이지는 복잡한 HTML 언어나 나모웹에디터 혹은 드림위버 같은 웹 저작 도구의 사용법을 알아야만 만들 수 있었다. 그러나 블로그는 HTML과 같은 프로그래밍 언어를 모르는 초보자라 하더라도 블로그 서비스를 제공하는 사이트에 접속해 회원으로 가입한 뒤 몇 가지 선택 사항만 기입하면 단 몇 분 만에 자신만의 사이트가 생겨 텍스트뿐만 아니라 그림, 사진, 음악 등 다양한 정보를 아주 손쉽게 올릴 수 있다. 또 기존의 게시판 형태의 글은 제목을 클릭해야만 본문의 내용을 확인할 수 있지만 블로그는 첫 화면만 접속해도 즉시 제목과 본문 전체를 볼 수 있고 업데이트도 보다 쉽게 할 수 있다.

(2) 자유롭다

블로그는 기존의 게시판과는 달리 지극히 개인적인 자기표현이 가능한 나만의 공간이다. 블로그는 자신의 일상사 등 개개인의 취향에 따라 자유롭게 다양한 형식과 내용의 글을 올릴 수 있는 창의적인 자유가 보장되며 다른 사람들과의 정보 공유를 통해 다양한 콘텐츠를 배포하고 수집할 수 있다. 블로그는 또 링크 기능을 이용해 서로 관심 분야나 취향이 같은 블로거들끼리 자연발생적으로 개인 중심의 수평적 관계로 이루어진 온라인 커뮤니티를 형성하게 된다. 블로그 커뮤니티는 회원 가입이나 탈퇴에 관한 절차가 없으며 단지 링크 걸기를 통해 자유롭게 커뮤니티의 일원이 되기고 하고 빠져나오기도 한다. 기존의 온라인 커뮤니티가 한명의 웹 마스터와 여러 회원으로 이루어진 수직적인 구조의 커뮤니티였다면 블로그 커뮤니티는 각 개인이 모두 대등한 수평적 관계로 연결된 평등한 네트워크 구조를 갖고 있다.

(3) 빠르다

블로그에 올려지는 정보들은 개인에 관한 것이든 사회적 이슈에 관한 것이든 컴퓨터 키보드를 두드리는 순간 곧바로 공개되는 신속성을 장점으로 하고 있다. 블로그는 블로그 자체가 갖고 있는 중요한 속성인 연결성에 의해 정보의 확산 속도가 기존의 홈페이지나 일반 커뮤니티 사이트에 비해 훨씬 빠르다. 특히 최근에는 모바일과 연계된 모블로그의 등장으로 굳이 컴퓨터를 통하지 않더라도 블로그 관리가 가능해져 신속성이 더욱 강화되고 있다.

4. 블로그의 기능

블로그는 개인이 갖고 있는 일상적인 생각이나 의견의 표현 등 개인적인 성향을 갖고 있는 신변잡기 수준의 글들이 많지만 블로거들이 자신의 블로그에 접속해서 글을 쓰는 블로깅 행위는 다음과 같은 몇 가지 중요한 기능을 갖고 있다.

1) 자기 표현

블로그는 마치 일기장을 다른 사람들에게 보여주듯이 특정한 주제나 형식에 얽매이지 않고 자신의 주변 얘기나 신변잡기와 같은 소박한 일상을 칼럼이나 일기 등의 형태로 자유롭게 표현하는 자기표현을 위한 기능을 한다.

2) 커뮤니케이션

블로그는 가족이나 친구 혹은 생각이나 취향이 같은 네티즌들끼리 서로 메시지를 주고받는 커뮤니케이션 기능을 한다.

3) 자료 관리 및 기록

블로그는 자신이 보고 들은 것을 웹에 기록하거나 웹을 탐색하다가 필요로 하는 자료가 발견되면 즉시 자신의 블로그로 끌어들여 관련 자료를 추가하는 등 자신이 관심을 갖고 있는 자료를 기록하고 관리하기 위한 목적으로 활용되기도 한다.

4) 정보 공유

블로그는 영화나 음악, 사진 등 자신의 취미 혹은 관심 분야나 정치, 경제, 사회 등 각 분야의 정보를 공유하기 위한 목적으로 이용되기도 한다.

5) 1인 미디어

살람 팍스(Salam Pax)라는 필명의 블로거가 자신의 블로그에 이라크전의 실상을 생생하게 기록한 사진과 글을 올리면서 국제적인 관심을 끌었듯이 블로그는 뉴스나 논평을 공유하기 위한 1인 미디어의 성격을 갖고 있기도 하다.

6) PR 및 마케팅 도구

기업의 경우 종종 신제품 출시에 블로그를 이용하는 등 블로그가 새로운 상품이나 기술, 서비스를 알리기 위한 PR 혹은 마케팅 도구로 활용되기도 한다.

5. 블로그와 저널리즘

그렇다면 블로그는 과연 저널리즘으로서의 기능을 하고 있는가. 미 백악관은 2005년 3월 언론인들을 위한 웹사이트인 미디어비스트로닷컴에서 운영하는 블로그인 피시볼DC(www.mediabistro.com/fishbowlDC)의 블로거 가렛 그라프(Garrett M. Graff)에게 처음으로 백악관 출입 기자증을 발급해주어 관심을 끌었다. 이는 블로그의 위상이 그만큼 높아졌다는 것을 보여주는 것인 동시에 기존의 언론 혹은 저널리즘의 개념을 확장시켰다는 점에서 매우 의미 있는 일로 받아들여지고 있다. 그러나 블로그가 과연 언론이냐 하는 문제는 상당한 논쟁의 대상이 되고 있다.

레베카 블러드(Rebecca Blood)는 '블로그와 저널리즘은 아주 다르다. 블로

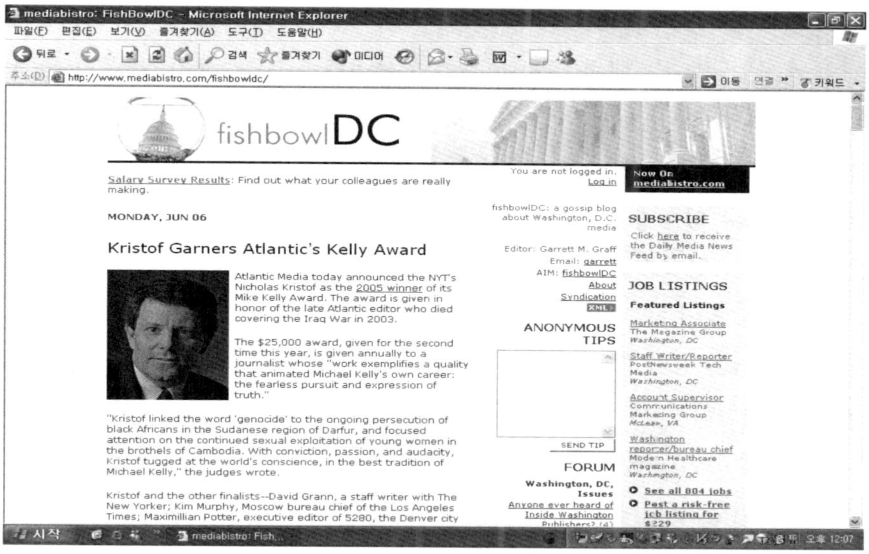

출처: http://www.mediabistro.com/fishbowldc

(그림 31) 피시볼DC 블로그

그가 하는 일을 전통적인 저널리즘이 해내기란 불가능하며 저널리즘이 하는 일을 블로그가 한다는 것도 비현실적이다. 블로거는 사실 확인 절차를 거치지 않으며 자신 이외의 누구에게도 응답하지 않는다. 블로거들이 커뮤니티에 일반적으로 남겨 놓는 기사는 적어도 신문이나 잡지에 실리는 기사와는 다른 것이다'라고 강변한다(Blood(2002); 정명진 역(2003), p.38). 따라서 '블로그를 저널리즘으로 정의하거나 저널리즘의 정의를 확장시켜 이 새로운 형태를 거기에 포함시키는 일이 없어야 두 가지 모두 발전할 것이며 블로거들과 저널리스트들이 상대의 강점을 인식하고 자신이 속한 분야의 특성을 더욱 완전하게 만들기 위해 전진해야 한다'는 것이 그녀의 주장이다(Blood(2002); 정명진 역(2003), p.43).

블로그는 그러나 다른 한편으로 2001년 9월의 9.11 테러 사건이나 이라크 전쟁에서 보여줬듯이 많은 이용자들로부터 각광을 받고 있고 일부 블로그의 경우 이른바 1인 미디어로서 일정 부분 저널리즘 기능도 하고 있다는 점에서 또다른 미디어로서의 가능성에 대해 주목할 필요가 있다. 온라인 저널리즘 리뷰(Online Journalism Review)의 편집인인 래시카(J. D. Lasica)는 '블로그는 새로운 형태의 저널리즘과 공공 담론, 상호작용성, 온라인 커뮤니티의 씨앗을 뿌리고 있는 풀뿌리 현상'이라고 강조한다(Lasica(2002); Stovall(2004), p. 30 재인용). 즉 스토벌(J. G. Stovall) 역시 '블로그가 뉴스 웹 사이트를 대체하지는 않더라도 웹 이용자들이 이용할 수 있는 정보와 뉴스의 중요한 한 부분이 될 수 있으며 따라서 많은 사람들이 새로운 형태의 저널리즘으로 간주하고 있다'(Stovall(2004), p. 89)고 설명한다.

블로그는 게이트 키핑(gate-keeping)으로 불리는 데스크의 편집 과정을 거치지 않는다는 점에서 기존의 뉴스 보도 방식과는 분명히 다르다. 특히 블로그는 한 개인이 취재권과 편집권을 모두 갖고 있는 1인 미디어이기 때문에 블로그에 올려진 내용이 주관적일 수 있고 또 정보에 대한 사실 여부 판단이 어렵다는 약점이 있다. 그런데 가령 블로그 사이트를 대상으로 블로그를 운영하는 메타 블로그처럼 나름대로 신뢰성을 갖고 있는 각 개인들의 블로그를 대상으로 일종의 게이트 키핑 과정을 거쳐 선별적으로 정보를 제공하는 경우 취재권과 편집권이 이원화되어 또다른 형태의 특화된 미디어로 자리매김할 수 있다. 또 이처럼 취재와 편집이 이원화돼 있지 않다 하더라도 블로거들끼리 링크와 코멘트를 통해 자체적으로 블로그에 올려진 정보에 대한 자율적인 게이트 키핑 과정을 통해 자정 능력을 토대로 신뢰도를 제고할 수 있다. 즉 블로거 커뮤니티 자체가 편집인으로 활동하면서 일종의 게이트 키핑 기능을 할 수도 있으며 특히 블로거 중에는 특정 분야에 대해 전문적인 지식을 갖고 있는 블로거들도 있기 때문에 특정 주제의 정보나 이슈에 대해 기존 매스 미디어를 능가하는 전문적인 뉴스 판단 기능을 갖고 있을 수도 있다. 즉 블로거들 간의 자체적인 논평과 사실 확인 절차를 거침으로써 확인되지 않은 불확실한 정보나 왜곡된 정보를 배포하는 블로거나 블로그 사이트는 생존하기 힘든 자정 환경을 만들어 낼 수도 있다.

다른 한편으로 블로그는 이와는 다른 모습으로 전통적인 의미의 기존 매스 미디어와 서로 연계해 온·오프라인의 결합을 통한 또 다른 형태의 미디어로서의 기능을 수행할 수도 있다. 이처럼 블로그는 엄격하게 기존 저널리즘의 관점에서 요구하는 역할이나 기능을 수행한다고 보기는 어렵다고 할 수도 있겠지만 블로그가 앞으로 어떠한 방식으로 활용되고 이를 수용자들이 어떻게 받아들이느냐에 따라 기존의 저널리즘 개념을 확장 발전시킨 새로운 형태의 언론 모델을 창출할 수도 있다는 점에서 블로그는 온라인 저널리즘의 또 다른 모습으로써 매우 흥미로운 영역이라고 할 수 있다.

[참고문헌]

1. 김중태(2004). <나는 블로그가 좋다>, 이비컴.
2. Blood, R.(2002). *The Weblog Handbook: Practical advice on creation and maintaining your blog;* 정명진 역(2003), <블로그(Blog) 1인 미디어 시대>, 전자신문사.
3. Stovall, J. G.(2004). *Web Journalism: Practice and Promise of a New Medium,* MA: Allyn and Bacon.

제 3 부

디지털 미디어 산업과 미래

제12장 디지털 콘텐츠

1. 디지털 콘텐츠의 개념

디지털 콘텐츠란 디지털화 된 텍스트, 데이터, 화상 및 영상 혹은 동영상 콘텐츠 등을 총칭하는 개념이라고 할 수 있다. 일반적으로 콘텐츠는 출판, 음성 통신, 음악, 화상, 영상과 같은 광범위한 분야를 포괄하고 있으며 목적이나 사고의 틀에 따라 달리 해석된다. 1999년에 발표된 경제협력개발기구(OECD) 보고서는 전통 콘텐츠와 디지털 콘텐츠의 성격을 구분해서 비교하고 있는데 전통 콘텐츠는 문자, 음성, 영상, 음악 콘텐츠 등으로 이루어져 있어 극장이나 비디오테이프, CD-ROM 등 물리적 매체를 통해 배급될 뿐 아니라 지상파 방송, 위성, 케이블 TV, 라디오 네트워크를 통해서도 방송되며 한 제작자로부터 폭넓은 수용자에게 전달되고 소비된다.

디지털 콘텐츠는 디지털화된 텍스트, 데이터, 화상 및 영상 혹은 동영상 콘텐츠로써 인터넷이나 CD-ROM과 같은 디지털 매체를 통해 배급되며 이들 매체들은 소프트웨어 프로그래밍이나 네트워크 기술을 응용 발전시켜 사용자들에게 상당한 정도의 참여 가능성 및 상호작용성을 부여한다. 콘텐츠에 관한 초기 정의로 많이 인용되고 있는 1995년 유럽 IMO(Information Market Observatory)의 정의를 보면 멀티미디어 콘텐츠는 소설, 그림, 사진, 비디오, 음악을 막론하고 멀티미디어 상품이나 서비스의 근간을 이루는 지적 재산을 의미한다. 이 정의에 따르면 멀티미디어 콘텐츠 산업의 범위는 출판, 정보, 영상물, 게임 및 교육 소프트웨어 등 모든 매체를 포함한다.

국내의 경우 정보통신부의 디지털 콘텐츠 산업 발전 종합 계획을 보면 디지털 콘텐츠는 첨단 IT 기술을 사용해 부호, 문자, 음성, 음향, 영상 등을 디지털 포맷으로 가공 처리해 정보통신망, 디지털방송망, 디지털 저장 매체 등을 통해 활용하는 정보로 정의하고 있다. 온라인 디지털 콘텐츠 산업 발전법에서는 디지털 콘텐츠를 부호, 문자, 음성, 음향, 이미지 또는 영상 등으로 표현된 자료 또는 정보로써 보존 및 이용에 있어 효용을 높일 수 있도록 전자적 형태로 제작 또는 처리된 것으로 정의하고 있다. 또 디지털 콘텐츠와 온라인 디지털 콘텐츠를 별도로 구분하여 온라인 디지털 콘텐츠를 정보 통신망 이용 촉진 및 정보 보호 등에 관한 법률 제2조 제1항 제1호의 규정에 따른 정보통신망에서 사용되는 디지털 콘텐츠로 정의하고 있다.

2. 디지털 콘텐츠의 특성

디지털 콘텐츠가 갖고 있는 가장 중요한 특성은 우선 0과 1로 이루어진 디지털 부호의 집합으로 표현되는 내적 동질성을 갖고 있다는 점이다. 둘째, 디지털 콘텐츠는 본질적으로 왜곡이 없고 완벽하게 그리고 무한히 복제될 수 있다는 특성을 갖고 있다. 아날로그와 달리 디지털 콘텐츠는 내용 손실이 거의 없이 압축할 수 있다. 셋째, 디지털 콘텐츠는 디지털의 속성상 쉽게 변환 및 편집이 가능하고 다양한 형태의 처리에 친화적이며 다른 형태의 디지털 콘텐츠와 호환이 가능하다는 특성을 갖고 있다. 넷째, 디지털 콘텐츠는 자연스럽게 해방적 특성을 지니게 되는데 가령 사진은 디지털 정보로 압축, 변환돼 어디로든 전송되고 음성 사서함은 쉽게 저장되어 착신 전환되며 영상 정보는 쉽게 클립되어 다른 용도로 이용된다. 즉 음성, 문자, 이미지, 데이터, 영상을 불문하고 모든 형태의 콘텐츠가 디지털화되면서 자연스럽게 콘텐츠 형태간의 융합이 실현되고 있다.

1) 디지털 뉴스의 특성

디지털 콘텐츠의 대표적인 예로 디지털 미디어를 통해 디지털 방식으로 처리되고 전송되는 디지털 뉴스는 디지털이라는 매체의 기술적 특성에 의해 몇 가지 차원에서 기존 매스 미디어가 제공해온 전통적인 의미의 뉴스와는 다른 차이점을 갖고 있는데 첫째, 디지털 뉴스는 링크 기능을 통해 이용자들로 하여금 해당 주제에 대해 좀 더 많은 것을 읽을 수 있는 기회를 제공할 수 있다. 둘째, 디지털 뉴스는 즉시 그리고 정기적으로 업데이트할 수 있다. 셋째, 공간의 제한이 없는 심층 보도가 가능하다. 넷째, 기사에 오디오와 비디오를 비롯해 다양한 콘텐츠를 추가할 수 있다. 다섯째, 기사를 아카이브(archive) 형태로 저장할 수 있다(Craig(2005), p.90-91).

디지털 뉴스의 이러한 특성은 미디어 이용자들이 뉴스를 읽고 받아들이는 방식에 영향을 미치게 되며 나아가 뉴스를 제작하고 전달하는 방식에도 영향을 미치게 되는데 디지털 뉴스의 구체적인 특성을 살펴보면 다음과 같다.

(1) 디지털 뉴스는 시간과 공간의 제약이 없는 범지구적인 실시간 뉴스다.

디지털 미디어의 가장 큰 장점 가운데 하나는 마감 시간의 개념이 사라지고 뉴스의 실시간 제공이 가능해져 기존 매스 미디어 특히 종이 신문이 갖고 있던 속보성의 한계를 극복하게 되었다는 점이다. 가령 인터넷 신문은 기존의 종이 신문처럼 일정한 마감 시간이나 발행 주기가 따로 없이 24시간 언제든지 뉴스의 갱신 및 보완이 가능하기 때문에 시간적 제약으로부터 자유롭다. 마감 시간으로부터 자유로운 디지털 미디어의 이러한 속보성은 그러나 다른 한편으로 매체 간 지나친 속보 경쟁으로 인해 심층 보도를 제약하는 요인으로 작용할 수도 있다는 점에서 양면성을 갖고 있다고 할 수 있다. 가령 미국의 인터넷 신문인 <시카고 트리뷴>(www.chicagotribune.com)의 경우 15분 주기로 AP나 케이블 뉴스 등을 모니터하며 기사를 업데이트하기 때문에 인쇄 신문의 마감 시간대에 몰려있는 업무량과 긴장이 인터넷 편집국의 경우 15분 단위로 쪼개져 분산되어 있다(박성희(2001), P.149). 이처럼 디지털 뉴스의 실시간 속보 경쟁에 따른 마감 시간대의 분산은 특정 마감 시간대에 몰려 있는 인쇄 신문의 시간적 압박보다 더 중압감을 주는 시간적 제약 요인으로 작용해 기획 보도나 탐사 보도와 같은 심층 보도를 저해하는 부정적 측면으로 나타날 수도 있다.

한편 디지털 뉴스는 통신 회선을 타고 빛의 속도로 이동하기 때문에 아무리 멀리 떨어진 곳이라도 빠른 시간 안에 뉴스가 전송된다. 따라서 디지털 뉴스는 시간적 제약뿐만 아니라 공간적 제약을 뛰어넘어 지구촌 어디에서라도 24시간 편리한 시간과 장소에서 클릭만 하면 뉴스를 바로 볼 수 있도록 지리적 경계가 없는 범지구적인 뉴스 서비스를 가능케 한다(황용석 · 이흥철(2000), p.19).

(2) 디지털 뉴스는 비선형적인 하이퍼링크 뉴스다.

디지털 뉴스는 인터넷이 갖고 있는 하이퍼링크의 기술적 장점을 기반으로 텍스트 간 링크를 극대화시킨 하이퍼텍스트(hypertext) 혹은 하이퍼미디어(hypermedia) 구조의 뉴스이다. 따라서 디지털 뉴스는 관련 기사나 데이터를 모아서 입체적으로 한꺼번에 보여줌으로써 각종 정보와 데이터를 무한정 제공할 수 있다. 가령 기존 신문이나 방송 매체는 제한된 지면 혹은 시간 내에서 뉴스 가치에 따라 어떤 뉴스를 어디에 어떻게 배치할 것인가 하는 뉴스의 취사선택이 매우 중요한 문제였다. 그러나 디지털 뉴스는 이러한 제약이 없어져 중요한 기사는 다른 관련 기사나 자료와 하이퍼링크로 연결시킴으로써 심층 보도가 가능하다.

(3) 디지털 뉴스는 멀티미디어 뉴스다.

디지털 미디어가 제공하는 뉴스는 전술한 것처럼 0과 1이란 두 가지 숫자로 이뤄진 디지털 신호의 집합이라고 할 수 있다. 따라서 기존 종이 신문은 텍스트 위주의 기사 제공 형태를 가졌으나 디지털 미디어는 비트의 조합을 통해 텍스트 외에 사진, 그래픽, 음성, 동영상 등 다양한 형태의 정보를 하나의 미디어 시스템 내에서 통합적으로 전달하는 멀티미디어화된 뉴스의 제공이 가능하다. 다시 말해 디지털 미디어는 하이퍼텍스트와 멀티미디어가 결합된 하이퍼미디어로서 텍스트와 텍스트뿐만 아니라 소리나 동영상 등 서로 다른 이질적인 형태의 미디어들을 연결시킴으로써 신문과 방송, 통신의 경계를 넘나드는 멀티미디어 뉴스를 제공하게 된다.

(4) 디지털 뉴스는 상호작용 뉴스다.

디지털 미디어의 가장 중요한 특징 가운데 하나는 뉴스 생산자와 소비자 혹은 수용자간 상호작용 커뮤니케이션이 가능하다는 점이다. 기존의 매스 미디어는 생산자가 수용자에게 일방적으로 메시지를 전달하는 일 대 다의 일방향 커뮤니케이션 위주였다. 그러나 인터넷 신문과 같은 디지털 미디어는 일 대 다의 매스 커뮤니케이션적 속성과 일 대 일의 대인적 커뮤니케이션의 속성을 모두 포괄하는 다차원적인 상호작용 커뮤니케이션이 가능하다. 특히 특정 기사에 따라 붙는 불특정 다수 독자들의 댓글 달기는 종종 해당 기사보다 더 많은 정보를 제공해 주는 등 상호작용 뉴스의 새로운 지평을 열어가고 있다. 과거 매스 미디어의 경우 기자는 말만 하면 되었지만 디지털 미디어의 경우에는 말하는 것뿐만 아니라 듣는 것도 중요한 부분이 되었다. 풀턴(K. Fulton, 1996)에 따르면 과거에는 기자가 어떻게 하면 공익적이고 가치가 있고 읽기에 재미있는 글을 쓸까를 주로 고민하였다. 그러나 인터넷 시대에는 관점을 바꿔야 하며 기사 자체를 생각하기 보다는 사람들과의 연결을 더 중시해야 한다(이재경(2002), p.221). 특히 일부 인터넷 신문의 경우에는 시민기자 제도를 도입해 독자가 직접 기사를 게재하도록 하는 등 수용자 중심의 뉴스 생산 구조를 채택함으로써 뉴스 생산 단계에서부터 독자를 직접 참여시키는 상호작용 뉴스를 구현함으로써 뉴스 생산의 주체가 기자에서 수용자로 넘어가는 언론 권력의 이동 가능성까지 보여주고 있다.

(5) 디지털 뉴스는 데이터베이스 뉴스다.

디지털 뉴스의 데이터베이스(DB) 기능과 검색 기능 역시 디지털 뉴스의 중요한 특징 가운데 하나다. 디지털 미디어의 기사나 동영상은 언제든지 저장해두었다가 필요할 때에 볼 수 있다는 점에서 디지털 뉴스는 비동시적 뉴스라고 할 수 있다. 즉 디지털 뉴스는 디지털의 저장과 압축 기술을 활용하여 텍스트와 음성, 영상 등 모든 정보를 무한정 저장할 수 있고 또 저장된 정보를 손쉽게 검색할 수 있다는 장점을 갖고 있다. 일부 디지털 미디어의 경우에는 DB 기능과 검색 기능을 활용해 해당 기사의 하단에 국내외 관련 기사뿐만 아니라 기사에 등장하는 전문 용어를 찾아볼 수 있도록 하는 다양한 서비스를 제공하고 있기도 하다. 이처럼 디지털 뉴스는 기사를 전달하는 것과 받는 것이 동시적이면서 비동시적인 뉴스로써 단발적 뉴스 제공으로 그치는 경우가 많은 기존 미디어와는 달리 기사의 DB화를 통해 이슈의 발생에서부터 소멸에 이르기까지의 전 과정을 통시적으로 일목요연하게 들여다 볼 수 있게 해준다(진행남(2002), p.34).

디지털 뉴스는 또 뉴스를 구성 요소별로 쪼개서 저장해두면 나중에 필요한 요소들만 골라 같은 뉴스를 다양한 형태로 연출하는 등 뉴스의 재구성이 용이하다는 장점을 갖고 있다(공훈의(2001), p.27). 따라서 디지털 뉴스는 디지털 기술을 이용한 DB화를 통해 기존 신문이나 방송 보다 훨씬 뛰어난 접근성과 함께 다양한 부가가치를 창출할 수 있다.

3. 디지털 콘텐츠 산업

콘텐츠 산업은 콘텐츠를 생산, 분배, 소비하는 산업 전체를 지칭하며 정보 산업의 한 종류에 해당한다고 할 수 있다. 유럽 IMO(Information Market Observatory)는 정보 산업을 정보 콘텐츠(information content), 정보 전달(information delivery), 정보 처리(information processing) 등으로 분류하고 있다. 또 IEC(Information Engineering Consortium)는 정보 산업을 정보 콘텐츠(information content), 정보 기기(information appliances), 정보 전달(information delivery) 등으로 분류하고 있다. 콘텐츠라는 범주에는 출판, 영화, 방송, 사진 등의 시각적 미디어와 음악, 라디오 등의 청각적 미디어, 또 게임, DB 등 상호작용적인 형태를 취하고 있는 콘텐츠까지 광범위한 분야가 포함된다고 할 수 있다. 디지털 콘텐츠는 아날로그로 존재하는 이러한 콘텐츠를 디지털화하거나 처음부터 콘텐츠를 디지털 형태로 제작하는 것 모두를 포함하고 있으며 디지털 콘텐츠 산업은 이러한 디지털 콘텐츠를 제작, 유통, 소비하는 산업을 포괄한다고 할 수 있다(한국소프트웨어진흥원 · 한국콘텐츠산업연합회(2004), p.12).

〈표 32〉 한국소프트웨어진흥원의 디지털 콘텐츠 분류 체계

대분류	중분류	소분류
제작 & 서비스	게임	아케이드 게임
		PC용 게임
		비디오 게임
		온라인 게임
		모바일 게임
	디지털 영상	영화 제작
		위성 방송
		온라인 영화 서비스
		웹 캐스팅 콘텐츠
		컴퓨터 그래픽
		모바일 방송
	애니메이션	2D
		3D
	웹 정보 콘텐츠	금융/경제
		가정/생활(생활정보)
		엔터테인먼트(오락정보)
		의료(건강)
		법률
		위치 기반 정보
	디지털 교육	
	디지털 음악	벨 소리
		통화 연결음
		스트리밍
		다운로드
	전자 출판	신문/잡지
		만화
		e-book
	디지털 캐릭터	아바타
		캐릭터

대분류	중분류	소분류
유통	온라인	신디케이트
		포털/ISP
	오프라인	
솔루션	유통	CRM(고객관리시스템)
		P2P
		CDN(콘텐츠전송네트워크)
		SMS/MMS
		게이트웨이
		응용 솔루션
	보안/과금	암호화/보안키
		과금 결제 시스템
	e-Learning	LMS(Learning Management System)
		CMS(Contents Management System)
		저작툴

출처: 한국소프트웨어진흥원(2004). 〈디지털콘텐츠 산업 분류 체계에 관한 연구〉, p.57-59.

한국소프트웨어진흥원의 디지털 콘텐츠 산업 분류 체계를 보면 디지털 콘텐츠 산업은 크게 제작/서비스, 유통, 솔루션으로 분류된다. 이를 구체적으로 살펴보면 제작/서비스 부분은 게임, 애니메이션, 디지털 영상, 웹 정보 콘텐츠, 디지털 교육, 디지털 음악, 전자 출판, 디지털 캐릭터 등으로 구성되어 있다. 유통 부분은 온라인과 오프라인으로 구분하고 있는데 온라인은 유무선 네트워크를 통해 디지털 콘텐츠를 유통, 공급하는 것을 말하며 오프라인은 오프라인의 디지털 콘텐츠 유통을 의미한다. 솔루션에는 각종 콘텐츠의 저작툴, 콘텐츠의 유통 보호와 관련된 솔루션, 디지털 콘텐츠의 관리 및 유통에 관련되는 솔루션 등이 포함된다(한국소프트웨어진흥원 · 한국콘텐츠산업연합회(2004), p.12).

한편 디지털 콘텐츠 산업의 시대별 변화를 보면 과거에는 자기 완결형 수직 통합 구조로 각 매체 산업이 독립적으로 존재하였었다. 그러나 인터넷 붐에 의한 미디어 융합으로 디지털 콘텐츠가 사용자의 플랫폼을 중심으로 통합 서비스되기 시작하면서 플랫폼과 네트워크로부터 독립적인 수평 분업형으로 재편되어 나가고 있다. 즉 과거에는 각 플랫폼별로 콘텐츠가 독립적으로 제작, 유통되던 것이 플랫폼의 융합화 현상과 함께 그러한 플랫폼, 즉 미

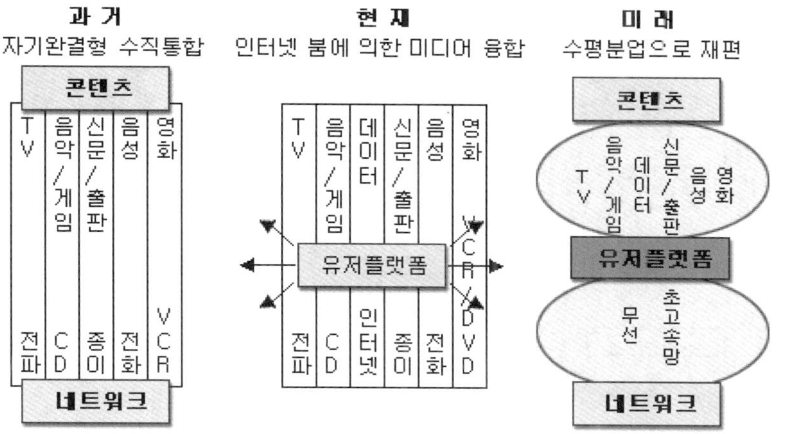

출처: 〈週刊東洋經濟〉(1999); 삼성경제연구소(2000) 재인용.

(그림 32) 디지털 콘텐츠 산업의 시대별 변화

디어의 내용을 채울 콘텐츠도 하나로 융합되는 모습을 보이고 있다.

4. 디지털 콘텐츠의 중요성

정보통신 기술의 급속한 발전과 함께 디지털 콘텐츠 산업이 21세기 정보사회의 핵심 성장 산업으로 떠오르면서 세계 각국마다 디지털 콘텐츠 산업을 국가 경쟁력을 좌우할 차세대 전략 산업으로 생각해 디지털 콘텐츠 분야에 대한 정책적 지원을 강화하고 있다. 가령 미국은 군수 산업과 콘텐츠 산업을 글로벌 경쟁력을 보유한 2대 핵심 산업으로 집중 육성하고 있으며 일본도 콘텐츠 산업을 7대 전략 산업의 하나로 선정해 정책적 지원을 펴고 있다.

우리나라 역시 2010년 세계 5대 디지털 콘텐츠 강국 도약을 목표로 국내 디지털 콘텐츠 산업 육성을 위한 다각적인 전략을 펼치고 있는데 정보통신부가 추진하고 있는 IT839 전략을 보면 디지털 콘텐츠 산업은 차세대이동통신, 디지털 TV, 홈네트워크, IT SoC, 차세대 PC, 임베디드 S/W, 텔레매틱스, 지능형 로봇과 더불어 국가 발전의 원동력이 될 9대 신성장 동력에 속하는 핵심 산업 가운데 하나로 인식되고 있다.

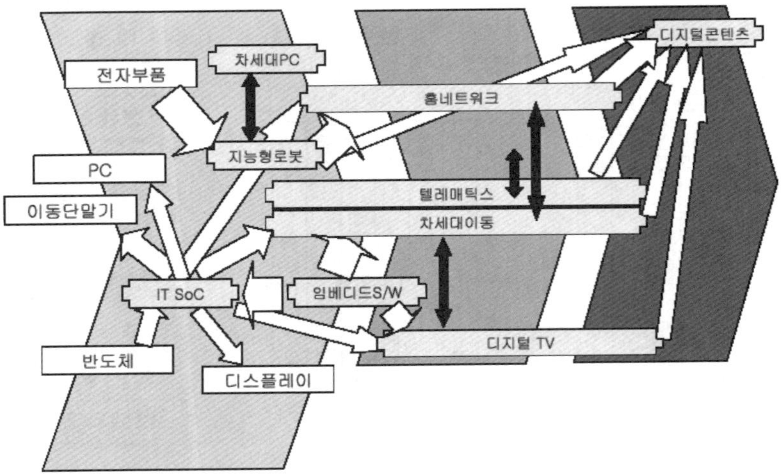

출처: 정보통신정책연구원(2004). 〈IT 클러스터 육성을 위한 기초연구〉, p.74, 한국소프트웨어진흥원 발행.

(그림 33) IT 주력 산업 주요 품목과 IT 신성장 동력의 가치 사슬

그림에서 보여주고 있듯이 'IT 주력 산업 주요 품목과 IT 신성장 동력의 가치 사슬'을 보면 디지털 콘텐츠 산업은 가치 사슬의 최선단에 위치하고 있으며 IT SoC처럼 중요한 거점 역할을 하고 있음을 알 수 있다. 즉 우리나라에서 디지털 콘텐츠 산업은 디지털 TV, 차세대 이동통신, 텔레매틱스, 홈네트워크 등 여타 신성장 동력 산업의 부가 가치를 증대시키는 고부가가치 산업으로서 집중적인 육성 대상이 되고 있다(정보통신정책연구원(2004), p.74). 디지털 콘텐츠 산업은 디지털의 속성상 가공이 쉽고 유통이 간편해 콘텐츠 생산 비용은 상당하지만 재생산 비용은 저렴해 연쇄적 부가가치 창출이 가능한 고부가가치 산업이자 타 분야 생산성 향상에 기여하는 초고속 성장 산업으로 국내 디지털 콘텐츠 업체의 성장성과 수익성은 S/W 업체 및 IT 업체 평균치를 훨씬 상회하고 있다(정보통신부(2005), p.1).

방송·통신 융합 및 유무선 통합, 광대역통합망(BcN) 구축 등으로 디지털 컨버전스가 가속화되면서 국내의 많은 기업들도 디지털 콘텐츠 산업의 발전 가능성에 주목해 영화, 음악, 게임, 애니메이션 등 다양한 분야의 디지털 콘텐츠 사업에 집중 투자를 하는 등 시장 선점을 위한 경쟁을 벌이고 있다. 특

〈표 33〉 국내 디지털 콘텐츠 산업의 성장 추이 및 성장성

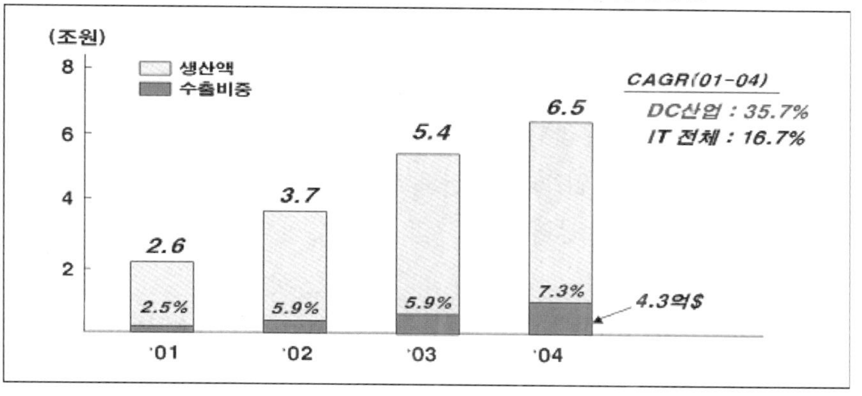

* 국내 DC 시장 보고서(KIPA)

구분	DC업체	S/W업체	IT업체
성장성 (매출액증가율)	56.1%	24.0%	39.9%
수익성 (매출액경상이익률)	26.1%	0.8%	5.7%

* 코스닥 공시자료 기준(분야별 5대 기업 2003년 실적치)

출처: 정보통신부(2005), "온라인 디지털콘텐츠 산업 발전 시행 계획", p.1

〈표 34〉 국내 디지털 콘텐츠 산업의 성장 곡선 추정

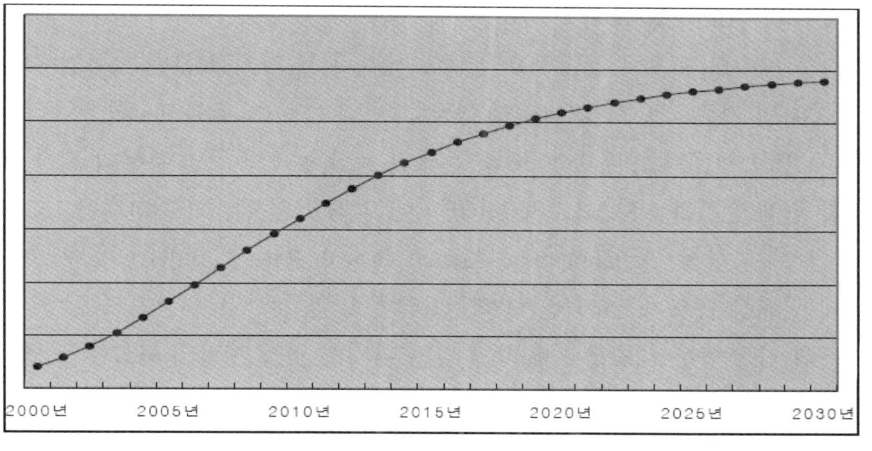

출처: 한국소프트웨어진흥원·한국콘텐츠산업연합회(2004). 〈국내 디지털 콘텐츠 산업 시장조사 보고서〉, p.28.

히 우리나라가 세계 수준의 경쟁력을 확보하고 있는 온라인 게임을 비롯해 2003년부터 본격화된 디지털 콘텐츠 분야의 성공적인 해외 진출은 디지털 콘텐츠 산업을 차세대 주력 산업의 하나로 이끌어 가고 있다. 우리나라의 디지털 콘텐츠 수출액은 온라인 게임 수출 증가에 힘입어 2004년 기준으로 전년대비 30.7% 증가한 4억2,679 달러로 확대되었다. 이 가운데 게임과 애니메이션이 각각 2억5342 달러와 6,231만 달러로 전체 수출액의 74%를 차지하고 있다.

이처럼 국내 디지털 콘텐츠 산업이 질과 양적인 측면에서 비약적인 발전을 거듭함에 따라 우리나라 디지털 콘텐츠 산업 시장 규모는 2001년 2조6,673억 원 수준이던 것이 2002년에는 46.7% 증가한 3조9,138억 원, 2003년에는 39.7% 증가한 5조4,670억 원, 2004년에는 18.6% 증가한 6조4,847억 원을 기록하는 등 가파른 성장세를 보이고 있다. 특히 2005년부터 본격화된 DMB를 비롯해 와이브로(WiBro), IPTV, 텔레매틱스, WCDMA 등 새로운 서비스의 활성화로 디지털 콘텐츠의 유통 경로가 다변화되면서 국내 디지털 콘텐츠 산업 시장은 2005년 7조 9천억 원 규모에 달하는 등 연평균 28.0%의 높은 성장률을 보여 2008년에는 시장 규모가 17조원을 넘어설 것으로 전망되고 있다(한국소프트웨어진흥원 · 한국콘텐츠산업연합회(2004), p.30).

세계의 주요 시장 조사 기관들은 세계 디지털 콘텐츠 시장이 향후 가파른 성장을 지속할 것으로 전망하고 있는데 세계 전체 디지털 콘텐츠 산업 시장은 2004년 기준으로 게임, 디지털 영상, 모바일 콘텐츠, 솔루션, 포털, 온라인 출판, 웹정보 콘텐츠, 온라인 교육, 온라인 음악 등 9개 산업 부문의 시장 규모를 집계한 결과 1,512억 2,300만 달러에 달하고 있으며 2008년까지 13.8%의 연평균복합성장률(Compound Annual Growth Rate: CAGR)을 보여 2008년에는 시장 규모가 2536억 7000만 달러에 달할 것으로 추정되고 있다. 이 가운데 가장 높은 비중을 차지하고 있는 디지털 영상 시장의 규모는 전체의 30%인 453억 6천만 달러로 집계되었는데, 여기에는 극장용 및 TV용 애니메이션 시장, DVD판매(대여)시장, IPTV 시장이 포함되어 있다.

〈표 35〉 세계 디지털 콘텐츠 산업 분야별 시장 규모 현황 및 전망

(단위: 억 달러)

산업 부문	2003	2004	2005	2006	2007	2008	04-08CAGR
영상 콘텐츠	311.43	453.60	551.66	649.40	734.18	821.18	*16.00%*
교육용 콘텐츠	51.64	63.20	79.34	101.63	129.08	163.95	*26.91%*
게임 콘텐츠	335.02	353.12	367.95	408.40	449.87	490.14	*8.54%*
디지털 솔루션	22.70	26.61	31.94	38.62	46.54	56.53	*20.73%*
온라인 포털	121.80	150.40	184.70	223.10	258.10	288.90	*17.73%*
음악 콘텐츠	0.77	2.09	4.59	11.74	25.92	41.37	*110.83%*
모바일 콘텐츠	23.90	41.50	72.00	98.50	134.00	165.50	*41.31%*
웹정보콘텐츠	402.00	421.00	441.00	461.00	483.00	505.75	*4.69%*
온라인 출판	0.32	0.70	1.37	2.16	2.80	3.41	*48.33%*
세계 시장 전체	**1,269.6**	**1,512.2**	**1,734.6**	**1,994.5**	**2,263.5**	**2,536.7**	**13.81%**

출처: 한국소프트웨어진흥원(2004). 〈2004년도 해외 디지털콘텐츠 산업조사연구: 총괄편〉, p.28.

(2004년 기준)

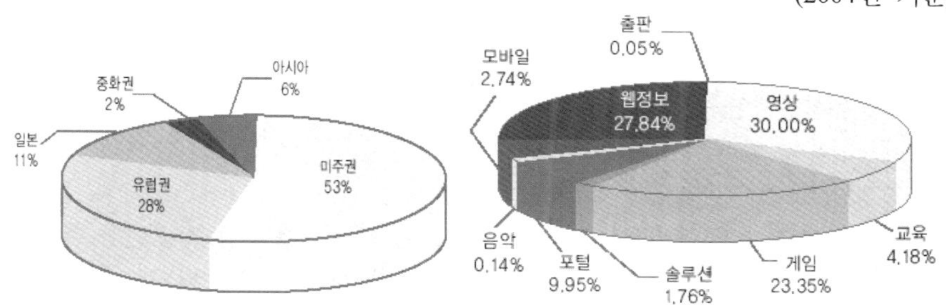

출처: 한국소프트웨어진흥원(2004). 〈2004년도 해외 디지털콘텐츠 산업조사연구: 총괄편〉, p.30.

(그림 34) 세계 디지털 콘텐츠 시장 각 부문별 비중 및 시장 권역별 비중

디지털 영상 시장에 이어 웹정보와 게임 콘텐츠 시장이 각각 27.8%와 23.4%를 차지해 상당히 높은 비중을 차지하고 있는 것으로 나타나고 있다. 특히 게임 시장의 경우 온라인 게임 시장의 급성장과 콘솔 게임 시장의 온라인화에 주목할 필요가 있는데 게임 시장의 규모는 2004년 353억 1,200만 달러에 이르렀으며 여기에는 아케이드게임, PC 게임, 온라인 게임 및 콘솔 게임 등이 포함되어 있다. 규모면에서 낮은 점유율을 차지하고 있는 온라인 음악 시장과 온라인 출판 시장은 각각 110.38%와 48.33%의 매우 높은 연평균

복합성장률(CAGR)을 보여 향후 이들 시장의 발전이 주목되고 있다. 권역별로는 2004년 기준으로 미주권이 전체 시장의 53%인 807억5000만 달러, 유럽권이 28%인 420억4500만 달러로 미주와 유럽권의 비중이 크며 중화권의 경우 중국을 중심으로 높은 성장세를 보이고 있다(한국소프트웨어진흥원(2004), p.27-31).

[참고문헌]

1. 박성희(2001). "온라인 신문의 기사 게재 과정에 대한 질적 연구: 미국 <chicagotribune.com>과 한국의 <디지털 조선일보> 사례 비교연구," <한국언론학보>, 제45-특별호.
2. 이재경(2002). "디지털 시대의 기사쓰기", <기사쓰기 이렇게 공부하라>, 이재경 편, 나남.
3. 정보통신부(2005). "온라인 디지털 콘텐츠 산업 발전 시행 계획".
4. 정보통신정책연구원(2004). <IT 클러스터 육성을 위한 기초연구>, 한국소프트웨어진흥원 발행.
5. 진행남(2002). <온라인 저널리즘 연구>, 나남.
6. 한국소프트웨어진흥원(2004). <2004년 해외 디지털 콘텐츠 산업 조사 연구: 총괄편>.
7. 한국소프트웨어진흥원 · 한국콘텐츠산업연합회(2004). <국내 디지털 콘텐츠 산업 시장 보고서>, 한국소프트웨어진흥원 발행.
8. 황용석 · 이홍철(2000). <인터넷 뉴스 사이트: 편집과 기사쓰기>, 한국언론재단 연구서 2000-15.
9. Carlson, D.(2003). "The History of Online Journalism", in *Digital Journalism: Emerging Media and the Changing Horizons of Journalism* ed. Kevin Kawamoto, MD: Rowman & Littlefield Publishers, Inc.
10. Craig, R.(2005). *Online Journalism: Reporting, Writing and Editing for New Media,* CA: Thomson Wadsworth.
11. Kawamoto, K.(2003). "Digital Journalism: Emerging Media and the Changing Horizons of Journalism", in *Digital Journalism: Emerging Media and the Changing Horizons of Journalism* ed. Kevin Kawamoto, MD: Rowman & Littlefield Publishers, Inc.

제13장 디지털 미디어와 미래 사회

1. 디지털 미디어에 대한 전망

디지털 기술의 발전으로 신문과 방송, 통신, 인터넷이 하나로 통합되는 미디어 간 융합이 가속화되면서 미디어 판도가 급변하고 있다. 종전에는 TV라고 하면 대개 지상파 TV를 지칭했으나 이제는 휴대 전화로 방송을 보고 TV로 인터넷을 하는 세상이 되었다. DMB, 와이브로(WiBro), IPTV 등 새로이 등장하는 각종 디지털 미디어는 컴퓨터 기술과 커뮤니케이션 기술의 결합으로 미디어 업계의 서비스 체제를 변화시키면서 미디어 개념을 바꿔놓고 있다. 신문과 방송, 통신을 넘나드는 경계 영역 서비스가 속출하면서 기술적으로 혹은 법적으로 분리되었던 기존의 미디어의 영역 구분도 무색해지고 있다. 지금까지 별개의 미디를 통해서만 전달이 가능하던 문자, 소리, 영상 등 서로 다른 이질적인 형태의 정보를 디지털 신호라는 단일한 신호 처리 방식에 따라 통합적으로 처리함으로써 미디어 영역 간 경계를 허물고 있는 디지털 미디어는 언론 및 커뮤니케이션 환경뿐만 아니라 정치, 경제, 사회, 문화 등 전반에 걸쳐 지대한 영향을 미치고 있다.

전 지구적으로 확산되고 있는 이러한 미디어 융합(Media Convergence) 현상은 이종 미디어 혹은 산업 간의 기술적 결합뿐만 아니라 경영 또는 소유의 결합이라는 경제적, 산업적 융합의 의미를 내포하고 있다. 아울러 정보 단말

기기의 결합을 통해 라디오와 TV, 신문, 컴퓨터, 전화기 등이 통합된 Web TV, IPTV, DMB와 같은 새로운 형태의 정보 단말기들을 출현시키면서 궁극적으로 하드웨어와 소프트웨어의 융합에 의한 유비쿼터스 미디어(Ubiquitous Media) 시대를 열어가고 있다. 문자, 소리, 영상이 하나로 융합되는 21세기 미디어 환경은 이처럼 다양한 미디어들이 하나의 정보망으로 통합되면서 공기나 전기처럼 우리의 일상 생활 곳곳에 편재하되 그 존재를 의식하기 어려워지는 시대가 되어가고 있는 것이다.

미래의 우리의 삶 역시 문자, 소리, 영상이 하나로 통합되는 미디어 융합의 개념처럼 모든 것이 혼합되는 상황 속에서 영위될 것이다. 드라마를 보면서 새로운 지식을 찾고 또 그러한 상황 속에서 쇼핑을 즐기는 것이 미래의 미디어 소비 패턴이 될 것이고 미래의 매체는 이러한 다양한 서비스를 동시에 제공할 수 있는 제3의 종합 매체로 발전할 것이다. 즉 고전적 의미의 신문이나 방송적 기능이 아닌 변화된 삶의 요구를 해결할 수 있는 보다 넓은 의미의 삶의 수단을 제공하는 매체로 변신하게 될 것이다. 20세기 산업 사회와는 달리 모든 것이 하나로 융합되는 미래의 매체 환경에서는 미디어를 통해서 뉴스를 접하고 드라마를 시청하는 한편 그 드라마 속의 주인공이 입고 나온 옷을 구입하는 복합적인 행위를 즐길 수 있는 등 훨씬 폭넓고 다양한 분야의 서비스가 제공될 것이다. 삶의 본질이라고 할 수 있는 노동이나 여가 혹은 즐거움의 구별이 모호해지고 노동과 교육의 차이도 구별하기 어려운 사회가 될 것이다. 이러한 영역 붕괴 현상은 정보(information)와 오락(entertainment)을 결합한 인포테인먼트(infortainment), 교육(education)과 오락(entertainment)을 결합한 에듀테인먼트(edutainment) 등과 같은 신조어에서도 잘 나타난다. 21세기에는 정보를 추구하면서 오락을 즐기고 오락을 즐기면서 새로운 지식을 얻는 생활 양식이 우리의 일상 생활을 지배하는 시대가 될 것이다. 노동과 교육, 여가가 통합된 삶의 융합과 더불어 인문 과학이나 사회 과학, 자연 과학을 아우르는 통합 학문의 등장과 같은 학문의 융합 현상도 전개될 것이다. 그러나 디지털 미디어에 대한 필요 이상의 기대나 지나친 낙관적 시각은 경계할 필요가 있다.

디지털 미디어는 단순히 매체의 기술적 속성뿐만 아니라 그 시대의 사회, 문화, 경제적 상황 등 제반 여건에 의해 변화하고 발전하는 것임을 이해할 필요가 있다. 향후 10년 혹은 20년 후 디지털 미디어가 어떠한 모습을 갖게 될 것이고 그에 따라 미디어 지형이 어떻게 변할 것인지는 매체의 기술적 속성도 중요하지만 수용자, 즉 미디어 이용자들이 이를 어떻게 인식하고 받아들이느냐에 따라 크게 달라질 것이다. 기존 미디어가 됐건 디지털 미디어가 됐건 수용자의 필요와 욕구를 어떻게 충족시켜 줄 수 있느냐가 시장에서 살아남을 수 있는 관건이 될 것이다. 가령 디지털 미디어의 경우 수용자의 관심 영역에 따라 세분화 혹은 개인화되는 경향을 보이게 될 것으로 보이지만 수용자의 관심사나 미디어 이용 패턴이 앞으로 어떻게 변화하게 될 것인지 이를 예단하기는 쉽지 않다.

로저 피들러(Roger Fidler)는 미국 캘리포니아주 소재 미래연구소 소장인 폴 사포(Paul Saffo)의 30년 법칙으로 미디어 산업의 발전 과정을 설명하고 있는데(Fidler, 1997), 피들러에 따르면 첫 번째 10년은 새로운 미디어의 등장기로 많은 기대와 흥분에도 불구하고 어떤 벽을 뚫지 못하는 단계 즉 사회에 많이 침투하지는 못하는 시기다. 두 번째 10년은 물밀듯이 밀려오는 유입의 단계로 새로운 미디어가 사회 속으로 침투되기 시작하는 시기다. 세 번째 10년은 특정 기술이 표준화되고 모든 사람들이 새로운 미디어를 소유하고 이용하는 범용화의 시기다. 피들러의 30년 법칙을 국내에 적용해 본다면 가령 2010년까지는 디지털 TV의 진입기로 볼 수 있고 2010년부터 2020년까지는 디지털 TV가 시장에 뿌리를 내리는 기간으로 볼 수 있다. 그리고 2020년부터 2030년 까지는 누구나 디지털 TV를 시청한다는 시나리오를 그려볼 수 있다. 요컨대 디지털 TV 방송은 이제야 첫 번째 10년 단계에 진입하였다고 할 수 있으며 디지털 TV 방송에 대한 지나친 기대와 흥분은 금물이라고 할 수 있다. 실례로 영국의 민영 디지털 방송인 ITV 디지털은 심각한 경영난에 빠져 2002년 도산하였고 독일의 디지털 케이블 방송을 주도하였던 키르히 미디어 그룹 역시 도산한 바 있다(심재철(2003), p.35-38).

물론 이러한 30년 법칙이 모든 사례에 다 적용되는 것은 아니고 또 정교한 시간적 틀을 제시해주는 것도 아니다. 다만 디지털 미디어는 기술적인 혁신만으로 광범위하게 확산되는 것은 아니며 정치, 경제, 사회, 문화 등 복합적인 요인에 의해 영향을 받을 수 있다는 것, 그리고 디지털 미디어가 보편적으로 수용되기까지는 생각보다 훨씬 많은 시간을 필요로 할 수도 있다는 것을 이해할 필요가 있다. 디지털 미디어와 관련한 논쟁에서 한 가지 염두에 두어야 할 것은 디지털 미디어가 주도하는 새로운 미디어 환경에서도 아날로그 미디어가 기술의 발전으로 지금 보다 훨씬 향상된 모습으로 계속 존속될 수도 있고 또 전혀 새로운 모습으로 다시 태어날 수도 있다는 것이다.

가령 신문의 경우 디지털 미디어에 의해 점차 밀려나 사라질 수도 있지만 신문의 중요성과 그 기능을 감안할 때 새로운 미디어 환경 변화에 적응하면서 기존의 아날로그 방식을 보다 개선된 모습으로 발전시킨 또 다른 형태의 미디어로 재기할 수도 있다. 즉 디지털 미디어가 주도하는 새로운 미디어 환경에서도 전통적인 의미의 신문이나 방송 등 기존 매스 미디어의 경우 소멸되지 않고 새로운 환경 변화에 적응하면서 고유의 영역을 확보한 또 다른 형태의 미디어로 발전할 수도 있다. 그렇다고 현존하는 모든 미디어가 디지털 시대로의 이행 과정에서 다 살아남을 것이라는 보장은 없다. 수용자의 필요와 욕구를 만족시켜주는 미디어는 지속적으로 확산될 수 있지만 미디어 환경 변화에 제대로 적응하지 못하는 미디어는 도태될 수밖에 없을 것이다.

2. 디지털 미디어와 미래 정보 사회에 대한 논란

디지털 미디어의 상호작용성과 네트워크성을 기반으로 하는 미래 정보 사회는 기존의 일 대 다로 표현되는 중앙 집권적인 커뮤니케이션을 다 대 다의 탈중심적 커뮤니케이션으로 바꿈으로써 정부와 시민, 기업과 소비자 간의 관계를 재편하는 새로운 전자 민주주의의 가능성을 보여주고 있다. 정보 통신 기술의 발전과 각종 디지털 미디어의 보급, 그리고 이러한 디지털 미디어간의 광범위한 네트워크 형성은 지금까지 기존 매스 미디어로부터 소외되어 왔던 수용자들이 직접 자신의 목소리를 전할 수 있는 새로운 미디어 환경을 조성함으로써 시간과 공간의 제약을 넘어 다양한 목소리를 확산시킬 수 있는 계기를 제공해주고 있다. 특히 한국 사회는 지금까지 취약한 시민 사회의 기반 때문에 오프라인 공간에서 충분히 활성화되지 못하였던 공론의 형성이나 사회 운동에 대한 시민의 참여가 새롭게 열린 디지털 공간을 통해 폭발적으로 분출되는 모습을 보여주고 있고 이러한 모든 변화가 궁극적으로 정보 사회의 시민 권력 강화로 귀결될 수 있을 것이라는 기대감이 고조되고 있다. 상당수 낙관적 정보사회론자들은 인터넷을 비롯해 각종 디지털 미디어를 활용한 전자 투표 방식의 활성화를 통해 시민의 참여를 확대시키고 정책 결정 과정에 일반 시민이 직접 참여할 수 있도록 함으로써 직접 민주주의 혹은 참여 민주주의의 확대를 가져올 수 있을 것으로 전망하고 있다.

그러나 다른 한편으로 미래 정보 사회는 정치적인 의사 결정에 시민이나 시민 단체의 참여를 유도함으로써 일반 시민에게 힘을 실어줄 수도 있지만 인터넷을 비롯한 각종 디지털 미디어를 역으로 감시와 규제의 수단으로 활용함으로써 정부의 권력을 더 강력하게 만들 가능성도 있다. 또 디지털 미디어와 같은 전자 미디어가 시민 권력의 강화를 가져올 수도 있지만 오히려 기존의 시민 공동체를 분산시킴으로써 시민 사회의 약화를 초래할 수 있다는 부정적 견해도 있다. 21세기 다매체 다채널 시대의 수용자는 자신의 관심사에 따라 편향적으로 미디어에 노출될 가능성이 많기 때문에 공중의 파편화 혹은 분중화 현상을 가속화시킴으로써 소수의 지배계층이 분화된 국민들을 통제하는 수단으로 디지털 미디어가 활용될 수 있다는 우려의 목소리가 제기되고 있는 것이다.

미래 정보 사회에 대해 낙관적인 주장을 펴는 학자들로는 앨빈 토플러(Alvin Toffler), 제임스 마틴(James Martin), 존 나이스비트(John Naisbitt), 프레데릭 윌리엄스(Frederick Williams) 등을 들 수 있다. 이들은 새로운 정보통신 기술 및 뉴미디어의 발달로 정보가 인간 생산 활동과 소비 활동의 중추적인 동력이 될 것이며 정치, 경제, 사회, 문화 등 모든 영역에 걸쳐 질적인 대변혁이 수반될 것이라는 기술 결정론적 입장을 보이고 있다. 이들은 정보 사회는 표준화, 대량화, 권력 집중화를 특징으로 하는 이전 산업 사회와는 달리 분권화, 탈집중화, 개인화 등의 원리에 의해 대체되는 질적인 변화를 통해 새로운 사회 관계와 질서가 확립될 것이라는 미래 전망을 내놓고 있다. 이전 산업 사회와는 전혀 다른 불연속성 혹은 단절성을 강조하는 이러한 논의는 1970년대 벨의 후기 산업사회론에서 시작해 1980년대의 토플러, 그리고 1990년대 들어 네그로폰테가 대표적이라고 할 수 있는데 가령 토플러는 산업 사회에서 소수만이 누리던 권력이 정보 사회에서는 다수가 정보의 생산과 소비를 담당하기 때문에 권력이 소수에서 다수로 분산되는 권력 이동이 이루어질 것으로 보고 있다.

반면 정보 사회에 대해 비판적 견해를 피력하고 있는 학자들로는 허버트 쉴러(Herbert Schiller), 니콜라스 간햄(Nicholas Garnham), 케빈 로빈스(Kebin Robins), 프랭크 웹스터(Frank Webster), 제니퍼 슬랙(Jennifer Slack) 등을 들 수 있다. 이들은 정보화의 무비판적 수용이 수반하는 문제점들을 지적하고 있는데 가령 정보 통신 기술이 인간의 삶의 질을 변화시킬 것이라는 주장은 기술 결정론과 정보에 대한 맹신을 불러일으키고 있으며 정보 사회가 갖고 있는 이데올로기성을 여과없이 드러내고 있다고 주장한다.

정보 사회를 이전 사회와의 단절 보다는 연속성의 차원에서 이해하고자 하는 이들에게 있어서 정보 사회는 자본주의 사회의 연속일 따름이며 자본주의 체제의 생산과 소비 과정의 모순이 그대로 유지되고 심화될 뿐이다. 가령 쉴러와 간햄은 미국의 정보 산업은 미국의 대외 팽창 정책의 부산물이며 새로운 소비 시장의 확대에 지나지 않는다고 주장한다. 로빈스와 웹스터, 슬랙 등은 정보 사회의 낙관적 시나리오는 자본주의 사회의 모순을 은폐하고 기존 지배 계급의 이익을 대변함으로써 자본주의 체제를 유지하고 자본가들의 경제적 지배를 영속화하기 위한 이데올로기라고 주장한다. 이들은 정보 사회로의 이행을 주도하는 것은 산업 자본가들의 경제적 동기이며 그것은 주로 첨단 뉴미디어들과 미래 사회에 대한 상업 광고, 미래학자들의 낙관론적 청사진에 의해 주도되고 있다고 주장한다(오택섭 · 강현두 · 최정호(2003), p.223).

이처럼 미래 정보 사회에 대한 시각은 매우 다양한데 정보 사회에 대한 논의들은 상당 부분 뉴미디어의 기술적 가능성에서부터 출발하고 있다. 그러나 기술 그 자체가 자동적으로 우리의 미래를 결정하는 것은 아니며 이러한 기술이 누구에 의해 또 무슨 목적으로 사용되는가가 중요하다는 것을 이해할 필요가 있다. 본질적으로 기술 자체는 새로운 기술이 갖는 잠재력을 완전히 실현할 수 없다는 점에서 미래 정보 사회는 기술의 혁신도 중요하지만 이를 실현하기 위한 인간의 노력과 의지가 무엇보다 중요하다는 것을 인식할 필요가 있다. 즉 정보 사회는 새로운 희망과 가능성을 제시하고 있지만 이러한 낙관적 전망의 이면에는 여러 가지 문제점들도 내재돼 있다는 점에서 정보화의 순기능뿐만 아니라 동시에 역기능을 파악하는 것이 중요하며 디지털 미디어가 갖고 있는 가능성을 바르게 정립하기 위한 사회 제도의 정착과 이를 위한 부단한 노력과 의지가 필요하다고 하겠다.

3. 디지털 미디어에 대한 종합적 논의

디지털 미디어는 시간과 공간의 제약을 초월해 커뮤니케이션의 범위를 전지구적으로 확산시켜 나가면서 정치, 경제, 사회, 문화, 교육 등 인간 생활 전반에 걸쳐 엄청난 변화를 가져오는 등 인간의 커뮤니케이션 환경을 급변시키고 있다. 디지털 공간은 이제 뉴스는 물론이고 주식을 거래하고 옷이나 식료품을 사고 은행 업무까지 보는 또 다른 생활 공간이 되었다. 그러나 그 이면에는 프라이버시 침해, 저작권 및 지적 재산권 침해, 사이버 폭력 및 테러, 음란물 유포 등 여러 가지 부작용을 파생시키고 있다. 더욱이 인터넷 시대에는 명예훼손이나 프라이버시, 저작권 및 지적 재산권에 대한 개념들이 새로운 변화를 겪고 있기 때문에 법과 제도의 재편이 요구되는 등 미디어와 관련된 법률적 혹은 윤리적 쟁점들에 대한 해법을 찾기란 그리 쉽지가 않다.

디지털 미디어를 둘러싼 몇 가지 쟁점을 중심으로 디지털 미디어가 갖고 있는 긍정적인 측면과 부정적인 측면에 대한 이해와 함께 디지털 미디어가 갖고 있는 가능성을 극대화하기 위한 방안에 대해 모색해 보자.

1. 쌍방향 혹은 상호작용 커뮤니케이션을 중요한 특징으로 하는 디지털 미디어는 정치적인 의사 결정에 일반 시민의 참여를 활성화시킴으로써 민주주의 발전에 기여할 것인가 아니면 감시와 규제 도구로 활용됨으로써 정부의 권력을 더 강력하게 만들어 시민의 자유와 민주주의를 훼손함으로써 소수의 지배 계층이 국민을 통제하는 전체주의 체제를 낳게 될 것인가.

2. 디지털 미디어 시대의 수용자는 자신이 직접 메시지를 창출하고 타인에게 전달하는 한편 타인의 정보를 선택, 관리하는 능동적 주체가 될 것인가 아니면 디지털 미디어에 의해 전체 사회에 대한 이해를 상실한 채 수동적이고 주체성이 결여된 소외된 존재로 전락할 것인가.

3. 디지털 미디어의 등장은 테크놀로지의 효율성으로 인해 사회적 갈등이나 분쟁을 조정하고 사회 통합에 기여할 것인가 아니면 다매체 다채널로 인한 공중의 파편화 혹은 분중화 현상을 초래해 오히려 사회 통합을 어렵게 만들 것인가.

4. 21세기 디지털 미디어 시대를 맞아 신문, 방송, 통신이 하나로 융합되는 통합 미디어의 등장과 국경을 초월한 인수, 합병 등으로 인한 초국적 미디어의 출현은 전 세계를 하나로 묶는 지구촌 사회의 실현을 통해 정보의 유통을 원활하게 만들 것인가 아니면 자본에 의한 미디어 독점 혹은 미디어 소유권의 집중을 통해 정보의 자유로운 유통과 표현의 자유를 막고 더욱 독점적인 영향력을 행사하게 될 것인가.

5. 디지털 미디어 시대에는 디지털 기술의 발달로 정보의 복제 및 배포가 용이해졌기 때문에 이를 방지하고 작품 혹은 정보의 창작을 촉진시키기 위해 저작권 및 지적재산권 법을 강화해야 하는가 아니면 정보의 자유로운 유통을 보장하기 위해 이를 완화해야 하는가. 또 디지털 미디어를 통해 무차별적으로 확산될 수 있는 음란물을 규제하기 위해 법률적 규제에 나서야하는

가 아니면 표현의 자유를 위해 자율 규제에 맡겨야 하는가.

[참고문헌]

1. 심재철(2003). “디지털 미디어 시대의 뉴스 가치에 관한 소론”, 방송연구 2003년 여름호.
2. 오택섭 · 강현두 · 최정호(2003). <미디어와 정보사회>, 나남.
3. Fidler, R(1997). Mediamorphosis: *Understanding New Media*, Thousand Oaks, CA: Pine Forge Press.

찾아보기

디지털 미디어 바로알기

초판 1쇄 발행 2006년 3월 30일
초판 2쇄 발행 2007년 8월 30일

지은이 ▪ 최 영 · 김 병 철
펴낸이 ▪ 박 철
펴낸곳 ▪ 한국외국어대학교 출판부
130-791 서울특별시 동대문구 이문동 270
전화: 02)2173-2494, 2495
FAX: 02)2173-3363
홈페이지: http://press.hufs.ac.kr
전자우편: press@hufs.ac.kr
출판등록 ▪ 제6-6호(1969. 4. 30)
편집 · 디자인 ▪ (주)이환 D&B 02)2254-4301
인쇄 · 제본 ▪ (주)동화인쇄공사 02)719-7181

ISBN 978-89-7464-404-8 93070 정가 13,000원

* 잘못된 책은 교환하여 드립니다.